名师名校名校长书系
Great Teachers Elite Schools Celebrated Presidents

教育
求真留痕

王新民 / 编著

光明日报出版社

图书在版编目（CIP）数据

教育：求真留痕 / 王新民编著. —北京：光明日报出版社，2016.2

ISBN 978-7-5194-0016-3

Ⅰ.①教… Ⅱ.①王… Ⅲ.①小学教育—文集 Ⅳ.①G62-53

中国版本图书馆CIP数据核字（2016）第029447号

教育：求真留痕

著　　者：王新民	
责任编辑：靳鹤琼	封面设计：北京言之凿文化
责任校对：傅泉泽	责任印制：曹　净

出版发行：光明日报出版社

地　　址：北京市东城区珠市口东大街5号，100062

电　　话：010-67022197（咨询），67078870（发行），67019571（邮购）

传　　真：010-67078227，67078255

网　　址：http://book.gmw.cn

E－mail：gmcbs@gmw.cn　　caoy@gmw.cn

法律顾问：北京德恒律师事务所龚柳方律师

印　　刷：北京市华审彩色印刷厂

装　　订：北京市华审彩色印刷厂

本书如有破损、缺页、装订错误，请与本社联系调换

开　　本：787×1092　1/16			
字　　数：268千字		印　　张：16.75	
版　　次：2016年3月第1版		印　　次：2018年6月第2次印刷	
书　　号：ISBN 978-7-5194-0016-3			

定　　价：46.00

　　王新民参加教育部2015年"国培计划"——示范性教师工作坊主持人集中培训，与全国著名教育专家上海师范大学王荣生教授（前右）、吴忠豪教授（前左）在一起

王新民和武师附小的孩子们同庆六一国际儿童节

王新民和全国名校长中山大学附属中学三水实验学校总校长樊瑞（前排左二）在一起

2008年王新民作为中英项目省级咨询专家在甘肃平凉市作示范课

陇原名师王新民小学语文工作室专家团队

首席导师王新民

武师附小负责人，中学语文高级教师，武威市政府首届兼职督学，武威市兼职教研员，甘肃省基础教育学会常务理事，教育部"一师一优课，一课一名师"部级评委，中英项目教学支持省级咨询专家，甘肃省学科带头人，甘肃省骨干教师，甘肃省特级教师，教育部"跨世纪园丁工程"中小学骨干教师国家级培训优秀学员，甘肃省首届"陇原名师"。2次获全国课堂教学比赛一等奖，2次获全省课堂教学比赛一等奖；指导12名青年教师荣获甘肃省课堂教学比赛一等奖，3名教师获省级二等奖；培养多名省市级骨干教师、教学能手；5项课题通过省级鉴定，2项课题先后获甘肃省基础教育科研优秀成果三等奖，6项课题获武威市科研优秀成果一等奖，20多篇论文在省级国家级刊物发表或获奖；主编5本校本教材，其中1本经甘肃人民出版社正式出版发行；主编人教版、北师大版教辅用书4本；多次担任省市级课堂教学等活动专业评委，多次在省市级骨干教师培训、新课改培训、校长培训、送教下乡等活动中作示范课或专题讲座。其个人事迹被《甘肃日报》《未来导报》、甘肃教育厅网站、每日甘肃网站、武威电视台宣传报道。

导师王毓新

甘肃省教育科学研究所教研员，中学语文高级教师，学校课程与教学论博士，语文教育硕士，全国小语会理事，甘肃省小学语文教学研究会副秘书长。参与新世纪版、苏教版小学语文教材教师用书编写工作，在省级和全国中文核心期刊发表教学论文60多篇，编写教辅用书8部。辅导教师在省级和国家级教学比赛中多次获得一、二等奖，教育科学研究成果连续六届获得甘肃省基础教育教学科研优秀成果特等奖和一、二等奖，两项获得教育部三等奖。主要研究领域为：语言学科课堂有效教学实施策略研究，中外母语教育比较研究，教育心理学在教学实践中的应用研究，特色学校发展策略研究，言语名师的发现与培养策略研究等。

导师李延海

武威市教科所教研员，小学语文高级教师，甘肃省园丁奖获得者，甘肃省学科带头人，甘肃省骨干教师，中英项目教学支持省级咨询专家，中国教育调研联盟调研员。20多篇教育教学论文在国家级、省级刊物上发表；4项教科研成果获省级一、二、三等奖；编写人教版、北师大版教辅用书4本；多次担任省市级课堂教学评优、教科研成果评选专家评委。

导师王泽才

凉州区和平街小学校长，中学语文高级教师，甘肃省骨干教师，甘肃省特级教师，甘肃省"金钥匙"导师团导师，中国教育创新成就奖获得者，中英项目全省中小学校长培训者，教育部教材"品德与生活"主要编写者，教育部"农村中小学管理"电教片研发专家团重要成员，武威市优秀人才。首创"示范作文法"成果获全国基础教育改革成果二等奖、甘肃省一等奖。

办公室主任齐典洲

武师附小教导主任，武威市教科研先进个人，武威市青年岗位能手，武威市优秀辅导员，甘肃省优秀少先队辅导员。勤于探索学习，乐于研读教育新思想，善于策划、组织优质高效的教学及教研活动，参与多个课题研究，发表省级论文2篇。

助教石秀兰

武师附小语文教师，小学高级教师，全国优秀辅导员，甘肃省园丁奖获得者，甘肃省"金钥匙"导师团导师。2006年1月被评为武威市小学语文学科带头人，2007年4月执教的《父亲的菜园》在甘肃省第二届小学语文骨干教师献课活动中获一等奖，2007年7月在全省小学语文青年教师教学基本功现场比赛活动中获指导教师奖；2013年4月参与研究的课题"优化学校课程建设，促进学生全面发展"被鉴定为省级优秀课题。

助教黄小红

武师附小语文教师，小学高级教师，甘肃省"金钥匙"导师团导师。2007年9月获"甘肃省青年教学能手"称号；2007年7月在全省小学语文青年教师教学基本功现场比赛中获一等奖；2007年执教的《棉花姑娘》在人教版义务教育课程标准小学语文实验教科书六年工作总结评比活动中获得一等奖；2010年制作的多媒体课件《巨人的花园》获武威市现代教育技术技能大赛二等奖。

助教史剑敏

武师附小语文教师，语文教研组组长，小学高级教师，武威市优秀辅导员。2006年荣获全省语文教学课堂教学比赛一等奖，2011年7月在古浪县教师培训活动中作了《班主任的智慧与创新》专题讲座。

序 言
PREFACE

"真"在中华民族文化中是一种至纯至美的精神境界。庄子曾说过"真者不假于物而自然也",人民教育家陶行知先生也说过"千教万教,教人求真,千学万学学做真人。"可见自古以来,先哲和大家们对"求真"的追求是一脉相承的,应该成为每位有良知的教育者的理想和信念。教育的本质在于"求真",教师最根本的教学目标在于教导学生追求真理,学生最根本的目标在于学习做真诚的人。"真"是教师的立教之本,"求真"是学生的学习之本,教师只有传"真道"、授"真业"、解"真惑",学生才能不唯书、不唯上,敢于革弊创新,追求真理,真正成长为具有完善人格的人、有益于人民的人。

"求真教育"的内涵是什么?充满真情的课堂该怎么打造?真诚的教研之风如何养成?这些都是教育界的有识之士长期以来思考和实践的问题。我省特级教师、首届陇原名师王新民老师在这方面进行了不懈的探索和实践。

我在评选"陇原名师"的工作中初次与王新民老师相识,后来在各类活动中多次谋面和交流,深感王新民老师具有浓烈深厚的教育情怀,学科素养深厚,对教育管理也有许多真知灼见。特别是近些年来,他在推行"求真教育"理念中先知先行,付出了极大的心血和努力。他带领武师附小广大教师和"甘肃省陇原名师王新民小学语文工作坊"的学员以"践行求真语文,打造生命课堂"为核心理念,卓有成效地开展了一系列教学研讨及教师培训活动,取得了丰硕的成果。

在"甘肃省 陇原名师助力贫困县优秀青年教师成长计划"的支持下,王新民老师编著的《教育求真留痕》和广大教育工作者见面了。在这本书里,王新民老师将自己三十多年的教育感怀凝注笔端,集中体现了他对"求真"教育的理解与思考,为广大教师的专业发展提供了学习、借鉴的范例,也为教学改革注入了新的活力。我不敢说这本书的学术价值有多高，但我相信只要你悉心品读，用情领悟，一定会收获颇多、受益匪浅。

这本书案例典型，材料丰富，视点多元，奉献的是王新民老师在多年的教育教学中最精彩的探索，最深刻的感悟。这本书的内容包括教育管理、教育叙事、教学论文、教学设计、教学反思、科研成果以及作者参加各类培训的感悟、心得和兴怀感世的诗歌、散文等，有的已在各类刊物上公开发表，有的在各级教学论文评比中获奖。这些作品，不单是他对自己多年教育教学工作的总结，更是他和他所领导的陇原名师工作室学员的教育智慧和教学心血的结晶，是一笔宝贵的教育教学财富。

从这本书中，我们读到了一个热衷于奉献的一线教师在自己的教学苦旅中竹杖芒鞋、筚路蓝缕、辛勤耕耘的身影；读到了一个潜心于研究的教师在他的教研生涯中雁过留声、雪泥鸿爪、笔耕不辍的足迹。从这本书中，你可以聆听"求真"教育的故事，领会"求真"教育的秘诀，感受"求真"教育的魅力。书中的每一篇文章都是引领我们走向优秀的珍贵素材，展示的是活生生的教育实践经验，展现的是一名优秀教师的成长之路，具有较好的实践性、操作性，值得细读、借鉴、创新。

读着王新民老师的文字，感受着他的教育情怀，我在思考：教育的真情是什么？教师的真情从哪里来？我认为教育的真情应该是教育者的无私奉献，一个教师的真情来自于他对学生、对教育事业的挚爱和责任，来自于自己的教育实践。我相信，王新民老师的这本书，一定会在交流碰撞中引擦更多的思想火花，迸射出更多的教育改革光芒。

教育呼唤更多更优秀的教师，时代需要更真更朴实的教育，感谢《教育求真留痕》给我们更多思考的空间，期望更多的教师参与"求真"教育研究，追求卓越、争上一流，成长为名优秀教师，为甘肃基础教育改革创新奉献智慧。

甘肃省教育科学研究所副所长

2016年3月24日

目 录
CONTENTS

第一辑

▼

在教言教——教育与思考

武威师范学校附属小学办学理念

武威师范学校附属小学是武威市教育局直属的唯一一所窗口性、实验性、示范性小学。学校创建于1915年，至今已有百年历史。学校现为甘肃省教科所实验小学、甘肃省学校课程建设示范校、甘肃省优秀体验教育实践基地校、甘肃省快乐校园示范校、甘肃省金色教苑基地校、全国优秀少先队集体、全国规范汉字书写示范校、全国体育传统项目学校先进单位。

【核心理念】

求　　真

【办学使命】

守护童年　启迪梦想

【培养目标】

品德优　思想活　兴趣广　后劲足　素质高

【办学愿景】

师陶研陶的示范校

求真求实的窗口校

乐学善读的书香校

师生幸福的品牌校

【校　　训】

养真道德　学真本领

【教师文化】

以真做人　以真教人　以真求真　以真育人

【学生文化】

真诚　阳光　自信　刚强

【课堂文化】

"五实"求真课堂——扎实　充实　丰实　平实　真实

【教研文化】

包容　慎思　明辨　求真

【校　　　风】

朴实　善教　笃学　求真

【教　　　风】

严谨　善思　激趣　求真

【学　　　风】

勤奋　踏实　乐学　求真

求真教育理念解读

王新民

求真教育

"求真"是武师附小办学的核心理念。

"真"与客观事实相符合，与"假""伪"相对，"真"即真诚而不虚伪，真实而不虚假。"真"可扩展为真谛、真理、真挚、真心、真诚、真情、真切、认真、真才实学、去伪存真、真知灼见。"真"还可以拓展为本真，返璞归真。

"千教万教教人求真，千学万学学做真人"是人民教育家、思想家陶行知的至理名言。陶行知提出道德教育的根本任务是"教人求真，学做真人"。教师最根本的教学目标在于教导学生追求真理，学生最根本的目标在于学习做真诚的人，教育的根本目的就是用一颗真诚的心，去追求人生的真理。真诚，就是不隐瞒，不欺骗，老老实实做事，堂堂正正做人；真诚待人是做人之根本、道德之底线。追求真理是每一位教师、学生，每一个有良知、有进取心的人毕生奋斗的理想。我校求真教育特别倡导师生之间在人格上平等，教师在课堂上需要尊重学生，激发学生的兴趣，给孩子们畅所欲言、敢想敢说的空间，鼓励学生不唯书、不唯上、不唯师，大胆质疑、大胆想象、大胆表述、大胆创新，敢于挑战教师、挑战教材，从而形成"吾爱吾师，吾更爱真理"的学习精神。

求真教育现实意义：当今社会，追求名利、地位，追求财富，追求享乐，不思进取，搞虚假，搞浮夸的人屡见不鲜，这些不良的风气对学校，对教师，对学生势必产生一定影响。在教育行业假课堂、假教研、假论文、假课题、假成绩无处不在，教师师德滑坡，对学生缺乏真心、真诚、真爱的现象时有发生。地位、财富、享乐、名利可能会时有时无，可能将人带入歧途，可能丧失做人的本真。

社会需要真善美，教育更需要真善美。教育需要真诚，教育是否真诚，直接导致学生是否真诚。目前一些人诚信指数的下滑，已经到了可怕的程度，以至于在社会上产生了不小的负面影响。而小学生是天真的、纯洁的，从小对他们进行求真教育，对于他们更好地成人，更好地走向社会，当是一个极其有益的事情。

"教育需要真心，还在于真心地、公平地对待每一个学生。在当今社会，教师能不能真正走出人际关系包围圈，抛弃'厚此薄彼'的偏见，真正把公平的、爱的阳光照到每一个孩子的身上，这是我们每一个教育工作者都要持久关注、深思的一个问题。"在这样一种现实背景下，我们觉得陶行知先生"教人求真，学做真人"这一思想在当今社会，更具针对性，更有现实意义。

"真"比一切都重要。要想让学生求真，教师首先要求真。不但在做事上求真，在做人上求真，也要在求知上求真。

学校是传播和学习文化知识的地方。探求知识真谛、引导追求事实真相、做一个真实的人，是教师每天的工作。求真要有科学态度、民主精神，求真应该体现在教育教学工作的全过程，体现在教学相长、促进学生健康快乐成长上。

综上所述，"真"字最能揭示现代教育最重要、最本质的属性和教育的根本目的。为此，我们坚定不移地在我校推行求真教育。

守护童年，启迪梦想

"守护童年，启迪梦想"是武师附小确立的求真教育办学使命。

童年，是人生中最美好也最值得珍视的时光。快乐的童年，可以孕育美丽的人性；快乐的童年，可以预示幸福的人生。然而，现在孩子们的童年好像缺少了这份诗意与美好。

现在的童年，远离了自然。城市化的进程让荒野正在远离我们的生活；

安全的压力让我们不敢带孩子走进自然。越来越多的孩子正在成为三毛笔下的"塑料儿童"。孩子们的童年再没有与大自然接触的乐趣，对草地、大树、大海都不是太感兴趣。除了功课，他们的消遣就是看电视、玩游戏、看漫画。小孩子天生应该对大自然和其他生命充满好奇，而不是禁锢在漫画书和娱乐节目里。这些书和电视有太多成年人的思想，束缚了他们的性灵。世界的本质是什么样的？或许大自然更接近答案。

现在的童年，缺少了自由。在幼儿园和学校，儿童的生活过于整齐划一，无法呈现斑斓的色彩。儿童是在成人划定的空间和时间点上过着成人要求的生活。

现在的童年，被知识与技能的学习填满；孩子们游戏的权利被放到最不起眼的角落……

梦想，是我们每一个人生活的动力；梦想，是一个人前进的方向。一个人连梦想都没有，得过且过，无所事事，无所追求，那就真的是虚度年华，一无所有。少年儿童应该敢于做梦，勇于追梦。每一个人的梦想汇聚在一起就是中国梦，实现中华民族的复兴就是13亿中国人的共同的中国梦。梦想不是说说而已，实干才能梦想成真。不好好读书，不好好学习，不练好真本领，梦想就永远是空想。孩子们应该从现在小小的努力开始，发奋读书，努力进取，勇于攀登，快乐追梦，在追梦中成长，才能实现共同的梦想，成为造福于祖国和人民的人。

我们应该给孩子一个什么样的童年？我们是为了所谓的"明天"而让孩子们早早就开始承受学习的压力？还是关注当下，让他们尽情地享受童年该有的快乐与幸福？我们是让孩子们的心灵之花在没有发芽之前就在过多的关注与压力下枯萎，还是提供充足的阳光雨露、肥沃的土壤、自由的空间，让它充分地去孕育、去积蓄生长的力量，像烂漫的野花般自由地成长？

我们应该引领孩子们走进自然、走进社会，让他们在活动中获得成功与快乐，感受亲情与友情，学会感恩与奉献，接受锻炼与挑战，让他们的童年更充实、更快乐、更有意义，真正成为他们幸福人生的基石。

我们应该认识到：孩子的成长必须依靠他自己的力量，我们不能代替孩子去经历，更不能代替他去体验与感悟，我们需要做的是为孩子提供机会，带领他们走进自然、走进社会、走进生活，让他们亲自去经历、体验、感悟和成长。

中国青少年研究中心副主任、研究员，中国青少年研究会副会长孙云晓曾讲："一个人怎样获得可持续的发展，很重要地取决于他的童年。孩子的童年如果是快乐的、自由的，他就有无限的张力；如果他的童年是过于沉重、过于劳累的，他就会厌倦学习、厌倦生活甚至厌倦人生，他就封闭了，没有开放，没有发展。我们要允许孩子在童年有一段呆呆的、梦幻般的、爱玩的、胡说八道的时光。因为，童年本来就是那个样子的。"

孩子应该拥有自由快乐、充满无限张力的幸福童年！

把童年还给孩子，让童年就像它本该拥有的样子！

没有对童年的尊重，就不会有幸福的人生！

我们提出"守护童年，启迪梦想"这样的办学使命就是为了给孩子奠基幸福人生！

以真做人，以真教人，以真求真，以真育人

以师德建设为核心培养一支"以真做人、以真教人、以真求真、以真育人"的教师队伍，是武师附小倡导的求真教育教师文化。

1. 要以真教人，感化学生学做真人

师德的求"真"是教育对象对教师提出的要求，所谓"有什么样的老师，就会有什么样的学生"就是这个道理。韩愈的"师者，所以传道、授业、解惑也。"这里指传的是真道，不是伪道；授的是正业，不是歪业；解的是真惑，不是假惑。这样，我们的老师就必须始终贯彻一个"真"字，要真心诚意地教学生学做真人。

2. 要以真待人，感戴学生学做真人

三十多年的教育生涯让我明白并始终坚守这样一个信条：一名优秀的教师要持久地、发自内心地爱他的学生。无论他们聪明，还是愚笨；是漂亮的，还是丑陋的；是金凤凰，还是丑小鸭；是家庭背景好的，还是弱势群体。教师都要公平地对待每一个学生，真诚地关爱每一个学生。这就需要我们教师利用机会，抓住机会，以真待人，以真教人，用发展的眼光看待学生，使学生学会做真人。

3. 要以真做人，感召学生学做真人

前苏联政治家、革命家加里宁指出："一个教师必须好好检查自己，

他应该感觉到，他的一举一动都处于最严格的监督之下，世界上任何人没有受着这种严格的监督。"这里所说的对教师的"严格的监督"，不仅来自学生，而且来自社会，因为社会上各行各业的人把子女托付给学校的教师，很自然就会在许多方面，特别是道德品行上向教师提出比常人更高的要求。要求我们教师严格遵守法纪法规，老老实实做人，做一个真正的人，以真实、真诚、真心教人育人，赢得社会、家庭及学生的尊敬。作为一位教师无论在其言语上，还是在行为上只有处处率先垂范，真心诚意地捧着一颗心来，为学生、为学校、为教育，竭尽全力，敢做真事，善说真话，并成为学生学习的楷模。教师给学生"真"，学生自然也将心比心，用真字回报老师，回报教育。

所以，我们要牢记陶先生的话——"千教万教教人求真，千学万学学做真人。"教学生学做真人，只有起点没有终点，教师只有时时处处教真、做真，学生方能真才实学、学真成真，真正成为毫不利己、专门利人的人，成为全心全意为人民服务的人，成为真正有益于人民的人。

"五实"求真课堂

武师附小倡导的课堂文化是扎实、充实、丰实、平实、真实。

1. 有意义扎实的课

初步的意义是学生在课堂上学到了新的知识；进一步是锻炼了学生的能力；往前发展是在这个过程中学生有良好的、积极的情感体验，产生进一步学习的强烈要求；再发展一步，是学生越来越主动投入到学习中去。有意义的课，它首先应该是一节扎实的课。

2. 有效率充实的课

华东师大叶澜教授讲一节好课应该是有效率充实的。这样的课一是从面上而言，一节课下来，对全班学生中的多少学生是有效的，包括好的、中间的、学习困难的；二是效率的高低。有的高一些，有的低一些，但如果没有效率或者只是对少数学生有效率，那么这节课就不能算是比较好的课。在这个意义上，一节好课应该是充实的课。整个过程中，大家都有事情干，通过教师的教学，学生都发生了一些变化，整个课堂的能量很大。这样的课可称之为有效率充实的课。

3. 生成性丰实的课

一节课不应该完全是预先设计好的，在课堂中应有教师和学生情感、智慧、思维和精力的投入，有互动的过程，气氛相当活跃。在这个过程中，既有资源的生成，预谋中的生成，又有伴随课堂教学过程中的自发生成，随机生成，这样的课可称为丰实的课。

4. 常态性平实的课

这种课是平时都能上的研讨课，而不是准备过度的像走T台一样的表演课；是为孩子、为学生上的课，而不是给听课者看样子的课。这样的课可称为常态性平实的课。

5. 有待完善真实的课

华东师大叶澜教授说："好课不能十全十美，十全十美的课造假的可能性最大。"只要是真实的就会有缺憾。公开课、观摩课要上得没有一点问题，这个预设的目标本身就是错误的，这样的预设给教师增加很多心理压力，然后做大量的准备，最后的效果往往是出不了"彩"。生活中的课本来就是有待完善的，这样的课可称之为真实的课。

建构层级体系　展开综合改革
——简论小学语文课堂有效教学实施策略

王毓新

有效教学是个古老的话题。自教育产生以来，如何有效地教，怎样做一个成功的老师，教师如何教得轻松而学生可以学有所成，历来是教学实践的基本追求。人们对有效教学问题的探讨可以追溯到《学记》，以"道而弗牵，强而弗抑，开而弗达"的"善喻"为渊源。班级授课制的诞生，更是为了追求教学的效益，以17世纪夸美纽斯的"让教师少教，学生多学"的思想为标志。从夸美纽斯开始，"有效教学"的理想落实在"规模效应"及其相应的"教学模式"上。《大教学论》的理想寄托在"班级教学"中，是"有效教学"的初始状态，即第一个阶段。以杜威教育理论为代表的"进步主义教育"开始突破"教学模式"的思路，而从"人的问题""教育与生活"的关系等视角来考虑有效教学的出路。这标志着有效教学实践及其研究第二个阶段的出现。第三个阶段开始转向"教学设计"，有效教学实践及其研究越来越强调"设计意识"和"反思意识"，越来越强调在"教学理念"或"教学信念"支持下开展"教学设计"。

有效教学又是崭新的话题。作为概念，"有效教学"于20世纪上半叶才出现，真正以有效教学为命题所开展的研究，还是20世纪60年代的事情。著名教育家巴班斯基在其《教学教育过程最优化》一书的《序言》中就明确指出，"20世纪60年代末到70年代初，教育家们越来越多地讨论教学最优化问题""最优化原则是科学地组织劳动的最重要原则之一。""科学地组织劳动为提高工作效率，并以最合理、最经济的办法达到目的开辟了广阔的前景。"有效教学的理念和行动既是基本要求，也是很高的要求，它将成为永恒的话题和需要持续研究的课题。

"有效教学"的理念和行动在世界范围内如火如荼，已成为重要的教育研究领域。联合国儿童基金会在全球推广"爱生学校"理念，第二个维度便是"有效的教与学"，还把它作为亚太地区优先考虑的指标，中国教育部接受并积极推广这一理念。2001年6月，教育部印发《基础教育课程改革纲要（试行）》，掀开了新世纪基础教育改革的序幕。同年8月，《为了中华民族的复兴，为了每位学生的发展：〈基础教育课程改革纲要（试行）解读〉》正式出版。这本巨著共分七个部分，第四部分为"教学理念与策略"，第二章就是"有效教学：理念与策略"，较为翔实地阐明了"有效教学"。2011年教育部颁布的《教师教育课程标准》以及《"国培计划"小学语文教师培训课程标准》等都把"有效教学"作为教师教育课程设置的主要模块。

国家政策倡导"有效教学"，一线教师渴望"有效教学"。但在小学语文课堂教学领域，理想和现实还存在较大差距。

一是小学语文有效教学在我国起步晚、发展慢、成果少。"中国知网"显示，自2000年至2012年10月底，核心期刊发表的与"小学语文有效教学"相关的研究文章仅有3篇，扩大范围也不足10篇，而且多刊于2008年以后。这一情形，在"万方数据知识服务平台"中也得到印证："有效教学"研究蒸蒸日上，"语文有效教学"忽高忽低，"小学语文有效教学"的研究论文更如沧海一粟，很难寻觅，高水准的更难发现，实施和推进的过程中还存在许多问题，如基本概念和构成要素认识模糊，内容缺乏深度，研究对象中没有突出中小学教师，实证性研究匮乏。小学语文学科的有效教学及其评价标准、评价办法的研制更为缺乏，只能让教育者和受教育者南辕北辙，缘木求鱼。

二是一线教师片面、孤立地改进课堂教学。在长期视导访谈的过程中我们发现，大多数小学语文教师，不熟悉小学语文学科核心能力，不大关注语文本体性知识，教学内容"模模

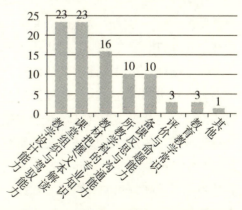

图1　教研员认为教师最渴望提升的能力

糊糊一大片"，教学目标与内容不够具体，字词句段篇、听说读写练、语修逻思文，面面俱到，"少慢差费"，"误人子弟"。对"教学策略"的关注程度远高于"教学内容"，但是，教学方法和策略很多，却不知如何有针对性地使用，要么因袭传统，如文言文教学的串讲，"红领巾教学法"的作者简介、文章结构、段落大意、中心思想等；要么跟风瞎跑，一会儿启发式，一会儿围成圈合作，甚至信马由缰地让学生"多元解读"。对于学情分析和教学评价，更是漠然视之，置若罔闻，"说起来重要，做起来次要，忙起来不要"。这在教研员问卷中也得到了证实，见图1。

三是概念认识模糊，只是简单地把"有效教学""中国式"而非"中国化"。通过对甘肃省教育科学规划2013年度小学语文学科立项课题研究主题的统计分析，我们发现，在申报的237项课题中，"有效教学"与"高效课堂"旗鼓相当，研究比例占总数的36.3%，还有所谓"实效""无效"研究，反映出一线教师认识模糊，盲目套用、挪用"有效教学"概念，未能汲取其精髓要义，简单地把"高效课堂"等同于"有效教学"。地域分布也不均衡，越是信息闭塞、课程改革与教学研究迟缓的地区，有效教学的研究越少。

只有澄清认识，聚焦改进课堂有效教学的实践，才能深入推进小学语文有效教学，促进学校师生的内涵发展。

通过文献研究和调查研究，我们明确了小学语文课堂有效教学的概念、要素，发现了实施小学语文课堂有效教学的路径，初步形成了一条比较清晰的假设，即：实施小学语文课堂有效教学，需要从改善教师的教出发，大力培养能够胜任课堂有效教学的教师，让他们围绕"促进学生发展"这个核心，在掌握学生学情、明确教学内容的基础上，优选教学策略，利用及时的评价反馈信息，尽快全面达成语文学科的教学目标。这个假设是否成立，除了理论演绎和推敲之外，作为应用研究，我们又赴实地考察、访谈，对8位在省级和全国性小学语文课堂教学比赛中取得特等奖和一等奖的优秀教师开展个案研究和跟踪研究。这些典型案例，帮助我们以"差异复制"的形式，在对比中发现小学语文课堂有效教学实施策略中相同或不同的影响因子，又以"逐步复制"的形式，验证了文献研究、调查研究所做假设的正确性，提高了研究结论的信度。对这些典型个案的观察和分析表明，推进小学语文课堂有效教学，必须紧扣五大要素及其理想表征，制定具体策略，系统设计，综合改革。

一、确定小学语文课堂有效教学的核心要素

"教学要素问题是教学论的基本课题之一，对这一问题如何认识，直接关系到教学论的科学性，影响到整个教学论体系的构建，进而导致教学实践重心的摇曳。""教学要素可以说是教学论形成和发展的逻辑起点，对教学活动中要素基本构成的认识和确立，不仅是教学理论发展的需要，而且也是教学实践得以有效实施的要求。"

比较鲍里奇的《有效教学方法》和崔允漷的《有效教学》，我们发现，国外的"有效教学"，其构成要素多为"五要素"——教师、学生、教学内容、教学策略和教学评价，国内则更多地关注教师、教学策略和教学内容，对学生和教学评价等关注较少，见图2。

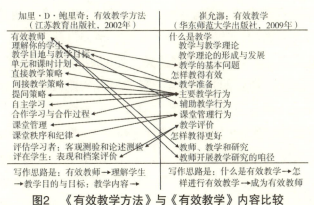

图2 《有效教学方法》与《有效教学》内容比较

高慎英、刘良华撰写的《有效教学论》，在"前言"中开宗明义地指出：

教学的基本要素大体有三：一是学生，二是教师，三是课程资源（或称之为"教学资源""教学内容"）。课程资源是决定"有效教学"的理想能否兑现为课堂教学实践的关键因素。最初的有效教学都有一个朴素的追求，就是"如何有效地讲授"。殊不知无论教师的讲授，还是学生的自主学习，其最终的效果都取决于课程资源。……如果说"有效教学"的终极关怀是学生的"有效学习"，那么，这种"一切为了学生"的有效教学便留出一个遗憾：它很少考虑教师本身的发展。教师作为人的自身需要与欲望、追求，教师自身的梦想与欢乐，逐渐成为一个不毛的荒地。

在强调"学生主体"地位的当代，没有忽视"教师主导"的地位，这与初始的"有效教学"注重课堂教学、注重教师发展是一脉相承的。这段话还透射出有效教学的四大构成要素：学生、教师、课程资源、教学策略，反映出它们之间的内在联系。遗憾的是缺少"教学评价与反馈"。

文献研究反复证实，我国学者间接地认同"有效教学"的五大要素——光有教师、学生与教材这样的铁三角是不够的，还需要考虑教学目标和教学方法以及教学评估新的铁三角。两个铁三角的密切协同，会产生一个叠加效应。从最初的教师、学生和教材的教学三要素到目标、实施和评价的教学设计三要素，这是教学理论与实践不断发展所导致的重大变化。这种变化不是前者让位于后者的问题，而是教学三要素和教学设计三要素的互相叠加，互为参照。其中的"教材"和"教学目标"都指向教学内容，合二为一，正好是"五要素"。

英国应用语言学学者威廉姆斯和教育心理学学者布尔登也曾提出过影响教学的四要素，即教师、学生、任务和环境，他们也认为这几个因素不可能孤立存在，而是作为一个整体，在动态的、持续的过程中相互作用的。

如果说上面论证所得的"五要素"针对所有的课程与教学，那么，陈玉秋先生的《语文课程与教学论》，则更具体地说明语文学科也必须是"五要素"。陈先生从教师教的角度提出语文课程与教学论的研究对象主要是四个问题，即：为什么要教要学语文？教与学什么样的语文？怎样去学语文？由什么样的人来教语文？他虽未明确提出"熟悉学情"这个问题，实际却涉及学生的"学情"（见前三个问题中的"要学""去学"）、语文教学的内容、目标、教学策略和语文教师专业成长等问题。立足当代"以学生发展为中心""以学定教"的课程与教学理念，理应关注学生的学情分析，即由什么样的人教语文；对课程与教学做系统考量，不能缺少教学评价与反馈，即教与学的效果如何，怎样改进，要求以学论教。这又使我们认识到，语文课程与教学的要素也应该是五个——教师、学生、教学内容、教学策略、教学评价与反馈。

二、"五要素"在小学语文课堂有效教学中的理想表征

文献研究发现，有效教学不是回答教学是什么，而是要解决依据什么进行教与学、如何评估教学结果以及采用什么样的教学策略进行教学才能使教学结果与教学目标达成一致的问题。有效教学是在特定的教学情境下致力

于教与学之间的互动，促使教学结果与教学目标达成一致，促进教师与学生共同发展的教学。"对最优化来说，必须抓住活动的主要环节这一方法论原理至为重要。在教学过程中，若抓不住本质的、主要的环节，就不可能找到最优方案。"析出小学语文课堂教学的五个核心要素之后，还应洞悉"五要素"在理想的课堂有效教学中的具体表征，才能按照"应然"状态，设计和从事有效教学。

小学语文课堂有效教学中，"五要素"的理想表征是怎样的呢？

很遗憾，这方面还没有比较权威的论述。我国学者认为，"有效教学"在课堂活动中的主要特征——寻求教学效益的活动，关注教学目标的可测性或量化，要求教师具备反思意识，有时间与效益观念，在形成教学智慧的基础上运用大量的教学策略保证学生全体、全面的发展。这些表征还显浮泛。国外学者对有效教学的核心特征也未形成一致结论，目前只有三条核心特征得到认可，即：尊重学生，有能力为学生提供挑战，具备组织和语言表达能力。但美国教育多元化与卓越化研究中心提出的五项标准阐述了有效教学的行为标准：①创造性活动：师生共同参与创造性活动，运用多元的班级环境和小组合作学习促进学生学习；②语言和文学素养：通过课程提升学生的语言和文学素养；③情境化：把学校的课程和教学与学生在家庭和社区的生活经验联系起来；④复杂思维：通过挑战性活动，提升学生复杂思维的水平；⑤教学对话：通过对话进行教学，确保学生参与教学对话。鲍里奇博士在《观察有效教学的技术》一书中根据美国教师的专业标准，提出了观察有效教学的八个不同视角，即：考虑学习环境，聚焦课堂管理，注意教学内容和目标的清晰度，教学方式多样化，基于目标和任务授课，关注学生的参与程度，测量学生的达成度，引发高级思维和表现性学习成果。在此基础上，他还指出了这些方面在课堂中的不同表现。鲍里奇的观点是全面的，描述也是具体可感的。

整合中外有效教学专家的观点，结合观察研究发现以及优秀小学语文教师的成功实践，我们认为，"五要素"在小学语文课堂教学中的理想状态应该是这样的——教师是一名反思性实践者，掌握系统化的学科核心知能以及学生学习和发展的教育心理学规律，擅长管理和经营课堂，善于和同事、家长、社区合作，确保学生愉快学习；学生积极投身学习活动并获得成功体验、动作技能、解决问题的能力以及高级思维水平等得到提高；教学内容明确，紧扣课程目标和学习任务，提升语言素养和高级思维能力；教学策略多样，基于学情分析，适合不同学生的多种需求；评价策略多元，关注学生智力、体力、社会化与个性化，对其反应作出及时、恰当地评价与反馈，重在促进他们知识、能力和情感的健康发展。这将是我们小学语文课堂有效教学的"应然"状态。

三、制定小学语文课堂有效教学的实施策略

"有效教学"是一套策略，是一种思想，也是一个理想。通过对"有效教学"构成要素的分析，我们逐步认识到：它由五个要素组成，这五个要素构成有效教学的主要方面。文献研究和成功教师的个案观察研究发现，理想状态下，五要素在小学语文课堂有效教学中的具体表征应该像我们所描述的那样：教师是一名自觉的反思性实践者，他能够掌握学生学情，教学内容和教学目标特别明确，教学策略是基于学情分析精心挑选的，教学过程中始终伴有及时的评价和反馈，重在促进学生知识、能力和情感的健康发展。

怎样更好地实施小学语文课堂有效教学呢？

1. 制定具体策略

有效教学的五个要素是相互关联、互为依存、不可或缺的。调查研究却发现，大多数小学语文教师对有效教学的概念、特征认识模糊，存在片面、孤立或者"眉毛胡子一把抓"的盲目实践倾向。所以，实施小学语文课堂有效教学，应针对"五要素"及其在课堂教学中的"应然"状态，克服当前实践中存在的弊端，制定具体的策略。在文献研究和个案观察研究的基础上，我们针对调查研究发现的问题，根据五要素在有效教学中的理想表征，提出如下具体策略，即掌握学生学情、明确教学内容、优选教学策略、及时评价反馈、成为一名自觉的反思性教学实践者。

既然是"策略"，就应是方案和方法的集合，应该有很强的实践导向。但上述五个策略还显得不够具体，难以让广大教师有一个牢靠的抓手。为此，我们又从文献中发掘、从实践中总结五大策略的着力点，并将其运用于小学语文课堂教学。如：掌握学情要贯穿教学全过程，要运用教育心理学；在分析、梳理、归纳教育哲学家、学科专家和语文课程标准相关论述的基础上，确立小学语文学科的教学内容包含四个方面，即：语文

学科核心能力，语文学习的兴趣、习惯和策略，高级思维能力以及非智力因素的塑造和培养；优选教学策略需要熟悉富有成效的语言教学范式，如诵读积累、读写结合、思维培育和对话教学等，还要掌握常见的小学语文有效教学的课型与教学方法，如主题单元教学范式、讲读教学范式、习作教学范式、课后练习教学范式、课外阅读教学范式等；要发展教师自身有效观察和评价学生学习状况和自己教学状况的能力，通过课堂教学评价引领教师依据学生的学改善教师的教，让教师走出课堂困境，让学生有效地学习语文教学内容；要完善专业化学业质量监测机制，针对小学语文课堂有效教学的不同内容和目标要求，有针对性地选择多主体多元化的评价类型，准确评定小学生的语文学业成就，及时进行分析、反馈和指导，真正发挥教学评价的诊断、反馈和激励功能；"有了更好的老师，才会有更好的学校。"课堂的转型最终取决于教师角色的转型。所以，不能把教师和校长当成改革的对象，必须依靠他们，发挥他们的主体性和能动性。要明确小学语文有效教师的专业职能与发展阶段，支持他们的专业阅读，帮助他们开展反思性教学实践，培养造就一大批专业化的胜任有效教学的教师等。

这些策略的主要内容及其着力点见表1。

表1 小学语文课堂有效教学实施策略及其着力点

掌握 学生学情	学情分析要贯穿教育教学全过程		
	运用教育心理学把握学情开展语文教学		
	特殊学生教育		
明确 教学内容	明确小学语文课堂有效教学的内容		
	制订小学语文课堂有效教学的目标		
优选 教学策略	语文教学的成功经验及其课堂教学范式		
	遵从基本规范设计并实施课堂有效教学		
及时 评价反馈	评价 教师课堂教学	评价教学设计	
		评价教学实施	
	监测 学生学业水平	纸笔测试	
		情境测试	
成为 有效教师	小学语文有效教师的专业职能与发展阶段		
	做一名潜心钻研的读书人		
	做一名教学实践的反思者		

2. 建构层级体系

第二次世界大战以来，涌现出各种各样的教学论流派，这些百家争鸣的流派有一个共同之处，就是整体性的教学概念，即视教学为一个整体性系统。教学论的整体特点要求研究者从全面的、联系的、整体的观念出发，克服片面的、孤立的研究倾向。所以，中国共产党第十八届三中全会通过的《中共中央关于全面深化改革若干重大问题的决定》明确要求"深化教育领域综合改革""必须更加注重改革的系统性、整体性、协同性"。"有效教学"是一个庞大的系统，研究和实施这项复杂的系统工程，既要抓住主要矛盾和矛盾的主要方面，即确定小学语文课堂有效教学的核心要素，把握核心要素在理想的有效教学状态下的具体表征，制定落实五大要素具体表征的实践策略，更需要在此基础上运用关系思维，考究具体策略之间的相互关系与轻重缓急，建构层级体系，寻求推进有效教学的着力点。

建构层级体系，除了针对现实的弊端，虑及五大策略的相互关联，帮助教师整体把握实施课堂有效教学的路径外，还有其坚实的理论基础。

一是系统论和控制论。有效教学问题是典型的"复杂问题"。为了清晰地把握有效教学，需要采用系统论和全息论的观点，对影响有效教学的诸多变量进行结构性和层次化的分析，以形成对有效教学进行总体性把握的分析模型或思维框架。但是，我国传统思维方法，"由于重视了整体思维，因而缺乏对事物的分析研究。由于哲学直觉，因而特别忽视缜密论证的重要……在今日建设社会主义文化的新时代，必须做到思维方式的现代化。既要发挥辩证思维的优良传统，更要学会缜密分析、进行实验的科学方法。"对教学现象进行研究，需要我们紧扣核心要素，以系统论和控制论思想为指导，从整体上考虑教学现象的构成要素，进而考虑它们之间的相互作用。"小学语文课堂有效教学策略研究"，继承和发扬整体改革、综合改革精神，将教师队伍建设、教学内容选定、教学策略改进、学生学情分析、评价反馈融为一体，开展学科整体改革实验，以取得小学语文教与学的更大效益。我们在研究中倡导，教师要有分析有综合，把教学内容、学情分析和教学策略等融为一体，系统考虑教学目标、教学实施与教学评价，制定明确的教学目标，优选教学策略，及时评价反馈。图3直观呈现了认知与技能领域的教学内容、教学要求、教学策略、教学评价之间的关系，便于教师系统设计有效教学。

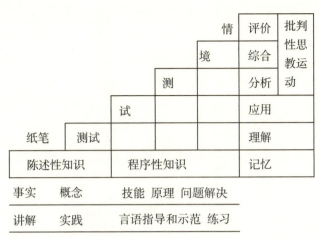

图3 课堂教学内容、教学要求、教学策略与监测方法

二是关系思维。新世纪我国教学论领域变革的重要特点之一是教学论研究思维的转型，具体表现是：从实体思维到关系思维，从理论教学论到实践教学论，从陈旧封闭的书斋研究到鲜活生动的教学现场研究。

实践教学论注重运用归纳思维，从实践中概括一般的原理，注重运用实证方法研究新的实际，采取调查研究的方式获得因果关系，从而为教学论提供"源头活水"。其次，"我们只有从他人的角度出发才能考察自己，从想象的角度出发才能考察现实。自我和现实存在于关系之中，这是杜威和怀特海都指出的一点。"运用关系思维，语文学科的教学论研究者不再以原有的框架模式作为思考的逻辑起点，而更强调思考主体的新鲜思想和思维新秩序，强调以新的思维方式与认识视角去发现语文教育现象和课程改革活动内在的尚未发现的真意，强调对语文教育与课程改革活动的诸多方面的关系做出更为简捷和合理的概括描述，强调在大胆的创新探索中实现语文教育理念与智慧、语文课程理论与方法、语文教学思路与秩序的新建构。运用关系思维，我们发现，小学语文课堂有效教学的五个要素是相互关联、互为依存、不可或缺的，"五大策略"也应该相互关联、不可或缺。

用尽可能少的元素建立一个完美的模型，比一千个事实还要珍贵。针对现实中头疼医头、脚疼医脚的片面、孤立改进课堂教学的窘境，遵循"思维经济原则"和教育领域综合改革理念，运用系统理论和关系思维，在汲取教育学模型建构理论——同心圆结构说、层级结构说和基本范畴论的基础上，我们建构了直观形象的"小学语文课堂有效教学实施策略层级体系"模型，见图4。

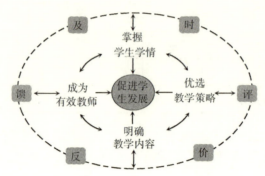

图4 "小学语文课堂有效教学实施策略层级体系"示意图

3. 解释层级关系

用来刻画一个成熟科学的主要标志是范式或研究纲领的出现。美国科学史家、科学哲学家托马斯·库恩认为，范式是一种公认的模型或模式。"'范式'一词有两种意义不同的使用方式。一方面，它代表着一个特定共同体的成员所共有的信念、价值、技术等等构成的整体。另一方面，它指谓着那个整体的一种元素，即具体的谜题解答；把它们当作模型和范例，可以取代明确的规则以作为常规科学中其他谜题解答的基础。"

最深刻的真理是最简单和最平凡的。"小学语文课堂有效教学实施策略层级体系"模型虽然简单，但作为一种结构模型，它具备"结构"的三大特征，即要素、关联和层级，直观、简捷地显示了实施小学语文课堂有效教学的路径和策略，凸显了五个具体策略的轻重缓急，便于教师理解和记忆，内涵比较丰富。

我们认为，在小学语文课堂有效教学中，创生五大要素理想表征的五个具体策略如同太阳系，"促进学生发展"是恒星（太阳）；成为有效教师、掌握学生学情、明确教学内容和优选教学策略是大行星；教学环境，包括物质、心理和社会环境等，是小行星或星际物质，借鉴当代学者的做法，可以将其渗透在其他要素中加以考虑；及时评价反馈则是万有引力或者说约束力。

系统的结构决定系统的功能，结构与功能是相互依存的两个方面，一定的结构总会表现出一定的功能，一定的功能总是由一定的结构所产生。实施有效的小学语文课堂教学，应该成为一项系统工程，而且是一个"层级系统"工程：在引力——紧扣学生发展进行的及时的评价和反馈的规范和导引下，大行星——成为有效教师、掌握学生学情、明确教学内容和优选教学策略——在带着各自的卫星（核心要素内部的主要方面）、遵循各自规律自转的基础上又围绕太阳（促进学生发展）展开公转。即：大力培养有效教师，让他们紧扣"促进学生发展"这一教学目标，在掌握学生学情、明确教学内容的基础上，优选教学策略，利用及时的评价反馈信息，尽快全面达成教学目标。

人们只要愿意对事物做更深入的分析，就都会愿意思考结构的层次，从而更能看清结构的丰富性。小学语文课堂有效教学实施策略是一个层级系统，前提是改善教师的"教"，核心是"促进学生发展"，它包含三方面的意思："第一，有效地促进学生的全面发展，特别是学生情感态度和创新思维的发展；第二，有效地改善学生的学习方式，促进学生的有效学习；第三，有效地发展教师的教学效能，促进教师的专业成长。"第二层面的意思是教师依照教学内容、学生学习情况和自己的风格制定教学策略，教学策略影响学生学习和教学内容的达成。这四个策略在围绕有效教学公转的同时还在自转，如"掌握学生学情"这个策略，其实质在于"理解你的学生"，指的是遵循发展心理学、生理学和脑科学等对儿童认知特点和年龄特点的研究发现，运用教育心理学对教学的全部过程进行"学情分析"，熟悉儿童语文学习的特点和规律，进而帮助教师更好地实施教学，促进学生的"成熟"和"成长"。"成为有效教师"这个策略，其实质是培养胜任有效教学的教师，让专业化的教师在既有的学科知识和教学能力基础上创造性地开展有效教学实践，运用实践智慧和教学艺术设计和实施课堂有效教学。

小学语文课堂有效教学实施策略层级体系，揭示了有效教学的因变量，即最终的目标在于"促进学生发展"。为了达成这个目标，需要在自变量上下功夫。这里的自变量，主要是有效教师的教导行为和学生的学习行为，但它们是有先后顺序差别的，学生学习行为是影响学习结果与效率的直接控制变量，教师教导行为则通过作用于学习行为而影响学习的结果与效率，属于间接控制变量。学生学情、教学内容、教学条件、评价反馈策略等，构成教导与学习行为选择的基础性或前提性变量，是影响教学策略选择的客观制约因素，因而也成为解释教学策略是否适宜或有针对性、是否有效的原因性变量。用隐喻和类比的方法更容易理解这几个变量之间的关系。作为自变量，教师的教导行为，施加并影响到学生的学习行为，导致因变量的结果发生，即促成学生积累知识、丰富阅历、增长智慧。这就好比园丁与花蕾，作为因变量，花蕾绽放，即"学生的发展"，包括知识、经验的丰富，技能、智慧的增强，以及情感态度价值观的正态发育等，首先是花草吸收水分、养分和二氧化碳等，主动寻求并接受阳光的照射，进行光合作用，努力发育生长的结果，是内因在最基本的层面决定了这个结果。同时，作为自变量（教师的教导行为），园丁必须顺应花木自身的生长规律，通过培土、浇水、施肥和修剪等，呵护并促进花蕾开放得更迅速更艳丽。这里，不仅反映了教师教导行为的重要性，还显出基础性条件变量的重要性。教学过程中，除了有效教师的教导行为和小学生的学习行为，教学内容、教学策略、教学环境、评价反馈等，就像土壤、肥料、水分、阳光一样，作为前提性变量，也是影响学生学习效益的重要因素。缺少这些条件，花蕾能开放吗？即使开放，也比较缓慢、短促，还会过早地枯萎、凋谢。

"全面不一定是和谐的，和谐一定是接近全面的，和谐是多成分之间的一种软性结构特征；和谐必定有利于发展，有利于健康发展和全面发展。""小学语文课堂有效教学实施策略层级体系"中的各个策略相互之间有关联，这种关联既可能优化小学语文课堂有效教学，也可能相互影响、碰撞甚至损毁，使某些构成要素偏离良性运行的轨道。"最孤立的细小行为，彼此之间也有某些系统性的联系。我十分重视数以百计的单项行为如何构成覆盖总体的多种模式。……一定程度的和谐一致是必不可少的，否则整个体系就将瓦解。"怎样才能使小学语文课堂有效教学实施策略层级体系和谐运转呢？这就需要第三层面——及时、安全的评价反馈，对其做出规定和约束，即时时处处进行反思和回馈，让处于层级体系第二层面的四大要素保持动态平衡，抑制过度的张力，让它们围绕"促进学生发展"这个核心和谐有序地运行，发挥整体的功能，力保过程有效，促成学生发展。

这个图示中的五个策略有层次有先后，箭头还有双向和单向之分，较为明显地体现了小学语文课程的"回归性"特征。它告诉我们，教学策略的制定是和学科教师的专业水平、学习者的身心特点、教学内容的选择以及评价反馈的方式方法紧密相关的。它们要求教师、学生、教学内容和教学策略在一个线性框架中，逐步推进，不能僭越。教学内容决定教学策略，教学策略决定教学效果，教学评价与反馈帮助教师掌握学情，修正教学内容和教学策略。也只有这样，才能保证评价与反馈是针对师生、针对内容选择和教学设计的，是有效的，也只有这样，才能指导和促进有效教师按照受教育者的实际和未来社会的需要选择和开发课程资源。当然，只有线形的直接反馈回路是不够的，还可能有间接的、跳跃式的曲线回路，多向度的影响与反馈。这也是我们对早期"有效教学"多从直接的线形框架设计，缺乏对多个因素尤其是个体生命动态发展考虑这一缺陷的矫正和补救。例如，只有在明确教学内容，熟悉教师自身优势、学生实际情况和评价反馈方式方法的优劣以后，才能更好地制定教学策略。不考虑师生发展和未来社会对人才的需要，就难确定"教什么""评什么"，不明确教什么，评什么，就难确定教学策略和评价反馈的内容和方法。也只有在熟悉师生情况、明确教学内容、教学策略以后，才能制定切实有效的评价反馈内容和方法，"及时评价反馈"还必须对"评价反馈"自身作出评价与反馈等。

小学语文课堂有效教学实施策略，不是空中楼阁，也不是海市蜃楼。它绝不是全盘否定、抛弃传统语文教学的经验和做法，而是扬弃，是基于目前我国小学语文教学的实际，对古今中外母语教学成熟经验的继承和发展。"如果说理论是灰色的，那么没有理论指导的实践必将是黑色的。"由"五要素"构成的有效教学实施策略层级体系，立足新课程改革和国家教育中长期规划，立足学校师生的发展，删繁就简，突出了小学语文课堂有效教学的重点和难点，有助于避免单一的线性追逐"效率"、损毁"全人教育"理想的早期"有效教学"之不足，贵在实践和操作，既有抓手，方便操作，又容易构建，可望而可及。

学校心理健康教育及
班级管理中的心理学智慧

王新民

一、加强中小学生心理健康教育势在必行

有关资料显示，目前我国13亿人口中有各种精神和心理障碍的患者多达1 600多万，而来自国际心理治疗大会的数字同样表明，中国大概有1.9亿人在一生中需要接受专业的心理咨询或心理治疗，1.5亿青少年中受情绪和压力困扰的就有3 000万人，近30%的小学生有不同程度的心理问题。武汉大学社会发展研究所特聘教授尹邓安对2 000余名大中小学生进行了心理健康调查和辅导后做出了这样的结论：在接受调查的小学生中，有异常心理问题倾向和严重心理行为问题的比例占到了20.6%。另外，媒体上连篇累牍的相关报道也令我们吃惊：孩子整日泡网吧，陷入黄色网站、暴力游戏而不能自拔；稚气未脱的小学生学着影视节目里的套路谈起了"恋爱"；父母花费一番苦心让子女读进重点高中，而孩子却突然厌学，离家出走；中小学生由于病态心理而导致心理与行为上的失误，逃学的不少，自杀也不少……甚至犯罪的现象时有发生，严重影响了学生的身心健康和发展，甚至危害了家庭、危害了社会。

心理专家认为小学生的心理问题主要体现在：① 缺乏学习兴趣；② 情绪不稳定、不健康，任性、偏激、孤独、自私、嫉妒并伴有焦虑自卑心理；③ 同伴之间关系淡漠等方面。而小学生的厌学障碍和人际关系问题尤为突出。用学生自己的话说，终日过着"单调而紧张""烦躁抑郁"的生活。由厌学造成的学生不完成作业现象几乎是每个老师最头疼、最烦恼的事，我们

老师们每天要用大量的时间、精力在处理不完成作业的学生，为此还要影响心情、影响情绪。

造成小学生出现心理问题的原因是多方面的，但主要的是学习压力、社会影响、家庭环境和教师的教育方法等。

1. 从学校层面看

学校对学生心理健康教育还存在着重视不够和认识不清的问题，心理健康教师师资力量匮乏，师资培训跟不上，少数教师将学生的心理问题当成品质、道德、思想觉悟问题看待，使小学生的心理问题得不到有效、及时的矫正。

2. 从家庭层面看

从家庭层面看，最关键的因素是家庭对孩子的影响，具体讲有四类家庭最易引起孩子的心理问题。

（1）问题型家庭。

① 家庭不和睦，父母关系紧张，"大吵三六九，小吵天天有。"这些父母或是由于经济方面的原因，或是由于感情方面的原因，把原本是孩子作为精神支柱的"港湾"的家庭演变成硝烟弥漫的"战场"。生活在这样家庭中的孩子时刻处在紧张不安之中，甚至被父母当作出气筒，饱受拳头、漫骂。

② 父母离异（统计数字表明，当前我国的离婚率将近22%）。有许多家庭父母离异后为另建家庭而视孩子为"包袱"，把孩子当作"皮球"任意踢来踢去，谁都不愿承担生活上的责任。

③ 孩子们的父母大多很忙。有的忙于生计，有的忙于创业，有的长年在外打工，没有多少时间陪伴孩子们；无疑对子女的心理健康起着巨大的反作用。在问题家庭中成长起来的孩子往往没有安全感，容易产生压抑、烦躁、自卑、孤僻、冷漠、仇视等心理问题。

（2）事业优先型家庭。

经济社会的发展必然带来生活节奏的更快和竞争意识的突出。不可否认，一些事业有成的父母为了使自己的工作有新的突破，往往很难脱身来陪伴子女。于是，他们要么把子女请爷爷奶奶、叔叔阿姨等亲朋好友帮忙全权代理行使家长责任，要么高薪雇保姆照看。与子女沟通交流或是一起聊天、做事、玩游戏等平常家庭常见的场景在事业优先型家庭中几乎不可能出现。其结果是，父母对孩子百依百顺、一掷千金但并不能消除子女心中对父母的"陌生感"和"距离感"，使自己的子女在心灵深处逐渐形成自我封闭的世界。

（3）专制型家庭。（这类家庭在对子女的教育上往往走两个极端）

① 由于家长补偿心理的影响，"望子成龙""望女成凤"心切，于是把自己未能实现的理想全部寄托在子女身上，节衣缩食为子女提供最奢华的物质条件，同时把子女逼进书房题海，稍有不从，或用大道理压制，或"棍棒相加"，全然不顾及孩子的感受与想法。

② 重养不重教，认为只要把孩子的身体养好了，其他方面就没什么大问题了，孩子思想、情感上的起起落落一律视为"异端"，粗暴压制。

（4）自我封闭型家庭。

随着人们生活水平的提高和城乡住宅建设的发展，成千上万的家庭住房条件得到了不同程度的改善，不少家庭搬进了套房或别墅，给孩子辟出了专门的私人空间供他们学习和休息，这固然有其优越的一面。但是，由于目前绝大多数孩子都是独生子女，兼之社会上各种诈骗、绑架之类的恶性刑事案件时有耳闻，家长不但自己平时交际不广，也严格限制自己的孩子的活动空间，使他们与同龄人的交往机会大大地减少。一个院子、一个单元，甚至是对门的孩子不相往来，久而久之，孩子的气质受到损害，还养成一种胆怯、怕事、怕与外人交往的不良心理。

3. 从社会层面看

随着改革开放的步伐加快，国外一些社会风气、道德风尚中的消极腐败等不良因素也随之渗透进来，对心智发育还不健全、识别能力尚弱的小学生影响极为严重。同时，社会传媒、经济发展状况、社会风气、社区环境等都对学生的心理健康构成影响，其中图书、网络、电视对学生的影响最大。学校教育展示给学生的是正面教育，而当今各种思潮冲击着我们的社会，纯洁的教育内容与复杂的社会生活之间形成强烈反差，致使学生陷入无以参照、无以归附的境地，学生思想混乱、情绪波动情况严重，这就是5加2等于0的现状。如最近成为焦点的手机黄祸泛滥，对青少年带来的危害的事，除了各种具体原因以外，还有一个原因不可不察——那就是在我们的法律制度环境以及道德文化氛围中，对青少年的保护意识仍然不足，相关做法较为软弱和欠缺。可以说，手机涉黄而且成祸，与网瘾少年等许多社会问题一样，归根到底还是由于大环境存在一定的缺陷。所以说保障青少年的健康成长最重要。此外，我国社会正处于转型时期，竞争日益加剧，贫富差距明显，成人的心理压力增大，所带来的焦虑、浮躁情绪也会潜移默化地影响着小学生。

如何还孩子一片心灵的净土，将小学生心头的阴影驱走，成了当前在教育界的热门话题。

我们现在推行素质教育，那么什么是素质教育？实施素质教育就是使受教育者在生理素质、心理素质和社会文化素质上和谐发展，在德、智、体、美诸方面全面发展，培养身心健康，具有社会责任感、创新精神和实践能力，有理想、有道德、有文化、有纪律的一代新人。小学阶段学生正处在生理、心理发育期，这一阶段是人生发展的奠基时期，是孩子们认识世界、确定世界观的一个重要时期，此时打下的教育基础，将影响每个学生的一生。可以说，良好的心理素质是小学生成长为跨世纪人才的关键。从德育的角度讲，健康的心理在学生思想品德发展中有着举足轻重的作用。孩子们是祖国的未来，他们就像一棵棵幼苗，只要好好栽培，就有可能长成参天大树，否则就有可能长歪、长斜，甚至变成危害家庭和社会的毒草。综上所述，加强小学生心理健康教育就显得既紧迫又特别重要了。

一句话，在学校开展心理健康教育，是学生健康成长的需要，是推进素质教育的必然要求，有利于维护学生的心理健康，预防心理疾病；有利于自我完善和培养社会技能，适应社会要求；有利于提高学校教育教学质量，促进学生身心全面和谐发展。

二、学校心理健康教育知识要点

1. 心理是什么

心理健康的关键词顾名思义是心理，心理在教育教学活动中经常出现。理解心理的内涵是教师从事心理健康教育的出发点。那么心理是什么？简单地说，心理就是人的大脑在想什么以及行为背后的过程和机制。或者说，心理是大脑的机能和表现，没有大脑的活动就没有心理反应。不同的人对同一事件的心理感受、心理反应是不一样的。比如：有两个学习成绩相当的学生坐在一起，老师走到他们面前，主动问其中的一个学生："你学习有困难吗？如果有请你及时告诉我。"请问各位老师，他们的心理反应会一样吗？被老师提出需要帮助的学生会是什么心理感受？高兴还是不高兴。那么，没有得到老师帮助的学生又是什么心理感受呢？

2. 心理健康的定义是什么

心理健康的定义很多，也很难下，我国学者提出，一个心理健康的人必须具备以下五个方面：

（1）智力正常。

（2）情绪健康。

（3）意志健康。

（4）人际关系良好。

（5）反应适度。

应该说这五个方面基本概括了心理健康的含义，但是有些根本的问题，如"正常""健康""适度"是什么并没有做或者不好做进一步的说明，不具操作性。那么一个人最优心理健康标准是：①充分的个人美德感；②充分的安全感；③充分的自信感；④充分的自我认知感；⑤充分地理解他人；⑥充分的情感成熟；⑦明确的目标导向；⑧完整的人格；⑨充分的职业安全知识；⑩和谐的人际关系。学生心理健康标准是什么？我国学者郑日昌认为，学生心理健康标准有10条：①认知功能良好；②情感反应适度；③意志品质健全；④自我意识正确；⑤个性结构完整；⑥人际关系协调；⑦社会适应良好；⑧人生态度积极；⑨行为规范化；⑩活动与年龄相符。

心理健康和心理疾病可以看作心理问题的两个极端，中间是连续体。一端是心理最佳状态，一端是心理最差状态（即心理疾病），而中间则是适应不良行为逐渐增加的过程（心理健康→心理问题→心理障碍→心理疾病）。心理正常与不正常是相对的，而不是绝对的。因此，我们说，每个人或多或少都有心理问题。大部分人的心理问题是处在最佳和最差之间。教师在分析和确定学生心理健康认识状态时，不能大惊小怪，应该承认心理健康问题是普遍存在的，只不过有些严重，有些不严重。

3. 中小学生存在的心理问题有哪些

中小学生存在的心理问题很多，一般讲，中小学生的心理问题可以归纳为自我意识问题、学习问题、情绪问题、人际关系问题、行为问题和适应与发展问题等。而中小学生的心理障碍问题可以归纳为学习障碍、发展障碍、情绪障碍、行为障碍和性心理障碍等。有些学生性格内向，而有些则活泼张扬，有些敌意专横。问题学生的主要症状表现为害羞、敏感、反叛、逃学甚至违法等。然而不是所有的心理问题都是心理疾病。教育心理学家张大均认为，心理健康与心理疾病之间是心理障碍。因此，心理疾病是一种心理健康的极端状态，而心理问题和心理障碍则介于心理健康与心理疾病之间，心理障碍比心理问题更为严重。

4. 心理问题与心理障碍的区别

从程度看，心理问题比心理障碍轻，可以说心理障碍是比较严重的心理问题。心理障碍进一步发展即为心理疾病。从机制看，心理问题是自身的生理和心理处于不平衡状态。心理障碍是指影响个体正常行为和活动效能的异常心理。从发展结果看，心理问题可以自愈，而心理障碍需要矫正和辅导才能恢复。

（1）自我意识问题是指在认识自我的过程中出现了偏差和不协调，如自主性问题和自我评价问题。

（2）学习问题是指和学习活动有关的心理和行为问题，如学习习惯问题、学习动机问题、学习方法问题等。

（3）情绪问题是指由于情绪不稳定、过度的情绪反应和持续的消极情绪导致的心理问题，如焦虑、恐惧、抑郁等。

（4）人际关系问题是指个体与他人交往活动中表现出的心理距离和矛盾，主要有亲子关系问题、师生关系问题、同伴关系问题。

（5）行为问题是指违反社会公共准则和行为规范或不能适应社会生活，从而给社会、他人和个人造成不良影响或危害的行为，如说谎、偷窃、骂人、抽烟、考试作弊、逃学、赌博、网络成瘾等。

（6）学习障碍是在听、说、读、写、推理或数学等方面表现出明显的困难。这种困难是内在的，是中枢神经系统的功能问题，其结果是学习成绩下降，如阅读障碍、数学障碍、书写障碍以及注意力不集中等。

（7）发展障碍是青少年在发育过程中出现的心理和精神障碍，如孤独症、精神分裂症和精神发育迟缓等。

（8）情绪障碍是指个体在情感上严重脱离现实，以一种妨碍解决问题的操作和自我挫败的方式应付外界事物，如抑郁症、恐惧症和焦虑等。

（9）行为障碍是由遗传、生理和环境共同作用导致的难以逆转和矫正的行为，如品行障碍和神经性厌食症等。

（10）性心理障碍是指在性欲的对象、唤醒和满足上不同于常人且不为社会所接受的行为。

5. 什么是学校心理健康教育

著名心理健康专家王书荃认为：学校心理健康教育是指教育者根据中小

学生生理、心理发展特点，运用心理教育的多种方法和手段，从学生心理实际出发，有计划、有目的地对学生心理素质的各个方面进行积极的教育和辅导，以促进学生调节心理机能，开发心理潜能，发展健康个性，进而促进学生身心全面和谐发展和素质全面提高的教育活动。学校心理健康教育也包括对教师和家长的心理健康教育活动。

王书荟认为：学校心理健康教育既包括由专职的心理教师对全体学生进行心理辅导和教育，对个别学生进行心理辅导和咨询，也包括全体教师在各项活动中对学生进行心理健康教育的渗透；既包括由专职的心理教师或特聘专家对其他教师进行心理指导，也包括全体教师的自我心理保健和调节；既包括由学校教师对学生家长进行有关的心理健康教育，也包括家长自我心理的发展和更好地教育子女，促进子女的心理健康。

学校心理健康教育是应用普通心理学、教育心理学、认知心理学、社会心理学等基本理论来认识、理解、预防和解决中小学生心理健康问题的一门学问。

学校心理健康教育中出现的心理教育、心理辅导、心理咨询和心理治疗等几个重要概念既有联系又有区别。作为教师应该对这些重要概念有个基本了解，以便在学校开展心理健康教育工作中，能恰当地使用这些概念，准确地表达自己的意图。

（1）辅导关注的是学生具体的问题，重视个别差异，而教育关心学生中的普遍问题。

（2）心理教育和辅导以正常儿童为主，咨询以具有轻度或中度心理问题的正常人为主，治疗以具有心理疾病的人为主。

（3）教育、辅导、咨询和治疗是有重叠的，教育包含了咨询和治疗，治疗过程中又渗透着教育。

（4）咨询从某种意义上是说治疗的过程，治疗过程又包含着咨询。

（5）咨询可以看作辅导的一种方式，因此也是教育的一种方式。

6. 心理健康教育的总目标

《中小学心理健康教育指导纲要》中提出，心理健康教育的总目标是：提高全体学生的心理素质，充分开发他们的潜能，培养学生乐观、向上的心理品质，促进学生人格的健全发展。

具体目标是：使学生不断正确认识自我，增强调控自我、承受挫折、适应环境的能力；培养学生健全的人格和良好的个性品质；对少数有心理困扰或心理障碍的学生，给予科学有效的心理咨询和辅导，使他们尽快摆脱障碍，调节自我，提高心理健康水平，增强自我教育能力。2002年教育部在《中小学心理健康教育指导纲要》中，对心理健康教育的主要任务做了明确规定：全面推进素质教育，增强学校德育工作的针对性、实效性和主动性，帮助学生树立在出现心理行为问题时的求助意识，促进学生形成健康的心理素质，维护学生的心理健康，减少和避免对他们心理健康的各种不利影响。

7. 教师在心理健康教育中的作用

教师是人类灵魂的工程师，是教育过程的组织者、指导者、促进者、辅导者。教师要引导学生走向知识、走向社会、走向生活，对学生的影响是深刻且巨大的。这些影响作用，不仅体现在教师组织实施教育教学的行为过程中，教师自身的心理倾向、思想水平、人格魅力和学识水平等，同样会对学生产生不可估量的影响，甚至比有目的有组织的教育教学行为对学生的影响更具根本性，作用更深远。美国教育心理学家吉诺特说："在经历了若干年后的教师工作之后，我得到一个令人惶恐的结论：教学的成功与失败我是决定性因素。我个人采用的方法和每天的情绪是造成学习气氛和情景的主因。"因此，教师对学生的身心健康和学习有着很大的影响。教师可以决定学生在一天中的快乐和不快乐，这一天过得有意义或没有意义。如有些不讲理的家长在学校大闹老师、骂老师，当然家长的低素质、没教养是明摆着的，可我们个别老师做法也确实出格，当家长与教师发生冲突后，教师让问题孩子第一坐在最后；第二从此不管孩子，不叫孩子发言，不给孩子表现的机会；第三不让别的同学跟问题孩子交往，打入"冷宫"，让他永世不得翻身……教师如果以亲切的、接纳的、协助的态度对待学生，学生就会喜欢学校、喜欢老师，进而喜欢学习，接受学校的良好的教育。要想使一个人发展更好，就应该给他传递积极的期望。积极的期望促使人们向好的方向发展，消极的期望则使人向坏的方向发展。

教师给学生贴什么样的标签，他们就有可能成为什么样的人。要收获金色的太阳，就给学生贴上光明的标签！你会发现，最终你的学生会成为一个聪明的、自信的、乐观的、勇敢的、勤奋的、勇于进取的……具有你所期望的有高尚品质的人。亲其师而信其道。反之亦然，你要给学生贴上愚笨的标签，再加上冷眼、讽刺、打击这些利剑或者是把他放在被人遗忘的角落让他

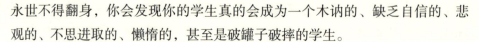

永世不得翻身，你会发现你的学生真的会成为一个木讷的、缺乏自信的、悲观的、不思进取的、懒惰的，甚至是破罐子破摔的学生。

8. 心理辅导员

心理辅导员是由经过一定的专业培训，具有一定心理专业知识和心理辅导技能的专兼职教师担任。

心理辅导员的本质：不是说教，是聆听；不是训诫，是接纳；不是教导，是引导；不是控制，是参与；不是侦讯，是了解；不是遏制，是疏导；不是做作，是真诚；不是解答，是领悟；不是解决问题，是协助成长；不是表面服从，是内心转变。

9. 教师性格爱好修养等和学生心理健康

教师性格的好坏直接影响着学生的心理健康。学生最喜欢有以下性格的教师：合作和民主的态度、和善、对个体有更多的体谅、有耐心、兴趣广泛、愉悦的外表和举止、公正和公平、幽默感、良好的性格、前后一致的行为、对学生的问题感兴趣、灵活、爱使用认可和表扬的词语、教学效率高、教学技艺精湛等。

学生不喜欢的教师性格是：脾气坏、无耐心、不公正、倾向于某种特别爱好、对学生不感兴趣、不乐意帮助学生、无理的要求、常表现为郁闷、不友善、爱讽刺、爱奚落、表情不吸引人、无耐心、不灵活、爱唠叨、经常训斥学生、专横、自负、缺少幽默。

总之要做一个有影响力的老师，那么怎样的老师有影响力呢？

（1）专业能力让人钦佩。

什么样的人让人相信？专家。专家尽管其貌不扬，但一开口就不一样。同样的一句话，有人说了就不起作用，专家说了就起作用。这一点尤其适合小学高年级学生、中学生。

（2）人格魅力让人喜欢。

亲其师，信其道。学生喜欢的科目往往是喜欢哪个老师就喜欢哪门课。

（3）威慑力让人害怕。

当你的学生见了你纯粹不怕，还能管理吗？学生对老师应有敬畏之心。当然，什么时候怕，这是一个值得思考的问题。一个水杯放在讲桌上能管两节课，但你的水杯放在桌子上，回来却不见了，你还能管理学生吗？这就谈到一个严的问题。严，只有做到严之有法、严之有理、严之有度、严之有恒，以及严之有情，严中有爱，"严师"才能出"高徒"。严并不等于简单的看、管、卡、压，它是管理经验的沉积，它更是管理艺术的结晶。在教育后进生时，严更多的时候是宽容、等待、理解、关爱。

（4）像妈妈一样的老师学生喜欢。

多管闲事的老师学生喜欢，因为小学生他什么都想让你管。这种妈妈式的老师和多管闲事的老师到了小学高年级就不行了。

（5）充满自信的老师学生喜欢。

（6）有绝活的老师学生喜欢。

绝活是啥？就是你老师能做的，他不能做。例如，数学老师不用圆规就能画圆；语文教师能够出口成章；地理老师把全国、全世界各地的地图烂在肚子里，随手可以画出各地的地图；班主任老师在你接这个班之前看档案，能迅速叫出学生的名字，学生佩服，沾沾自喜。有绝活的老师学生就给老师面子，有绝活的老师学生就喜欢，就连后进分子也敬畏你。

（7）有个性的老师学生喜欢。

个性要有度，不能浑身都是个性，否则你有可能在教育行业干不下去。

10. 良好的师生关系

学校教育的本质实际上就是师生之间的一种互相交往过程，凭借着交往活动，教师完成了"传道、授业、解惑"的任务，同时也使学生的身心得到健康发展。

良好师生关系的实质应该是：

（1）当学生在学习上碰到问题时，教师应是循循善诱的良师；

（2）当学生在生活上发生困难时，教师应是严父慈母；

（3）当学生孤独苦恼时，教师应是善解人意的朋友；

（4）当学生忘情游戏时，教师应是最好的玩伴；

（5）当学生需要倾诉时，教师应是忠实的聆听者；

（6）当学生迷失方向时，教师应是其前进途中的一盏闪亮的航标灯；

（7）当学生成功时，教师应是其喜悦的分享者；

（8）当学生失败时，教师应是其最有力的支持者和鼓励者；

（9）当学生遇到危险时，教师应是其勇敢的保护神。

美国教育联合会在《在各级健康教育的问题报告》中指出，一个有不能自制的脾气，严重的忧郁，极度的偏见，凶恶不能宽人，讽刺苦毒或习惯性漫骂的教师，其对学生心理健康的威胁，犹如结核或其他危险性传染病对学生身体健康的威胁一样严重。

三、运用心理学智慧管理班级

什么是管理学生的关键？有人说爱心是关键，是爱心吗？全国模范班主任任小艾名言是：爱自己的孩子是本能，爱别人的孩子是神圣！（什么是本能？连母鸡都知道爱自己的孩子，这叫本能）任小艾这话说得好，我们当老师的确实是很伟大，干别的职业的人爱的是自己的孩子，而只有老师爱别人的孩子。但是华南师范大学心理学教授迟毓凯的观点不是这样的，他认为爱心是一个道德要求，但不是能力要求。爱心是管理学生的前提和基础，吃饭很重要，但不必要每天都讲，爱心谈多了是对当前老师的不信任。我认为爱心这是老师最起码的素养，连爱心都没有你就不适合干这个职业。

迟博士提出，学生管理的关键不是"爱心"，不是"技巧"，也不是"人"这一因素。迟博士说，学生管理离不开三个要素，即"人""策略"和"情境"，这三项因素构成、影响和对应着学生管理中的三个关键因素：教师定位、影响策略和情境策略。

有的人说我有这个办法有那个办法，代表者魏书生。但实际上魏书生办法有时候起作用，有时候也不起作用。那么管理学生的关键是什么呢？一是人的问题，是学生跟老师匹配度的问题。你的管理模式和你的学生不匹配，大学教授不一定能在小学里做好老师，反之亦然。二是怎样通过心理学的规律影响学生，根据班级变化发展你的策略，运用心理学的智慧管理班级。

1. 管理学生的"10种武器"

（1）赞美。

破罐子破摔的人转化起来最难，他老是这样想：我就这样一个人，你老师能把我怎样。所以我们当老师的就得学点心理学。教师针对破罐子破摔的学生，一是通过赞美培养其自尊心，二是通过赞美让其失调。这类学生坚守的一个观点是"我就这样，我怕谁。"所以我们当教师不能着急批评，批评一个学生的前提是什么？首先是使他有自尊心。没有自尊心先帮他找回自尊心，怎样找呢？赞美。既然你这么好，你为什么犯这样的错误。对这样的学生先不要急着"亮剑"，等通过赞扬树立自尊心后再"亮剑"。

（2）"冷落"。

这个"冷落"是暂时冷落，是加引号的。这个策略主要针对那些小丑学生，这些小丑学生特点是喜欢出丑弄怪，越是人多越是上脸，老师越在意他他越起劲……他们的这些习惯已经养成，改掉是很困难的。小丑学生要让他寂寞，或可以表扬他周围的学生，让他引不起大家的注意。

（3）承诺。

承诺既包括让学生给老师的承诺，也包括老师对学生的承诺。①从小到大，从私下到公开；②合适的承诺应该公开、监督、奖惩。汶川地震搞一个"只要人人都献出爱，世界将变得美好"的献血活动，怎么办？先签字—再公开—再监督—献血。这就是承诺的力量。魏书生向学生提小要求，再做大的转变；任小艾解决学生谈恋爱问题，让学生找恋人的缺点，最后学生承诺自己不谈了。

（4）心跳加速。（从情绪情感出发去影响学生）

华南师范大学心理学教授迟毓凯讲过一个非常好的方法，就是一定想法让学生心跳加速，然后再做转化工作。这从心理学角度讲就是从情绪情感出发去影响学生。怎样的学生更可怕？不哭、不笑、面无表情的孩子难斗，所以你"亮剑"之前得看学生激动没有、心跳加速没有。先从学生的情感出发，再讲道理，而不能不分青红皂白地讲道理。

（5）成功。

让每个孩子都有成功的可能性，通过成功的喜悦达成学习的迁移。

（6）活动。

在活动中激发情绪，在激动时实施教育。所以一个有经验的老师要舍得花时间、变着法多组织一些活动，这叫"磨刀不误砍柴工。"

（7）人情。

给学生面子让他欠你的人情。

（8）榜样。

列宁说："榜样的力量是无穷的。"青少年学生的心理尚不完全成熟，独立判断能力和自主意识较为肤浅，而且生活阅历浅，对一些道德概念缺乏具体感受，但他们有上进心，模仿性强，生动、具体、典型的形象能激起他们思想上的波澜，并在行动上效而仿之。所以榜样教育在育人方式中是非常重要的一种。通过榜样引发依存。

（9）强化。

一是，通过表扬来强化。叫到办公室冷不防表扬他。对中学生通过第三者表扬更有效，他看你都两眼放光，因为他不怀疑你的动机。例如，通过家长表扬一个孩子，但很遗憾很多老师把家长当作投诉的对象。这样家长不满意，学生不满意，也增加了家长投诉你的概率。老师不可动辄请家长，这样会显得教师无能。二是，活动性强化。如，你上课把东西落在办公室，打发学生去取，打发谁呢？打发班长、学习委员去取，人家可能不乐意；但确实有一些学生愿意做你的"秘书"，让他去取，效果奇好，因为他在班里可以找到特殊感。三是，象征性的强化。设计各种新颖性的奖项，让每个同学都有希望，如小红花、印章、大拇指，你的表扬要在意料之外，情理当中。

（10）"搀扶"。（低起点、小快步地"搀扶"）

这是专门针对后进生的一个策略。后进生在认识方面的心理障碍，绝大多数属于智力惰性大，而不是智商低。特别表现在学习上，他们往往不爱探究问题，感到动脑子很痛苦，常满足于一知半解。对于生活中出现的事物，他们没有认真分析的习惯，思维方法绝对化，往往只从表面上评论是与非。对，就绝对的好；错，就绝对的错，不懂得辩证法。

解除学生的这种心理障碍，如果直率地、一针见血地给学生指出来，学生不理解，甚至觉得很委屈，效果不佳。我们应该采取低起点、小快步的做法，"搀扶"着学生轻松、愉快地前进。低起点就是以学生已经做到的作为起点，把可能做到的作为目标；小快步就是把目标分解为若干要求，由易而难、排成系列，如同上楼梯一样，并适度加快，逐渐接近应达到的一般水平。比如：一个智力惰性大的学生总抄袭别人的数学作业，那就以抄作业为起点，因为能"抄作业"表明这位学生还没有完全放弃学习，而且愿意模仿他人。教师先夸奖他作业抄得很认真，接着鼓励他自己做一道简单的题，直到他能独立完成作业。在这一教育过程中，教师的核心任务是培养学生动脑子的习惯，其实质是引导学生在不断的进步中磨炼意志，培养独立完成作业的习惯，在成功的欢快中增强信心，智力的惰性障碍就自消自灭了。

青少年学生正处在从形式逻辑思维方法向辩证逻辑思维方法迅速转变时期，智力的惰性延缓、阻滞了这一转变过程。解除学生这一心理障碍，教师要机智地捕捉学生关心的事情，就事论事地与学生开展分析、讨论。有时候教师可以从相反角度诱导学生思考，推动学生思维方法的转变，逐渐地使辩证逻辑的思维方法居于主导地位。

改变学生思维方式的绝对化，是改变智力惰性的有效措施与途径。

2. 班级发展的四个阶段

（1）组建阶段——指挥式。目的：树立教师的权威。重点：诛大赏小，教师立威，设计小圈套让调皮分子钻进处理。

（2）磨合阶段——教练式。重点：手把手教班干部，培养有效的班干部。

（3）规范阶段——支持式。重点：从相信自己到相信学生，树立班干部的威信。

（4）业绩阶段——授权式。重点：组建民主平等的班级。

教师能不做的尽量不做，教师要放手，教师在场和教师不在场一个样。当班主任要经历从辛苦到轻松这个过程。当班主任累不累，前两个阶段非常累，后两个阶段轻松。如果你什么时候都费劲，那你的班主任工作就有问题。我们都知道著名教师魏书生是个了不得的人，他活得很潇洒，他给人的感觉是一点都不累，魏书生班级里50个人就是50个班主任助手、50个副班主任。他的班有一个习惯是：人人有事干；事事有人干；时时有人干。可大家知道吗？魏书生讲的只是班级管理的最后两个阶段（支持式、授权式）的经验，前面艰辛的两个阶段都不讲，实际魏书生做班主任工作也是经历四个阶段，但他不讲，后两个最有传奇性、最有艺术感。所以你要思考你为什么还是这么累？班主任在学生心目中的地位是开始的权威——朋友。如果你上来就做朋友，学生不听你管了，权威立不起来了。这不仅是老师的问题，也是家长的问题，家长也应该是从权威到朋友。应该先严后爱，先树权威再做朋友，如果78个学生上来就做朋友那肯定不行。应先展示威慑力，再展示能力，能力不着急展示，最后展示魅力。威慑力—能力—魅力；集权—分权—授权。

什么是最佳的管理状态？

"太上，不知有之；其次，亲之誉之；其次，畏之；其次，侮之。信不足焉，有不信焉。悠兮，其贵言。功成事遂，百姓皆谓'我自然'"。

——《老子》第17章

　　译文：最好的统治者，人民并不知道他的存在；其次的，人民近而赞美他；再次的，人民畏惧他；更次的，人民轻蔑他。信用不足的君主，自然有不信任他的。悠悠然大道之行，无须发号施令，大功告成之后，百姓都视之为自然而然的事，说：我们本来就是这样的啊！

　　赏析：在本章，老子确立了统治者的四个等级：最高级的是清静无为而顺任天下之自然的合道之王，其次是立圣言信诺以招引天下亲附的王道之王，再次是以强力征服天下并以威严镇唬人民的霸道之王，最次是群起侮之的末路之王。由于"统治者"可泛指一般意义的"统而治之者"（即一般的组织管理者），所以，老子关于"太上王"的论述是可以旁推于一般的组织管理之道的。

　　所以当老师的要学点心理学，学点管理策略。班级管理是什么？班级管理是科学，班级管理是艺术，班级管理是道，祝愿各位老师在辛勤耕耘的时候别忘了悟道，别忘了运用心理学的智慧去管理班级，别忘了在管理班级的过程中悟出我们的班级管理之道。

浅谈小学语文教学中的探究性学习策略

李延海

探究性学习是在教师的指导下，从自然、社会和生活中选择和确定主题进行研究，并在研究过程中主动地获取知识、应用知识、解决问题的学习活动。探究性学习的核心是改变学生的学习方式，强调一种主动探究式的学习，培养学生的创新精神和实践能力。那么，在小学语文教学中如何开展探究性学习呢？

一、自主选择，激发学生自主探究的兴趣

1. 自主选择探究目标

一个班几十个学生，由于生活环境、条件，学习基础和个人爱好的不同，总存在着个体差异。探究性学习承认差异并力求通过多样的教育手段使每一个学生都得到发展。因此，一堂课或一项探究性活动要达到什么样的目标，可以让学生自主选择或自主确立。老师作为学生学习的引导者，应把握学生自主性的"度"，以避免过于自主而脱离了教学中心，也就是说，学生确立的目标要经历一个比较、选择的过程。

2. 自主搜集、整理、交流信息

培养学生自主搜集、整理、交流信息资料的能力，是《课程标准》倡导的理念之一。教学中，我们要教给学生搜集、整理、交流信息的方法，在学习新课前，主动地通过各种渠道了解诸如课文作者生平、写作背景、文章内容涉及的相关知识等，并有选择地进行整理，以备课堂上交流。如一位老师在教学《一夜的工作》前，不仅布置学生搜集了介绍作者何其芳和第一次文代会的资料，还布置学生搜集了周总理的生平介绍和周总理的生前故事。课

堂上，这位老师随机引导学生展示这些资料，有效地加深了学生对课文内容的理解，拓展了知识的来源和渠道。

3. 自主选择探究内容

一篇课文值得探究的内容很多，教师可以引导学生自主地选择一两个自己喜欢的内容进行探究。在学习同一篇课文时，不同学生的兴趣着眼点不同，有的喜欢朗读，喜欢探究课文该怎么读，怎样才能读出感情，读出神；有的喜欢抓重点句体会句子蕴含的意思，喜欢探究课文中哪些句子含义深刻，该怎样理解；有的学生不明白课文中某些情节，喜欢追根问底地找答案。我们应该鼓励学生根据自己的兴趣爱好和学习需要进行学习，提高学生的阅读水平。

4. 自主提出问题、探究问题

要达到自能读书、自能作文的能力，在阅读教学中就应不遗余力地培养学生自能提出问题、自能解决问题的能力。问题是学生学习的目标，解决问题又需要学生动脑、动手、动口，在这三个过程中，学生的思维能力、口头表达能力、想象能力都能得到有效的训练。教学《捞铁牛》时，在了解课文的主要内容后，先让学生快读课文，画出自己认为最主要的一两句话，如"铁牛是被水冲走的，我还叫水把它送回来""铁牛一点一点拔了出来"等。然后让学生围绕这两句话质疑，学生可提出"怀丙和尚是怎样叫水把铁牛送回来的？""他在捞铁牛前做了哪些准备工作？他为什么做这些准备？""铁牛是怎样被一点一点拔出来的？"等许多问题。接着让学生选择一个最想探究的问题，反复读课文，在课文中寻找答案。学生探究的积极性高，很快就可以读明白课文的重点内容。

5. 自主选择探究伙伴

课堂上，探究同一内容的学生可以组成临时学习小组共同合作学习，这样每节课甚至每个问题的学习伙伴就会不同，就有了多元的优势互补。课外的研究，学生更多地愿意和自己喜欢的同学探讨、商量一个大家都感兴趣的问题，这样既能较快地解决问题，又可训练学生的交际能力。

6. 自主赏读，自主感悟

有位教师教《我的战友邱少云》第七自然段"我的心绷得紧紧的……"这部分内容时，巧妙地引导学生自主赏读，自主感悟。案例如下：

师：（深沉地）请同学们反复诵读这段文字，想象一下，如果你在战斗现场，亲眼看见战友邱少云在烈火中活活地受煎熬，你的心情怎样？

生：我的心如刀绞一般。

师：请细细体味这个"绞"字，会是一种怎样的感觉？

生：痛！

生：刀刺进胸膛，再来回搅和几下的那种戳心的、无法忍受的痛。

师：有刀吗？（没有）文中指什么像刀绞一般绞我的心？

生：火烧到邱少云身上，如果邱少云突然跳起来或叫起来，那会给部队造成多大的损失！这种担心如刀绞一般绞我的心。

生：眼睁睁地看着与自己生死与共的战友活活地被火烧而不能救他，这种心情如刀绞一般绞我的心。

生：邱少云在烈火中像千斤巨石一般纹丝不动，直到生命的最后一刻。他是多么勇敢、多么坚强、多么伟大。我被这种精神感动，这份感动如刀绞一般绞着我的心。

生：我有一种说不出的难过，我好想哭，我的心碎了，这样的战友不能死……

生：但为了整个班，为了整个潜伏部队，为了这次战斗的胜利，邱少云在烈火吞噬中咬牙忍痛，直到生命的最后一息，也没挪动一寸地方，没发出一声呻吟，他经历了人生中最无情、最痛苦、最残忍的考验。年轻的生命换来了部队战士的安全，"三九一"高地战斗的胜利。这样伟大的战友！怎会离我们而去？他——将永远活在我们心中！

案例中，教师创设情景，引导学生反复诵读，整体感悟。学生进入情景，体验角色，在诵读中逐步完成对文本的理解、欣赏与批判。此时，教者、读者、作者及文中人物的心在慢慢地往一处贴，情在渐渐地朝一炉熔。引领学生全面感受这生离死别、刻骨铭心的人间真情。在这样的"对话"场景里，学生从各种束缚、禁锢、定式和依附中超越出来。在这里，充分展开思与思的碰撞，心与心的接纳，情与情的交融；在这里，每一个人都能感受到自主的尊严，感受到心灵成长的愉悦；在这里，创生着一种新的表达方式和新的分享方式，创生着一种"人性"流淌的自然和开放。

7. 自主评价

学生在语文学习活动中，是探究者，也应该是评判者，老师应该把评价的权利交给学生。在语文课堂教学中，教师的评价至关重要，它对于调控学生学习的状态，矫正学生学习的缺陷，提高学生的评价水平有着十分重要的意义。教师还应关注学生对自己学习的自主评价，给予学生自评和互评的权利，注重将自评与他评相结合，让评价主体多元；将总结性与商讨性评价相结合，让评价方式多元；将定性评价与定量评价相结合，让评价标准多元……通过积极、有效的评价，进一步激发学生的学习热情，让学生在自主评价中学会评价，在评价中成长。

8. 自主操作实践

在教学《捞铁牛》一课时，为了使学生更好地理解课文的难重点，有位老师是按以下步骤指导学生学习第四自然段的：第一步，抓事物，了解联系。学生自读课文，画出文中有联系的四个事物，从文字的描述中体会怀丙和尚怎样靠水的浮力把铁牛一点一点向上拔的，在自主探究中画出示意图：

$$\text{泥沙} \xrightarrow{\text{减少}} \text{船身} \xrightarrow{\text{上浮}} \text{绳子} \xrightarrow{\text{绷紧}} \text{铁牛} \xrightarrow{\text{拔起}}$$

第二步，自主操作，体会水的浮力。讲台上放着一个盛满水的大玻璃水缸，里面的水面上浮着一个小的塑料盒，盒里放着许多粉笔，盒底一根连线系着一个大铁钉，铁钉正好触到大水缸的底部。理解了第四自然段的内容后，老师分别让几个学生上台操作。学生一边一根一根取去塑料盒中的粉笔，一边观察塑料盒、连线和铁钉发生的变化，并画出示意图：

$$\text{粉笔} \xrightarrow{\text{减少}} \text{塑料盒} \xrightarrow{\text{上浮}} \text{连线} \xrightarrow{\text{绷紧}} \text{铁钉} \xrightarrow{\text{拉起}}$$

通过以上步骤的指导，学生透彻地体会了怀丙捞铁牛的设计之妙和准备工作的周全。

研究性学习的核心是改变学生的学习方式，培养学生的创新精神和实践能力。在语文教学的课堂上，充分发挥学生的主体作用，引导学生在自主探究中快乐成长，应是语文教师追求的最高境界。

二、创设情境，激活学生自主探究的思维

认知需要是学生学习中最稳定和最重要的动力。在学习一个新的知识点时，教师要创设认知需要情景，把学生的思维带入新的学习情境中，让他们感觉学习是解决新的问题的需要。产生一种积极发现问题、积极探究问题的心理趋向，使学生敢想、敢问、敢说，从而诱发探究的意识，激活

探究的思维。

1. 创设认知矛盾的情境

语文课本中有许多感人的英雄事迹，这些英雄常常有不同于常人的壮举，教学中可以让学生拿自己和英雄人物的事迹进行比较，探究矛盾根源。如教学《我的战友邱少云》时，可以先启发学生回忆自己被火柴梗或蜡烛烧灼时的感觉，再出示文中描写邱少云在烈火中燃烧却一动不动的段落，在反复朗读中，学生自然会产生"邱少云为什么能忍受住常人不能忍受的烈火烧身的痛苦"的疑问，带着这一疑问探究全文，英雄严守纪律、不怕牺牲的高大形象自会深深地印在孩子们的心中。

2. 创设认知冲突的情境

教学中，由于看问题的立场、观点、价值观、切入的角度等因素，学生对同一个学习内容得出的认识有时会出现巨大的反差。如学习《坐井观天》，小朋友们大多认为青蛙"眼界狭小，看问题片面，固执己见"；而有的学生则说到"青蛙说的有道理"。学习《燕子妈妈笑了》，老师问：读了这篇文章，你觉得小燕子怎么样？有学生说：小燕子很认真。他是从结果来看的。另外一个学生站起来说：它不认真。他是从过程来看的。这样的意见争锋，对学生深入学习领会，很有益处。再如，学习《我的战友邱少云》，多数学生认为邱少云伟大，纪律性强。个别学生却提出了反对意见：现代社会提倡生命第一重要；那样的大火，邱少云滚动灭火，敌人根本不能发现，这篇文章写得虚伪……这又涉及了人珍爱生命的问题。针对这样的冲突，正好又生成了一个新的学习主题——如何辩证地看待历史，如何辩证地看待作者的意图，当今时代中，人应该怎么做？这可能是没有统一标准的辩论。教师抓住这样的冲突，引导学生谈自己的理由，再深入读书，反思自己的观点，一方面促成了学生的反思意识和能力的形成，另一方面也将学习进一步引向了多角度、深入思考的境地。

三、巧拨妙引，教给学生自主探究的方法

学生是学习的主人，探究性学习提倡学生自主探究，并不是放任自流。教师要巧妙点拨，相机诱导，在教学中教给学生自主探究的方法。

1. 围绕矛盾处质疑

语文教材中常常有一些看似矛盾其实合理的地方，如《蝙蝠和雷达》中

的插图，把雷达、飞机、蝙蝠画在一起，乍一看就令人生疑；《挑山工》中挑山工走的路程是行人的两倍，却先行人到了极顶；《卖火柴的小女孩》结尾处，小女孩冻死了，脸上却带着微笑。引导学生围绕课文中的矛盾大胆质疑，是寻求探究切入点的方法之一。

2. 扣住情境点换位

课文是作者对客观事物认识的产物和思想轨迹。我们在教学中要引导学生抓住自己感兴趣的地方，或借用文中的角色，或引入相关的角色，或充当某种角色，去换位思考。为了使自己进入文中所描述的情境中当好工作人员这一角色，学生就会积极主动地学习研究课文。如教学《颐和园》时，布置学生充当导游员，把颐和园的美丽景色介绍给游客。学生为了当好导游员这一角色，就会认真地研读课文，积极地构思导游词。

3. 捕捉"空白"点延伸

课文是例子，更是艺术品，有许多"留白"之处。引导学生捕捉这些启人深思、促人挖掘的空白点，尽情发挥想象，是寻找探究之路的最好切入点，更是培养学生想象能力和创新能力的有效途径。如《穷人》一文的结尾处就有"留白"之处：桑娜拉开帐子，渔夫看到了什么？他们以后的生活会怎样？引导学生联系课文内容想象桑娜一家以后的生活，不仅可以拓展延伸课文内容，加深对课文主题的理解，还可有效地培养学生的想象能力和创新能力。

4. 抓住模糊点探究

在文学作品中，常常运用各种比喻和夸张来进行描写，以引起读者的想象和联想，这种语言的语义就是模糊的，但其表达效果尤佳。例如："飞流直下三千尺，疑是银河落九天。"这是李白名诗《望庐山瀑布》中的一句。句中的"三千尺"，绝不能望文生义，它只是一种模糊的说法，形容瀑布很长，整句诗使读者身临其境，从模糊中得到确切。课文的语言具有模糊性，对课文的理解可以是多元的。教师要鼓励学生不唯师，不唯书，抓住课文中交代不明的地方去探究，直陈己见，不仅可以加深对课文的理解，还可以使学生的思维、想象、语言、情感等诸素质得以全方位的训练。

5. 挖掘定式点创新

思维定式是学生创新能力得以形成的障碍。在探究性学习中，要引导学生挖掘教材中的思维定式点，反向思考，拓展空间，引发创造。在教学《滥竽充数》时，引导学生思考是不是都是南郭先生的错？通过讨论使学生明白：如果齐宣王深入实际，了解实情，如果其他人出于善意，给予指出，南郭先生就不会落到如此下场。教《三味书屋》时，学生讨论鲁迅在桌子上刻字对吗？他应该怎样做才是最好的选择？学生联系实际讨论后明白：鲁迅在桌子上刻"早"字不是最好的选择，这样刻坏了自家的桌子，他应该制作一个写"早"字的卡片放在桌上，或者把"时时早，事事早"这句话牢记在心里就行了。

6. 深究难重点表演

在阅读教学中，让学生即兴表演，是促进其对课文进行全身心感受的有效手段。实践表明，这种表演调动和调节着以情感需要为核心的一切心理、生理因素，把认识与创造、对美的追求与体验、张扬个性与健全人格统一起来，十分有利于学生整体语文素质的提高。如教学《凡卡》一课时，我让学生表演凡卡和爷爷砍圣诞树的情景。学生按"雪中行走→追赶兔子→松下歇息→砍树下山"的顺序编排表演的课本剧，形象生动；不同的表演者所刻画的爷爷、凡卡的表情、动作、语言各不相同。学生在排演和表演中不仅加深了对语言文字的理解，而且经历了一次由理解语言文字到自主表演的创造过程，有效地提高了语文综合素养。

"热"感受与"冷"思考

——参加骨干教师国家级培训的收获、感想及建议

王新民

"热"感受

播下一路希冀，洒下一路汗水，收获满脸笑容。10月9日～12月24日，本人和来自全国19个省市的180多名骨干教师一样，在美丽的海滨城市大连，著名的高等学府辽宁师范大学，非常荣幸地参加了第三届中小学骨干教师国家级培训。三个月的培训，我们聆听了37场辽师大及全国知名的专家、教授高水平的讲座，先后参观了两所辽宁重点小学并观摩了4节高质量的示范课，听取了全国著名的"包式小学循序作文法""庞光辉识字、写字教学法"及山东龙口实验小学"大量读写、双轨运行"教学法的经验介绍，并进行了研讨，还接受了200个课时的高效率的现代教育技术培训。

三个月的学习，我们犹如一个个饥渴的婴儿在贪婪地吮吸着知识的甘露，又如一个个艰难的跋涉者，终于找到了一条通向成功的全新的道路。我们疯狂地学习，不断地反思，全方位地"充电"，用心去感悟，努力塑造着一个全新的自我。

大连市教委张学广处长的《转变教育观念，实施素质教育》的报告，既有理论的提升，又具有很强的实践性；既有前瞻性，又有针对性，补上了我们久盼的一课；一代名师魏书生的报告让我们真正享受了一次魏老师班主任工作的独特魅力；全国优秀教师、大连著名特级教师董大方所作的报告使我们明白了"做一名新世纪合格的教师"所必备的素养；胡振开教授的心理学

讲座，将生动鲜活的案例和系统的心理学理论"熔于一炉"，既有解决教学和班主任工作的取之不尽的锦囊妙计，又有让人回味无穷的哲理性总结；中央教科所研究员、著名小学教学专家潘自由妙趣横生的讲座，让我们在反思目前语文教学的同时，帮我们找准了教学应该而且必须把握的内容和重点；全国小语会理事长崔峦先生有关课程改革和语文教学的讲座，为我们指明了教改的方向；北师大教授刘秀英的讲座，使我们对小学生主体性发展的理论有了一定的提升；辽师大王毅教授的《童心、童真与审美》的讲座，使我们对"人生最美好的初始阶段——小学教育"有了一个全新的认识，特别是他对智商、情商、灵商的系统阐述，大大开阔了我们的眼界；王树森老教授的《中国古代文化导论》的讲座，让我们在感叹教授渊博的知识、精湛的教学艺术、深厚的文化修养的同时，领略了中国古代文化的博大精深；辽师大中文系主任吴德升有关《语文教学方法最优化》的讲座，更加坚定了我们教学改革的信心；杜林教授的讲座，让我们第一次较全面地了解了中外儿童文学的发展概况。鞍山市胜利街小学以"评价改革"和"心理教育"为特色的素质教育办学模式，让我们在大开眼界的同时找到了我们自身的差距；丹东凤城市东方红小学，不仅让我们取到了"循序作文法"的真经，更重要的是全国劳模、全国优秀教师包全杰同志"鞠躬尽瘁，死而后已"的精神风范，在我们心中树起了一座永恒的丰碑。

培训期间，中文系的领导及老师对培训工作的精心组织和对学员无微不至的关怀；学员们忘我学习、团结互助、勇于钻研的精神和三个月建立起来的真诚的友情，给我们留下了美好的回忆。

"以身立教、以德立教，努力锻造自己，做人格之师、生命之师！"这就是我们全新的奋斗目标。

"冷"思考

一、阅读教学必须把主动权交给学生

人民教育出版社编审崔峦先生在关于《课程改革和语文教学》的讲座中明确指出："语文教学要积极倡导自主、合作、探究的学习方式。要改变学生的学习方式，由被动地接受知识转变到主动地探究学习。"而现行的小学语文课

教学，特别是阅读教学，仍然存在老师提问多，学生读书少，重知识轻传授，忽视学生主体意识培养的现象。学生是一个个循规蹈矩、亦步亦趋跟着教师节拍向前走的"木偶"。学生是一台台任人遥控的"阅读机"，要学生怎样读就怎样读，要快就得快，要慢就得慢，要粗就得粗，要细就得细，学生完完全全在教师的操纵下被动地学习，他们失去了阅读的主动权。长此以往，学生的思维能力难以得到培养，不利于学生语文综合素质的培养。要想改变这种状况，必须认真领会落实《课标》的精神，在课堂教学中，要以学习者为中心，以学生为主体，加强学生的语文实践活动，使学生在自主学习活动中获取知识，形成能力，从而掌握学习的主动权。具体操作中可尝试做到"十自"。

（1）有关介绍作者及文章背景等材料让学生自己动手搜集并交流。

（2）预习课文时读不懂的问题让学生自己提出来。

（3）初读课文后，有什么整体感受让学生自由读出来。

（4）用什么方法自学，让学生自由选择。

（5）对重点词句的理解让学生自己批下来。

（6）怎样读出文章的情感，让学生自己感悟。

（7）板书，可在教师搭好框架的情况下，具体内容让学生自己上台随机板书。

（8）怎样背诵速度快、效果好，方法让学生自由选择。

（9）讨论交流时，观点让学生自由表达。

（10）课文哪些地方写得好，值得学习，让学生自己总结。

而教师要努力做到"八个一"：①把握好一个角色，即做好学生的引导者、鼓励者、组织者、合作者；②给学生提供一个交互式学习的平台；③创造一种氛围，即民主、和谐、宽松、愉悦的氛围；④依托一种形式，即合作学习形式；⑤搭好一个支架，即教师精心设计的自学提纲；⑥抓住一条主线，即以学法指导为主线；⑦转变一个观念，即把语文课上成充分体现汉语语言特点和规律的真正的语文课，而不是以理解和烦琐分析为主的所谓的语文课；⑧遵循一条途径，即在听、说、读、写实践中，感受语言—领受语言（形成语感）—积累语言—运用语言。

二、语文教学必须重视语感的培养

在语文教改不断深入的今天，"语感"早已不是什么新鲜的名词，"语感"已经作为一个重要的理念写进了新的《课标》。《课标》指出："语文课程还应该考虑汉语语言文字的特点对识字、阅读、写作、口语交际和学生思维发展等方面的影响，在教学中尤其要重视培养良好的语感。"那么什么是语感？怎样给语感界定？语感如何解析？语感怎样培养？听了崔峦先生还有辽师大学于志培教授以及培训班学员江苏教研员陈耀方的讲座，再加上自己的自学感悟，对这些问题总算有了一些初步的认识。

语感是什么？语感是一种语文修养，是长期规范的语言感受和语言运用中养成的一种带有浓厚经验色彩的比较直接、迅速地感悟领会语言文字的能力。语感从内容上看包含语像感、语意感、语情感，从形式上看包含语法感、语音感、语美感（语技感）。于志培教授在《现代汉语与语文教学》讲座中，从大量阅读、积累，加强朗读和背诵以及重视短语训练等方面谈了培养语感的有效途径。崔峦先生在讲座中更是再三强调，语文教学必须重视语感的训练。其中，湖北特级教师洪镇涛老师对语感的独特感悟和他构建的以"学习语言为核心的语文教学新体系"，无疑为我们指明了一条成功的道路。概括起来有以下八个方面：

（1）抓住一个根本。这个根本就是组织和指导学生学习语言，提高学生理解和运用祖国语言文字的能力。

（2）遵循一条途径。这条途径就是在听、说、读、写实践中，感受语言—领悟语言（形成语感）—积累语言—运用语言。

（3）注重两个方面。一是吸收积累语言，二是习得和积淀语感。

（4）把握四个结合。一是语感训练与思想教育相结合；二是语感训练与思维训练结合；三是语感训练与审美陶冶结合；四是语感训练与知识传授结合。

（5）加强一个联系。这个联系便是指语文教学与生活的密切联系。

（6）建立一套常模。这套体现语文教学自身特点的常规课堂教学结构是：感受语言，触发语感—品味语言，领悟语感—实践语言，习得语感—积累语言，积淀语感。

（7）设置七种课型。①语言教读品味课；②语言自读涵泳课；③语言鉴赏陶冶课；④书面语言实践课；⑤口头语言实践课；⑥语言基础实训课；⑦语言能力测评课。

（8）培养三项能力。即阅读能力、写作能力和口语交际能力，还有贯彻三者的一项隐性能力和思维能力。

三、培养学生健康的心理品质，教师首先应具备健康公正的心理

辽师大教授鲍传友对目前教育生活中出现课堂教学不公平现象作了深入的分析，他指出："课堂教学是教育的实践领域，是教育活动真正发生的地方。因而它的公平与否直接关涉到个体的发展，进而影响着教育领域内公平的现实，具有不可忽视的重要意义。"我们做教师的，只要冷静地观察一下自己的周围，就会发现这样一种现象，随着社会的发展、市场经济的发展，课堂教学的不公平现象几乎随处可见，而且大有日趋严重的之势。只要对这种现象作一些分析，就会发现这种不公平现象表现在以下五个方面：一是教师与学生实行选择性交往，课堂参与机会分配失衡；二是教师在座位编排时为部分学生"优先定位"，使其享受座位特权；三是课堂教学中因"人"施教现象日趋严重；四是课堂语言有更多"强势"群体价值趋向。自然出现这种现象的原因也是多方面的：有教师角色不能真正把握，对课堂教学公平的认识模糊不清的原因，有学生发展的个体差异较大，"强势"群体和"弱势"群体的凸现使教师在班级统一授课时不知道究竟应该照顾谁的原因；有应试教育评价体制的原因；有社会人际关系的影响和市场经济冲击的原因。但我认为更重要的是教师个人素质和心理健康的问题。解决这一问题自然需要多管齐下，对我们教师本身而言，最要紧的是加强自身修养，健全自己的心理品质，重新树立全新的职业理念，树立民主、公平的职业道德观，将每个学生都看成有独立人格的个体、发展个体。理解尊重学生，为每个学生提供表现、创造和成功的机会，使每个学生在原有的基础上得到生动活泼、主动和谐的发展。就像心理学教授胡振开老先生讲的："教师要严于律己，要让学生感到真善美，感到最真最美的是老师。老师要让学生把你的话当作人生的座右铭，老师要使自己所做的事经受得起现实与历史的检验，老师要真诚地爱每一个学生！"

"新"建议

（1）培训模式还是过于传统。专家、学者、教师与学员的深入交流不够，基本上是我讲你听，我讲你写的模式。缺乏双向的或多向的合作交流。学员从教学实践带来的许多困惑能够真正解决的很少。

（2）尽管利用了学员自身的实践经验，但还不够，没有充分开掘学员这一丰富的教学资源。学员之间交流也很有限。

（3）精通小学教育，熟悉新课改思想的名师、专家介入太少。

（4）培训学员的导师及学院对学员的跟踪指导不够，学员企盼培训结束回到本校后，确实能在导师的指导、合作下，扎扎实实地搞一些课题研究。这种指导应该是较细致的、全程的指导。因为大部分学员学科实践经验是丰富的，但搞课题研究就较困难，特别是缺乏理论、研究方法等的支持。如条件许可，学院的导师能深入到学员所在学校具体指导则更好。

（5）外请的专家、名师（真正的）还是不够。

（6）培训结束后，每隔两三年，如能安排学员与学员，以及学员与教师的集中交流，则是我们梦寐以求的。

（7）导师、各地的学员，如能连成一个网络，经常交流，效果更佳。

养真道德　学真本领

——武师附小标志石揭幕仪式讲话

王新民

同学们：

大家上午好！

最近大家一定会发现，我们武师附小的校园里在悄悄地发生着一些喜人的变化：春天的脚步刚刚过去，夏天便急匆匆地赶来了！校园里除了草儿更绿了，树儿更绿了，树栏里那些各色鲜花忙着争奇斗艳，还有松柏发出的新芽，长出的新枝，操场的墙壁上那些鲜活的恨不得跳下来和同学一起参加阳光体育大课间的卡通宣传画，最吸引我们的眼球的是这两天逸夫教学楼向街墙壁上新添的八个红色的大字——"守护童年，启迪梦想"（这是我们附小办学使命）；还有逸夫楼内侧八个红色大字——"养真道德，学真本领"（这是我们附小校训），等一会儿我们还要为身后一块既朴实无华，又非同凡响、透着灵气、披着红衣的石头揭幕。因为这块石头镌刻着我们武师附小核心办学理念——求真。

"求"，追求的求，追求什么呢？追求一个字——"真"。真有六层含义：一是真诚的真，真实的真。它启迪我们做人做事要真诚而不虚伪，真实而不虚假。二是真理的真。它启示我们，从踏入我们武师附小，到步入中学、大学的大门，乃至你以后长大成人，无论你走到哪里，都要有勇于思考、勇于探索的精神，不唯书、不唯上，不人云亦云，课堂上大胆思考，大胆回答问题，而且要自己学会思考问题，永远追求真理。三是真挚、真心、真情的真。不管对同学、对老师、对家人、对朋友我们都要真挚、真心、真情。四是认真的真。学习、做事最怕认真，只要认真，就没有做不成的事。

五是真才实学的真。我们学习的路还很长很长，但只要我们认真、执着，就一定能够掌握真才实学，拥有真知灼见，学到真本领，长大才能成为革命事业的接班人，才能支撑起我们共和国的大厦！六是童真的真。我们的童年不能没有童真，不能没有梦想，没有梦想的童年不会快乐，我们新时代的少年儿童要有远大抱负，敢于做梦。少年智则国智，少年兴则国兴，少年强则国强，少年独立则国独立。只有我们从小学开始，从现在开始，发奋学习，不断求真，养真道德，学真本领（附小校训），做到品德优、思想活、兴趣广、后劲足、素质高（附小的培养目标），我们附小学生就一定卓尔不凡，就一定是真诚的、阳光的、自信的、刚强的（附小的学生文化），只有不断求真，努力求真，中国梦就一定会实现，中华民族的伟大复兴就一定能够实现，我们伟大的中国一定如日中天，灿烂辉煌！

所以"求真"两个字是我们附小学生学习之魂，奋斗之魂，拼搏之魂，也是我们附小教育理念之魂。愿我们附小师生永远胸怀真心、真情、真挚，追求真诚，追求真理，追求认真，追求真知灼见，把"求真"当作我们的座右铭，永远刻在心里，把求真当作我们的人生道路上指引方向的灯塔，我们就一定能够战胜任何困难，无往而不胜！

浅议孔子教育思想与学校德育

舟曲县第二小学　冯玉超

孔子是中国政治思想史划时代的人物，其创立的儒家学说成为中国封建社会占统治地位的思想，对中华民族民族精神性格的形成，具有重大影响。在教育上，孔子打破了学在官府的传统，开创了私人办学之风，据说他有弟子三千，贤者七十二人。孔子从事教育活动四十余年，培养了众多的贤能弟子，建立了系统而完整的理论体系，编写删定《诗》《书》《礼》《乐》《易》《春秋》六经，著述《论语》，形成了一套自己特有的学风和教育方法，从而奠定了孔子教育家的历史地位。面对人类优秀的文化遗产，我们应该采用辩证的、批判的观念，积极地、创造性地继承和发展。

孔子的教育思想可以概括为"仁智统一"。"仁"这一词在孔子以前已广泛应用，但作为哲学范畴的提出，是从孔子开始的。孔子认为，人必须有真性情，有真情实感，这就是"仁"的主要基础。在孔子的伦理学说中"仁"的思想主要体现在"己所不欲，勿施于人"，"己欲立而立人、己欲达而达人"，即所谓"仁者爱人"，"克己复礼为仁"。在这种思想的指导下，孔子极力推崇"君君、臣臣、父父、子子"（《颜渊》）的宗法制度，主张"非礼勿视，非礼勿听，非礼勿言，非礼勿动"。作为一个教育家，孔子的教学内容是："文、行、忠、信"，（《述而》）。所谓文教就是向学生传授诗、书、礼、乐等历史文化，行教指教育学生躬行，就是把文教的知识付诸行动。所谓"不学诗、无以言"，"不学礼、无以立"（《季氏》），言谈以诗、立身以礼。忠信二教则是根据文教的标准处世，主要是尊君交友之道。即"臣事君以忠"（《八佾》）、"朋友信之"（《公冶长》）。四教中最基本的是文教，其它三教都是对文教的实践和运用，而文教的中心还是礼。一句话，孔子的教育思想是仁智统一的。

现代教育是一种开放的，多维的，创造性的教育，教育的着眼点、落脚点是以培养学生的发展为本，培养的是学生开拓进取，富有创新的能力。其指导思想是实施可持续发展战略，推动学生的全面发展，即素质教育。表现有三：一是在广度上向全面教育发展，以提高国民素质为宗旨；二是在深度上向终身教育发展，让不同年龄段的人们都能接授不同形式的教育，以适应社会化学习的需要；三是在内容上向多维发展，既要重视智育，也要重视体育和美育，促进学生德、智、体、美等方面协调发展。在WTO的国际大背景下，学校教育已构建"开放式"教育的格局，学校的"小课堂"与国际社会"大课堂"结合起来，增强了学校教育的针对性、实效性、主动性，用贴近生活的理论和实践，培养学生适应市场经济所需要的政治观点、道德情操、价值观念和文明行为，培养学生的进取精神、竞争意识、诚信为本的思想品质以及适应社会需要的良好的心理素质。使学生成为一个能自主选择、富有尊严、富有创造活力的主体意识的人，使教育从传统的书本知识与实践技能拓展到关系人的一切方面，包括人的身体、心理、识能、品质等多方面的素质。

近年来，随着改革开放的不断深入，体制转轨时期的一些负面影响也纷至沓来，如黄赌毒贪等社会丑恶现象的沉渣泛起，影响了现实社会道德水平的一定程度的下滑，应该说与我们对传统伦理道德在思想教育中重视不够有关的。深入儒家强调的礼义廉耻、孝悌忠恕、恭宽信敏惠等个人修养方面进行考察，这些都与当今社会对公民的社会公德，职业道德、家庭美德要求有着微妙的精神联系。由此而言，孔子所倡导的"仁者爱人""克己复礼"的伦理学说无疑将会对现代教育起到匡正和修补的作用。如"孝"有利于爱国主义思想的培养，"义"有利于协调经济建设与精神文明之间的关系。孔子的德治主张，如"道之以政、齐之以刑、民免而无耻、道之以德、齐之以礼、有耻且格。"（《为政》），将会对我党以德治国的方略起到积极的作用。如此来看，孔子所倡导的许多传统美德、人类优秀的文化遗产，我们须很好地继承和发展，并能推陈出新，赋于其鲜活的时代内容，正确运用于学校德育工作中，为社会主义现代化建设夯实伦理基础。

孔子认为人生的最高境界是成为仁人，或者说、人的最高精神境界是"不违仁"，即始终具有克己忍让和与人为善的精神。他还认为这种精神是人自身所具有的经过自觉的努力就会怡然自得。在修养方法上强调内省，他的学生曾子就按照他的教育行事，说"吾日三省吾身、为人谋而不忠乎，与朋友交不信乎，传不习乎？"（《学而》）也就是每天要多次反躬自问个人的思考言行有无过失。提倡修身以"正心""诚意"为前提，即从我做起，在人际关系上提倡一个"和"字、主张"和为贵"，"和"即和谐，具体在人们之间主张君礼臣忠，父慈子孝，夫唱妇随，兄友弟恭，朋友有信。在孔子看来，社会不过是亲情的扩大，家庭的和睦延伸就可能导致社会的和谐。这不正是我们想要的吗？

孔子的正人正己的主张很值得教育者借鉴。"其身正，不令而行，其身不正，虽令不从"。教育者是一位德高望重，身体力行，言而有信的君子，学生自然就会上行下效。正人需正己，正己需正心，表率榜样的力量是无穷的。现代教育对教师的才德具有更高更严的要求，要求教师以才教人，以德育人；要求学生做到的自己首先做到；要求学生不做的，自己首先不做。现代教育者如何正己呢？我们必须赋予其时代内容。我认为作为一名教育者，必须与时俱进，孜孜不倦的好学求知，真正成为学生的良师益友。严正又宽容，深邃且单纯、执着又潇洒，刚毅又有柔情，平实且又伟大，多才多艺有诚挚之心、敬业爱生无轻浮之举。是严父却不乏慈母之温馨，是师长却更有挚友之钟情。"仰不愧于天，俯不怍于人"以"得天下英才而教育之"为最大的乐趣。坚定地抱有强烈的社会责任心，纯洁赤诚的爱心，勇敢的有肩负起教书育人的重任。

孔子在他一生的教学过程中，其保守的一面是"信而好古，述而不作"，众所周知，颜渊是孔子最得意的学生，甚至被孔子当作自己唯一的同道。为什么呢？好学固然是一个因素，但主要原因恐怕不在于此。颜渊自己最清楚，他说："夫子步亦步，夫子趋亦趋，夫子驰亦驰。"（《庄子、田子方》），可见，他是孔子向心式思维的忠实接受者，这才是他得到孔子欢心的原因。孔子教颜回"克己复礼"，颜回也说孔子"约我以礼"，颜渊的言行，几乎从来没有与孔子的思想相左的痕迹，甚至与孔子发出同一种声音。作为教育家的孔子，在维护自己说教的同时，把自己看成真理的化身。孔子的"信而好古"的主张在历史上曾起到过积极的作用，长期以来，中华民族找到了一个共同的东西，一个共同的中心，而成为维系亿万人心的弦，使得中华民族历史上的每次分裂都归于统一。从而塑造了中华民族共同的性格特质——强烈的爱国主义和舍生忘死的献身精神。这种精神需要我们继承和发扬。

孔子的"信而好古，述而不作"的教学主张，在历史的延进中很自然的形成了一种"师道尊严"的师生关系。老师的话必须被学生奉为圭臬，否则就会被看成离经叛道，视为异类。时至今日，这种思想仍根深蒂固地影响现代的教育者，不管对待学生，还是对待不同意见者，总是极力维护自己的"尊严"，甚至有时不顾真理。作为一名教师，一定要清楚地认识到这一点。现代教育应建立平等、民主的师生关系。教育者要以自己高尚的人格濡染学生，在教育过程中允许学生尝试错误，相信学生能以健全的人格塑造自我，以培养学生人格完善的主动性和自觉性。在教育方式上充分尊重学生的独立性、主动性、首创性和自主性给他们创造民主、平等、和谐的气氛。学会自主独立、学会关心社会、关心他人，有自觉的责任感。能自觉抵制功利意识的负面影响，提高自身的创造能力。教师应切实转变角色，从神圣的讲坛上走下来，作学生的学习伙伴，让学生成为学习的主人，真正建立民主、平等、对话、互谅的新型师生关系。让每一个学生都成为一技独秀，而非园丁修剪过的那样。

"教也者、长善而救其失者也"（《学正》），孔子在教育实践中总结了共性与个性的差异。教学中对其弟子既有统一的要求，能充分考虑到其个性特点和差异。孔子因材施教的思想内函与现代教育分层教学、整体推进的思想内函显然是一脉相承的。现代教育既要面向全体学生，有要照顾个别差异，把集体教学和个别指导结合起来，使每个学生的才能和特长都能得到充分的发展。即在共同提高的同时，实施特长教育。治人如治水、人和水一样，关键在一个通字，人和水一样；"流水不腐，户枢不蠹"水不腐关键在一个流字。所谓"寸有所长，尺有所短"则说的是每一个人身上都存在潜能，成功的教育就是让每个孩子的潜能充分发挥出来。孩子能否成功的关键在于我们的教育是否做到因材施教、因势利导，不拘一格育人才，能否还给孩子们一方自由驰骋的空间和一份自由支配的时间。教育者要树立"人人都有材、人人能成才"的观念，用欣赏的眼睛，发现这个世界上所有的美丽，并赋予这种美丽以应有的价值。作为一个教育者，我们对自己的教育对象所具有的优点的长处，始终抱着一颗欣赏和赞美之心，并相信这些优点和长处在未来的岁月里，必能结出累累果实。"长善救失"，"上善如水"，相信每一个学生都会成为有用的人材。

教育要"面向现代化，面向世界，面向未来"，教育者须具有继往开来、与时俱进的时代精神，以批判的勇气继承孔子教育思想及一切人类优秀的文化遗产，推陈出新，以发展的眼光，以创新的气魄，推动学校德育工作的健康发展。

▼

含英咀华——课堂与设计

理想课堂的关键词

王新民

　　课改14年来，作为一线教师锲而不舍探索的是什么？毫无疑问，"充满生命力的理想课堂"这是我们共同的追求。那么，理想课堂的关键词是什么？"和谐、简约、自然、生成、预设、感悟、资源、语感、沉浸、涵泳、品析、积累、主题、目标、情境、创意、主体、对话、诗意、精致、灵动……"这些鲜活的、耳熟能详的词语相信语文教师都能想到。是的，理想课堂的关键词可以说是见仁见智，每个人心目中都有一个关于课堂的哈姆雷特。那么，笔者愿意结合本地情况和自己平时的一些学习、实践、思考，就我心中的理想课堂，从关键词入手来谈一些个人的看法、一些感触。

一、感悟、质疑

1. 阅读教学既要重视感悟，也要重视质疑

　　现在阅读教学有一种倾向，是重视感悟，忽视质疑。尤其在上公开课时，更是很少用质疑教学，不敢让学生质疑问难，有的老师担心现场生成的东西太多不好调控，影响公开课正常运行。有的怕学生提问会占去很多时间，甚至担心放开让学生提问，学生会提出一些稀奇古怪的、旁逸斜出的问题，于是乎，还是让学生感悟感悟就行了吧，这样上课比较安全。

　　如果我们的学生拿到一篇课文只知道在教师引导下，体会字、词、句、段中蕴含的意思，蕴藏的情感，这样时间一长学生思维发展会受到一些限制，感性思维强了，理性的思维弱了，思维的广度、深度会受到一些影响，学生的创新思维、创新精神的培养就会大打折扣。2011版《义务教育语文课程标准》总体目标与内容部分明确规定："……在发展语言能力的同时，发展思维能力，

学习科学的思想方法，逐步养成实事求是、崇尚真知的科学态度。""能主动进行探究性学习，激发想象力和创造潜能，在实践中学习和运用语文。"

所以，我们在重视感悟教学的同时，绝不能忽视质疑教学。我们不能仅仅为了保证一节课的平平顺顺，就不敢让学生提问题，新课堂要注意培养学生的问题意识，循序渐进地培养学生理性思维。

《朱子读书法》记录朱熹的观点："读书，始读未知有疑，其次则渐渐有疑，中则节节有疑。过了这一番后，疑渐渐解，以致融会贯通，都无可疑，方始是学。"

明代学者陈献章说："学贵有疑，小疑则小进，大疑则大进。疑者，觉悟之机也。一番觉悟一番长进。"这些见解对我们今天的教学仍有指导意义。

2. 发挥好质疑的多种功能

学生能在课堂上质疑问难，它的意义是多方面的。可从以下两个角度分析。

从教师角度看，学生提出了不明白的问题，教师清楚了学生的疑点、难点所在，可以有的放矢地解决，提高教学的针对性，提高课堂教学效率。

从学生角度看，则是更重要的一方面，可有以下功能。一是质疑可以引导学生深入理解课文。二是质疑可以促进学生主动探究。三是质疑可以激活学生思维。四是质疑可以促进学生内部语言、外部语言的发展。五是质疑可以培养学生求知情趣。学生想质疑，正说明他们对所问感兴趣。随着经常质疑，学生的求知欲望会更强烈，质疑情趣更浓。六是我们不但要培养学生质疑的能力，还要培养学生质疑的精神。七是善于发现问题，提出问题是一切创造活动的基础。学生的学习过程，是探索知识的过程，是发现问题、解决问题的过程。学生没有问题才是最大的问题。培养学生发现问题，提出问题比解决问题有价值。新课堂不是要形成一个个句号，而是要激发一个个问号，教师要让学生的思维动起来，能激发学生提出有价值的问题的课堂才是有着思维穿透力的课堂。

著名特级教师钱梦龙曾讲："我更重视指导学生自己发现问题、提出问题，我的很多课都是建立在学生提问的基础上的。鼓励学生质疑、提问，就是让学生经历这样一个'无疑—有疑—无疑'的读书长进的过程。经常进行这样的训练，学生提问的水平就会逐渐提高，而学生提问水平的提高事实上意味着阅读能力的提高。"是的，如果我们的学生能善于在多方面有疑，又善于在各方面达到无疑，那么我们的教学便必胜无疑。

3. 语文教学中常用的几种质疑方法

一是对预习提示质疑；二是对课题质疑；三是对重点问句质疑；四是对文中貌似矛盾的内容质疑；五是对文中难理解的、蕴藏着含义的句子质疑；六是对文章写作方法质疑；七是对标点符号质疑；八是对文中自己怀疑的地方质疑。

4. 在阅读教学中处理感悟和质疑的关系要注意的问题

一是在教学过程中安排较充分的时间让学生质疑问难。阅读课应该有个自读—浅悟—质疑—深悟的过程。其中"质疑问难"阶段是阅读教学最深入的阶段。二是在阅读教学中，感悟和质疑在程序上谁先谁后，在时间上谁重谁轻，要因文而异，辩证处理。一般地说，文学性较强的文章、古诗词、儿童诗歌，教学时可以感悟在先，质疑在后，并在感悟上多花时间；常识性文章、说理性较强的文章、寓言故事等，教学时可以质疑在先，感悟在后，并在质疑解疑上多花时间。三是要因势利导地帮助学生将质疑解疑和感悟结合起来。我在上俄国作家契诃夫《凡卡》一课时，课快要结束时，有一学生突然质疑："老师，课文为什么用这么多的句子写爷爷的狗——卡希旦卡和泥鳅呢？"一石激起千层浪，我引导学生仔细研读课文，学生读悟结合，边读边悟。生1："这里写狗，主要反应爷爷孤苦生活。"生2："我觉得卡希旦卡和泥鳅这两条狗都能经常跟在爷爷的身边，凡卡却要远离自己唯一的亲人，可见，凡卡的遭遇连狗都不如。"（掌声）老师顺势点拨：这就是小说中常用的对比反衬的手法……四是在学生质疑的过程中，我们不仅要注意激发学生提问的兴趣（想问），鼓励学生提问的勇气（敢问），而且重要的要关注学生提问的质量（会问），培养学生善问的能力（善问）。

二、期待、克制

期待效应，也叫罗森塔尔效应或皮革马利翁效应。相传，皮革马利翁是古希腊神话中塞浦路斯国王，他喜爱雕塑，也是一位有名的雕塑家。一天他成功塑了一位异常可爱的象牙美少女盖拉蒂雕像，每天拥抱它、亲吻它，每天以深情的目光观赏不止，看着看着美女竟然活了，最后成了他的妻子。

皮革马利翁效应给我们的启示：赞美、信任、期待具有一种能量，它能改变人的行为。当一个人获得另一个人的信任、赞美时，他便获得了社会的支持，从而增强了自我价值，变得自信自尊，获得积极向上的动力。

皮革马利翁效应后来由美国著名心理学家罗森塔尔和雅格布森在小学教学上予以验证提出。罗森塔尔在做"未来发展趋势测验"时，曾随机抽取了几位学生，用"权威的谎言"使教师对这些学生寄予期望，8个月后，像期待的那样，发展了这些学生的智力。可见，教师的期待会在学生的身上转化为现实。美国心理学家弗隆的期望理论也认为，学生积极性的发挥与教师的期望值成正比。教学中，教师要对学生满怀期望，相信学生能够自己解决问题。当学生暂时不能回答问题时，教师应消除他的急躁心理，耐心启发期待，使教学双方情绪和谐；布置思考题时，教师要留给学生思索回味的余地，用期待、信任的目光鼓励学生，以缓解学生的紧张心理；当学生厌学时，教师应让学生明白学习的意义，给学生的学习注入活力。教师的期待，能使学生感到一种莫大的信任，并从中得到信心和力量。期待往往和克制相互关联。

1. 克制、期待是生命课堂的需要

我们经常可以看到两种截然相反的课堂状态：一个课堂轻松，沉思也好，讨论也罢，师生、生生之间不仅围绕知识在对话，甚至辩论，还有心灵的交流，情感的交融，师生都沉浸其中；另一种课堂紧张，也有思考，不过被逼得很紧，也有发言，只是声音发颤，低眉顺眼，大家都盼着早点下课。那么，是什么造成了这两种截然有别的课堂状态呢？我想，很大程度上取决于我们对生命的理解与尊重。课堂时间、空间都有限，作为教师，如果没有自我克制，没有期待，而是把自己打扮成知识的权威与"布道者"，喋喋不休，主观强加，那么学生感受到的就不是建构知识的愉悦与热情以及对知识的尊重，而是知识的强权与压迫。课堂上学生如果长期缺乏愉悦的精神成长，则必然对学习索然无趣，对学校心生"逃离"的冲动。

教师的自我克制、期待，使课堂弥散着生命的活力与温情、尊严与价值，这样的课堂最善。

华南师范大学郭元祥教授认为，教育机智首先表现为克制或耐心。面对复杂的、激烈的、突发的教育冲突事件或场景，最好的行动就是不草率采取行动。首先静观其变，克制自己，耐心等待，倾听学生的倾诉。真正了解实情后，再作出有效的决策和行动。

2. 克制、期待促进着教学科学性、艺术性的提升

从学生的角度：有一个校长在学生中搞过一个调查：你最喜欢什么课？

有好多学生不约而同地都填的是公开课。理由是，公开课老师就好像换了一个人，特别亲切，特别耐心，特别喜欢表扬我们，我们很兴奋，也很放松，因为我们不用担心说错，即便说错了老师还安慰我们，说对了鼓励我们。这一方面说明公开课上我们老师克制、期待多么到位，另一方面，也反映出我们平时的课堂是多么缺失克制、期待！

从教师的角度：公开课、大赛课确实能锻炼人，因为每上一次公开课，我们对教学内容都要反复筛选以寻求最有价值的教学点，对教学环节多次删减以集中力量重点突破，对教学方法、手段来回挑拣，以最经济有效的手段达成目标。把教材备厚，把教材教薄，一厚一薄之间，体现着教师教学克制的智慧，提升着教师的教学能力。这样的教师，这样的教学，这样的课堂，最有吸引力，也最受学生的欢迎。

因此，具有克制、期待、宽容、理解等教育品质的教师最有魅力，最富于人情美。

只有通过克制、理解、宽容、期待，我们才能期盼我们的课堂教学闪现人性之美，给师生生命增添温暖的亮色；只有教育更从容，教师更优雅，学生更灵动，我们期待的"暮春者，春服既成，冠者五六人，童子六七人，浴乎沂，风乎舞雩，咏而归"的理想教育才会实现。

三、预设、生成

预设是生成的基础，它会随着课堂的生成而有效地调整；生成是预设的更高境界，它也会随着预设的关注而更加精彩。"教学艺术"应该是既要关注生成，也要关注预设，当预设与生成和谐地融为一体时，课堂教学才会精彩纷呈。

为什么有的课情趣盎然，同学们小眼发亮，小手直举，小脸通红，学生能进入一种深度思维状态，那是因为教师预设的目标灵活富有弹性，更重要的是教师既有预谋中的生成，又有伴随课堂教学过程中的自发生成，随机生成，教师能及时捕捉这些闪光点、探究点，让学生个性化的思维得到淋漓尽致的发挥。

那么为什么有的课，课堂中也顺顺当当，环环相扣，但听完以后总觉得缺点什么？那是因为教师没有处理好预设生成关系。在处理预设生成关系时，有两种倾向需要引起我们的注意：

第一，有些教师认为预设决定课堂，生成可有可无。这种思想可能导致出现四种问题：①预案中预设本身没有难度，没有灵活度，学生"喝了米汤了"。②预设没有真正了解学情，即教师对学生已有的知识水平掌握不准，明明学生在教师没教之前就懂了、知道了，我们有的教师还要从"0"开始教，而不及时调整预案。③教师在课堂上紧紧地抱着预案，抱着参考书上的标准答案不敢越雷池半步，生怕课堂上学生的回答旁逸斜出。④有的公开课表面看很能迷惑人，课表面看很顺畅，老师的表现太好了，学生所谓的配合也太好了，预设显得有些天衣无缝，课堂推进得有些太顺了，显得完美无缺。而实际上，有的公开课教师为了一味地追求顺畅、精彩，只能提前打埋伏，只能在课堂上不时地挖几个温柔的陷阱让学生往里跳；有的课，课堂上学生的提问都是老师事先分配好的，甚至连出错纠错都是事先安排的。这样的课堂问题就在于没有随机生成，自发生成，学生的思维始终停留在浅表层。那种真正课堂的危机四伏与化险为夷我们看不到，起伏跌宕与柳暗花明我们看不到，攻坚与发现的快感更不多！

第二，在处理预设和生成关系上还有一个倾向，就是有的老师认为，生成决定课堂，预设可有可无。例如，《乌鸦喝水》一课，有一位老师为了让学生体验乌鸦的聪明，领悟遇难自想办法的道理，特意准备了瓶、水、石子，让学生上台演示。一个学生在体验时，一粒稍大的石子卡在瓶口，任凭怎么摆弄也进不到瓶里，老师抓住此生成机遇，当即提议让学生想法解决这一难题。课堂顿时热闹起来，学生争先恐后涌上讲台，教室乱作一团，直至下课石头依然卡在瓶口……这是老师缺乏调控应变能力，心目中只有所谓的"生成"，导致目标缺失，重点偏离，一节课"抓了芝麻，却丢了西瓜"。

课堂上教师如何运用教学机智灵活处理课堂的自发生成，随机生成？这还要从著名特级教师王崧舟亲身经历一个"傻瓜事件"说起。一次，王崧舟老师应邀借班上《我的战友邱少云》一课，在学到"为了整个班，为了整个潜伏部队，为了这次战斗的胜利，邱少云像千斤巨石一般趴在火堆里一动也不动，烈火在他身上烧了半个多钟头才渐渐熄灭。这位伟大的战士，直到最后一息也没挪动一寸地方、没发出一声呻吟"这一段时，王崧舟老师执行了这样一个教学预设：

播放《打击侵略者》中"邱少云被烈火烧身"的视频剪辑，随着画面的呈现和音乐的响起，然后老师充满深情地为视频剪辑配着旁白："同学们，看呐！这就是邱少云，这就是烈火烧身的邱少云，这就是纹丝不动的邱少云，这就是千斤巨石一般的邱少云，这就是趴在火堆里一动也不动的邱少云，这就是直到最后一息也没挪动一寸地方、没发出一声呻吟的邱少云。你们看他的眼睛，你们看他的嘴唇，你们看他抠着泥土的双手。你们，谁也无法想象、无法体会此时此刻他所承受的巨大痛苦、巨大煎熬、巨大折磨。面对这样一位战士，你有什么话想对他说吗？"

明眼人应该能够看出，这是一个开放的、富有言说弹性的教学预设。对于这个预设，课前王崧州是充满期待的。

连着叫了三位学生发言，个个精彩。自然，这所谓的精彩，无非是一种预约的精彩。他们的发言，要感情有感情、要态度有态度、要思想有思想。可就在这时候，意想不到的事发生了。一个男孩站起来发言了，他的原话是：

"邱少云，你真是一个傻瓜。"

老师愕然！学生愕然！全场一片愕然！全场气氛顿时凝固，所有人的目光都齐刷刷地聚焦到老师的身上。

在全场的一片寂静中，王老师不露声色地沉默了足足十秒钟。然后清了清嗓子，"孩子，你不希望邱少云死，是吗？"王老师的声音缓慢而低沉，男孩郑重其事地点了点头。"我理解你的心情，将心比心，谁想死啊？谁不希望自己能好好地活着，是吧？""这样的希望，不光你有，大家也有。不光大家有，我相信，在邱少云的内心深处也一定有。但是，作为一名军人，一名以服从命令为天职的军人，此时此刻，面对残酷的战斗形势，面对自己的危险处境，我相信，一定还会有另一种声音在他的内心深处响起。大家听，另一种更加强烈、更加坚定的声音在对他说……"一次短暂而又漫长的等待，班上陆续有学生举起手来。生1："老师，我听到有声音这样对邱少云说，邱少云，你可不能动啊！你一动，身后的整个班、整个潜伏部队都将被敌人发现，战友们将会遭受重大伤亡，如果我一个人的牺牲能够换来战友们的平安，我死也是值得的。"生2："我听到有声音这样说，邱少云，战友们在望着你，朝鲜人民在望着你，祖国人民在望着你，你是好样的，你一定能够坚持住的。"生3："我还听到有一种声音这样对邱少云说，邱少云啊邱少云，你不是希望自己成为一个真正的钢铁战士吗？烈火可以烧毁你的身体，但烈火永远烧不毁你坚强的意志和伟大的精神，你将在烈火中得到永生！""哗！"台下一片掌声，热烈而持久。王崧舟再也矜持不住了，一脸阳光灿烂地握住了那个孩子的手!

因此,理想的课堂,既要有预谋中的生成,又要有伴随课堂教学过程中的自发生成,随机生成。教师只有及时捕捉课堂中的闪光点、探究点,让学生个性化的思维得到淋漓尽致的发挥,让激情点燃激情,智慧开启智慧,教师情、学生请、文本情三情共振,课堂才能焕发生命的活力。

四、灵动

《语文新课程标准》指出:"课堂教学是学生的个性化行为,是师生之间、生生之间、师生与文本之间自由、开放、弘扬个性的对话"。灵动,涌动的是语文教学的智慧;体现的是语文教学的根本。我们要努力构建灵动的语文课堂。灵动课堂是气氛活跃的课堂,灵动的课堂是情感激昂的课堂,灵动的课堂是节奏跌宕的课堂,灵动的课堂是思维激荡的课堂,灵动的课堂是动态生成的课堂,灵动的课堂是个性飞扬的课堂。

王崧舟老师执教的经典课例《慈母情深》〔教学实录(略)〕,可谓灵动课堂、诗意的课堂、文化浸染的课堂。综观王老师整个课堂教学,以诵读为主线,学生读出了意,读出了情,读出了韵,读出了语文的味。这堂课从启课、结课、板块、细节看,上得别致、精美、大气,如一幅疏密有致、意境深远的国画。王老师不仅在进行课堂教学,同时也在用他对文本的深度理解,对教学过程的艺术处理,激活了学生的精神追求。

总之,灵动的课堂应该是智慧的课堂,是和谐的课堂,是充满活力的、激情奔放的课堂。构建灵动的课堂,应该成为我们共同的追求和使命。

五、简洁、简约

魏书生老师教学有一个特点,就是超常民主。有一次,他和学生讨论怎样搞好语文教学。有的学生说,语文课有点像"豆腐",水分很大,晾干了真东西不多;有的说语文课像"弹簧",能伸能缩,一篇课文讲一节也行,两节也行,三节、四节还有话可说。魏书生的弟子和魏老师一样,说话幽默,但在戏言中却说出了我们语文课长期存在的弊病:不够简约,不够简洁。

简洁的课堂具备这样几个特征:①教学目标要简明适当,不要什么都想做,面面俱到。要明白"伤其十指,不如断其一指"的道理。②教学内容要简约。教师要知道学生时间是有限的,精力是有限的,我们要把最重要的即核心知识拎出来。③教学环节要简化。2008年我在农村听一老师上《金色的脚印》一课。这篇略读课文讲述了人与动物（狐狸）之间的传奇故事，这节课教师上得太辛苦、太累了！开课仅"导入"部分就兜了个大圈子："课始导语—猜狐狸有关的谜语—教师用简笔画画狐假虎威图—学生描述狐狸外形特征—说说成语'狐假虎威'意思—说说狐狸习性特征—师生一起给狐狸伸冤—板书课题。"整个过程用了足足10多分钟才进入正题。课中又设计了几十个大大小小的问题，结束部分的拓展又画蛇添足，一节课仅大环节就有十几项。课堂上教师没有时间、精力和学生作自然交流，整个一节课教师的神经绷得很紧，老在想我下一个环节要干什么，下一个环节我要说几句什么话，再下一个环节我要怎么过渡，再加上教师设计了大量的课件，教师在课上纯粹成了电脑操作员，学生说的什么，教师不能认真倾听，一节课忙坏了老师，却没有好的效果。④教学方法要简便。⑤教学语言简练精美。⑥媒介设计要简单。

简洁、简约的课堂，教师才有可能真正关注学情，才有时间、精力和学生作面对面自然的、充分的交流，才能及时准确地进行课堂随机评价，才能关注到三维目标的达成。一句话简介简约的课堂就如同秋天的天空一样明净，让人有一种心旷神怡的感觉。

六、无法、无痕

现代美术创作有个流行的说法，说艺术家的成长是经历"无法—有法—无法"的过程。第一个"无法"就是什么也不懂，信手涂鸦，如幼儿园小朋友的绘画；第二个"无法"就是什么都懂了，有深度地绘画，如梵高的作品。我们的课堂教学，要的是第二个"无法"，也就是在了解教学对象——学生，了解教学内容——教材，了解教学规则——课标基础上的"无法"，也就是"师法自然，超越自然"。

特级教师姚荣辉用他的语文课堂《学弈》诠释的教育的至高境界——大道无痕！

以下就是《学弈》课堂带给我们的一些深刻感受：

1. 整堂课始终遵循整体—部分—整体的线条，纹丝不乱

上课伊始，老师就让孩子们从整体出发初读课文，并且说说自己对课文的第一印象。这一环节的设置，使老师能直面孩子们的问题，从而准确把握学情，并对课文精确定位。看似简单的"第一印象"却奠定了课堂的主调，实则高屋建瓴！有了这一"宏观调控"，课堂的矛头就可以直指"微观检测"。于是，在反复诵读的基础上，老师提纲挈领地问"哪些句子不好懂？"一"问"道破了课文教学的重点与难点。在把握重点，突破难点中，成就了"部分"的精彩！

解决重难点之后，老师激情洋溢地说：古代文化的魅力在于其文字不是一具具干枯的木乃伊，而是一个个鲜活的生命，只要你赋予了情感，它就会跳出文本跟你对话！要是你是一名进京赶考的书生，或是育人无数的私塾先生，抑或是学识渊博的孟老夫子，那么，你会如何吟诵这篇课文？于是，孩子们又全副身心沉入文本美读全文，实现了课堂的"归整"。

2. 渗透学法指导，终生受益

在学生刚接触"新生事物"之时，老师自然少不了做方法的指导。

一开始，老师让大家比较本篇课文跟其他课文有哪些不同？眼尖的孩子一下就察觉到课文中多了注释。了解了注释的作用后，老师就适时地告诉孩子理解课文看注释不失为最有效的办法。当孩子们初步理解课文后，老师又不失时机地加以点拨："光看注释理解课文，我承认这是你们的本事，但却不是真本事。"继而告知除了看注释还要加上自己的思考和理解。再者，俗话说：书读百遍，其义自见。读也是学语文的基本大法之一。

在理解文中五个"之"的不同指代时，老师又从学生的汇报中总结出：理解字词可以联系上下文。在小组配合朗读时，又提醒孩子们朗读古文的"小窍门"：要注意停顿、断句，在停顿处把声音拉长，效果会更好等等。

这一堂课中，孩子们所习得的方法，可以让其受用终生。

3. 拓展延伸，相映成趣

本篇课文短短70个字，姚老师将其演绎得淋漓尽致，入木三分。课文学完后，问孩子们：是什么造成学习效果不同？明摆着的是学习态度不同而致。老师让孩子们用两个成语来概括文中两个人学弈时的不同表现，孩子们纷纷说出专心致志、心猿意马等等。

按理说，课文就此可以打住，然而姚老师却不满足于此。他特意出示了本篇课文的"原貌"（选做课文时有删节），其中有这么一句话："今夫弈之为数，小数也；不专心致志，则不得也。"并提供了相应的注释，让孩子们理解。这一环节的设置，实则是对孩子们本堂课上学习的大盘点、大检阅。

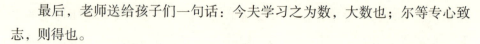

最后，老师送给孩子们一句话：今夫学习之为数，大数也；尔等专心致志，则得也。

大道无痕，浑然天成！

因此，作为新时代的教师，我们要紧跟时代，善学会用，善学会创，实现课堂教学的升华。唯有如此，才能真正使自己教有所长、有所专，做到手中"无法"，心中"有法"，"法"永在"有"与"无"之间。

七、激情、理性

一堂成功的语文课，必然是高奏情感主旋律的课，是教师情、学生情、文本情三情共振的课，是师生心灵碰撞、情感共鸣的课。

然而，有两种倾向要注意：①在我们的视野中，常常能看到这样的教师，他们上课时表情平淡、神情拘谨。尽管文本很感人，很富有哲理，但教师缺乏激情，学生昏昏欲睡。长此以往，学生必然会丧失对学习的热情。②也有与此相反的。有的教师在课堂上自始至终充满激情，声音高亢，动作夸张，时不时有令人受宠若惊的表扬。课堂看似高潮迭起，节奏明快，但学生实在有点无所适从。整节课，成为教师为主角的表演课，学生充其量当了回配角和看客，教学质量也不高。如，2010年全省小学语文素养大赛，一位老师上《地震中的父与子》，整节课教师的表现正如上面所述，矫揉造作、激情过火，让人听了身上起鸡皮疙瘩。

其实，语文教师的课堂激情并不一定表现为夸张的声音和动作，而是一种内在的深沉的力量，是一种对无法预见和无法预测结果的思想力量的信念行为。正如马克思所言："激情是人追求自己的对象世界的一种本质力量。"

1. 真正的激情不是情绪，而是热爱

没有了对教育的热爱，任你教师再先进的教学手段，也只是徒具其形；任你教师用再华美的语言，再动听的语调上课，也不会打动学生心灵，震撼学生的灵魂。

2. 真正的激情不是激动，而是执着

没有了对教育工作的执着追求，激情就成了无本之木，无源之水。我们所敬仰的李吉林、于漪、于永正、叶澜等老师，一生都在追求着教学的至高境界。正如叶澜老师所言："我把整个人生，所有生活都变成有学习意义的生活，保持生活质量的提高，生命就会闪亮。"这是充满生命激情的人生，是对激情的最好解读。这激情所表现出来的就是一种执着，如春风吹皱一池春水，让生命流动起来，活泼起来……

3. 激情不是与生俱来的

它源于教师对教育事业的执着追求和对学生的无限热爱，有赖于教师深厚的知识积淀、出色的语言修养和良好的应对素质。

同时，课堂需要激情的滋润，也需要充满机智的思辨、理性的烛照。我们要防止课堂上用激情掩盖思想苍白的倾向。要经常问自己，剥去情感、表情、手势等因素，我们的课还剩下什么？要注意感情投入，但别"舍本逐末"。

八、以读为本

语文姓语，阅读姓读。阅读课一定要留出足够的时间让学生读书。整体感知主要靠读，有所感悟主要靠读，培养语感主要靠读，情感熏陶主要靠读，积累语言更是靠读。语文阅读课上把读抓起来了，语文学习的链条就跟着起来了。学生读多了—语言积累多了—对客观事物认识就提高了—性格性情活泼了—自信心强了—写作能力提高了—文化积淀就有了—语文素养就高了。

从现在的课堂情况看，读占了很大的比重，确实是"读"占鳌头，风光无限。但却喜忧参半，喜的是：一是老师们普遍重视朗读教学，课堂上学生读起来了，有了琅琅的书声。二是课堂上读的形式多了，式样也较丰富。但问题在哪里？一是尽管形式多样，书声琅琅，但朗读指导没有梯度，没有层次，或者说停留在一个浅表层。二是每次要求不明确，目标不明确。三是有读无导，有读无效，有读无思，有读无悟。换句话说，读与导不能有效结合，读与思不能有效结合，导致学生读不出滋味，读不出情感，读不出韵味来。而我们追求的读应该是入情入境指导，而不是贴标签式的指导。著名特级教师于永正的经典课例《小稻秧脱险记》，在指导学生感情朗读方面为我们树立了标杆。他在指导学生朗读"杂草有气无力地说：'完了，我们都喘不过气来了。'"这部分时，一位小朋友在朗读时声音响亮，既有"气"，又有"力"。于老师并没有直接告诉他应该怎么读，而是开玩笑地说："要么是你的抗药性强，要么这化学除草剂是假冒伪劣产品。我再给你喷洒一点。"说完，朝他做了个喷洒农药的动作。这位小朋友心领神会，再读时，奄拉着脑袋，真的是"有气无力"了。一句睿智的点拨加上一个幽默的动

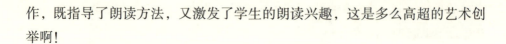

作，既指导了朗读方法，又激发了学生的朗读兴趣，这是多么高超的艺术创举啊！

九、把根留住

语文教育的"根"到底是什么？应该说，我们语文老师一直勤勤恳恳，努力工作，但是，我们的工作效果一直很不理想，问题多多。学生不会读书，不会写作，不会学习，语文综合能力始终不理想，人文素养状况着实堪忧。那么，问题到底出在哪儿呢？万事万物都有"根"，根是事物的决定因素。语文教育的"根"到底是什么？

其实，这本是不是问题的问题，不少专家学者的教育经典论述中对此早有明确阐述。著名教育家苏霍姆林斯基说过："应该让孩子生活在书籍的世界里。"北大资深教授钱理群先生和温儒敏先生有更为明确、直接的表述："学好语文有很多要素，但最核心最根本的方式就是阅读。"（钱理群语）"阅读最接近教育的本质，是语文教育的灵魂，是语文教育之本。"（温儒敏语）当下语文教育乃至中国教育出现的种种问题，都可以直接或间接地从丢失了读书之"根"上去找到原因。

读书之于语文教育，就如同树根之于枝叶，源泉之于河流，基础之于大厦，血脉之于躯体，灵魂之于生命。树根萎缩则枝叶枯黄，源泉枯竭则河流干涸，基础不牢则大厦倾危，血脉不足则躯体羸弱，灵魂缺位则生命失色——语文教育的"根"丢了，语文教育就难免百病丛生、久治不愈了。（人大附中特级教师于树泉语）

小学六年，我们的老师和学生围着12本教科书，从早学到晚，教来教去，语文被教成了一条风干的黄瓜，干瘪丑陋，食之无味。问题还不止如此，更为严重的是，小学6年正是孩子智力发育、身心成长的关键期和"精神饥渴期"（朱永新语），而我们却画地为牢，让数以亿计的学生把全部的精力、智力、体力封闭在极其有限的应考知识上，几十年日复一日年复一年地去苦苦打拼而无暇他顾，这无论于个人发展、社会进步，还是于民族前途、国家未来，都是一个多么巨大的智能浪费和无可弥补的惨重损失。

追根探源，主要还是丢失了读书这个教育的"根本"。《义务教育语文课程标准》："要重视培养学生广泛的阅读兴趣，扩大阅读面，增加阅读量，提高阅读品位，提倡少做题，多读书，好读书，读好书，读整本的书。"《课标》强调要读教科书以外的书，由此可知教科书并不是语文课程的全部，语文并不等于语文课本。所以在语文教育中，必须不断加强课程建设，而其重要途径就是读书。相对于语文教育而言，语文课本充其量只是滴水，课本之外则是浩瀚的海洋。我们让学生读书，并非为培养作家，而是着眼于增加人文积淀，提升语文综合能力，进而获得全面、均衡的发展。

十、求真

当下，语文教育、语文课堂也有虚假不实之表现，主要有以下几个方面：一是一味强调课文的深意、脱离课文过度解读、无视学生真正的读写需求。二是语文课上，语文教师做了非语文范畴的内容，把语文课上成了思想品德课、科学课、音乐课、社会伦理课、表演课。这样的语文课就是干了别人的活，荒了自己的田。在这样的语文课上，什么都有，就是没有语文。三是刻意追求课堂的"新、奇、特"，盲目依赖声光电手段授课等等，让语文教学变得时髦却虚伪，听的时候，总感觉在欣赏T形舞台上的花花绿绿，让人目眩而耀眼。四是考试制度的欠合理，考试指挥棒的误导让老师不得不将更多的精力用于大量的机械式的学生训练中，以应付考试，课堂成了枯燥机械的训练场。五是语文课不够朴实、扎实。现在语文课最缺四样东西：①扎扎实实读书；②扎扎实实的字词教学；③扎扎实实的语言训练；④实实在在静思默想。其实，我们更愿看到学生原生态的学习，怎样由不懂到懂，由结结巴巴朗读到流利的朗读，有感情朗读，我们更愿看到学生通过阅读提出自己的意见，并能在课堂上有效解决。这样的课，有时尽管磕磕巴巴，但真实、朴实、扎实，也更具有示范性。

什么是语文？著名教育家叶圣陶先生说："口头为语，笔下为文，合成一词，就称'语文'。"一句话清楚阐明了语文的真义。语文课的本质就该是简单、朴实、真切。叶圣陶曾经明确提出语文教师有"七不可"：一不可把文字一句句讲明，二不可随便发挥，三不可太过道德训练，四不可盲目称赞选文，五不可专出艰深题目，六不可大改学生作文，七不可随意评点。由此可见，语文课的主角不是授课者，而应是学习者。举重若轻才是"真语文"，回归语文课的真实，就是要回归启发引导，而切忌繁复生硬。

语文出版社社长王旭明指出："真语文的逻辑性就在于它是相对于假语文而产生的，所以别的语文教育理论都可能是常青树，而真语文理论有寿命，假语文消灭之日就是真语文离开之时。因此，我们热烈地期待着假语文早一天死亡。"他还说："真语文就是语文。祖国语言文字的本来含义就是真语文的含义。真语文就是要在传承中华传统文化方面真实地发挥作用，把语文课作为主渠道。打好语文基础，真切地提升我们学生、我们全体国民的语言应用能力和应用水平。"

我们语文教师就应该在语文课上挤掉那些"花里胡哨"的东西，回归传统，找回本真；就应该像中学语文界泰斗钱梦龙先生说的那样，让学生实实在在的接触文本，触摸语言，在读、写、听、说的实践中摸爬滚打；就应该关爱生命、着眼发展、以学定教、以读为本、以情感人、强化语感、引导质疑、敏于点拨、鼓励创见；就应该让学生在学习语文的过程中体验到学习的乐趣；就应该老老实实按照语文规律办事；就应该真情真意向语文界前辈学习，真教语文，教真语文，教活语文，教好语文，真正地提升学生的语文素养。

"以读为本，以学为主"导学模式例谈

李延海

阅读教学要以读为本，以学为主，这是由阅读教学的基本任务和语文学科素质教育的根本要求决定的。阅读教学的基本任务是培养学生独立阅读的能力和良好的习惯，而培养独立阅读能力和良好的阅读习惯的基本途径是学生自己的阅读实践。在学生自觉的阅读实践过程中，老师加强学习方法的指导，让学生通过自身的努力学懂学会课文，从而掌握学习语文的方法，养成独立自学的习惯，达到终生乐学的境界，这是阅读教学改革的目标。

构建以读为本，以学为主的阅读课课堂导学模式，是实施语文学科素质教育的需要。有了它，可以规范阅读教学的过程，强化语文教师在阅读教学中指导学法、培养能力的自觉性，使语文教学的目标真正落到实处。以读为本，以学为主的导学模式应具备以下特点：一是把学习的主体地位还给学生，加强学生自学能力的培养，加强学生语言思维中的个性发展。二是突出教师的主导地位，强调师生结合，教学相长，共同发展。在阅读教学中，教师摒弃死板的灌输式的教学模式，摒弃一问到底的满堂问模式；阅读的课堂教学在老师的指导下，通过学生的自主活动完成；教师向学生传授切实可行的学习方法，学生通过反复地读、思、圈、批、议、练发现知识，在遇到困难时，老师扶一扶，同学帮一帮。三是在发展学生个性的同时照顾全体，提高学习集体的整体素质，使学生全面发展。

基于以上认识，近年来，我们在阅读课课堂教学法指导方面做了大量的探索和实践，经反复实践、论证和总结，设计出了几个体现"以读为本，以学为主"思想的几种导学模式。本文就这些模式分别做一具体的阐述。

一、朗读品赏导学模式

1. 模式概说

古人云："书读百遍，其义自见"。多年的教学实践证明，运用各种方法反复读课文，在读中探究领悟，在读中发现知识、寻找疑问，在读中讨论理解，掌握知识，运用知识，是行之有效的阅读教学方法。把读贯穿于阅读教学的始终，力求把学、议、导、练等诸手段渗透于读的全过程中，通过这些手段的合理搭配和有效实施，从而达到指导学生自主学习、培养学生的语文能力、陶冶学生情操、发展学生思维的目的是这一模式的立足点。

朗读品赏导学模式的流程是：导入激趣→试读寻疑→议读释疑→朗读品味→熟读成诵。导入激趣，意在明确学习目标，讲究激趣性；试读寻疑，目的是引导学生自主学习，读中揣摩，发现探究知识，标出疑点，读画批注，合作学习，突出自主性；议读释疑，让学生汇报交流自学结果，师生讨论解析，透彻理解，训练语言和思维，主张创造性；练读品味，反复练读，入情入理，表现意境，讲究情境性；熟读成诵，鼓励学生吟诵记忆优美章节，积累语言，培养语感，促进内化。

2. 实施策略

（1）导入激趣。从教材的特点和学生的学习实际出发，教师选择合适的方法导入新课，以达到引题、激趣、指向的目的。教师的导语要从明确学习目标、激发学生的求知欲望等方面着眼设计，要根据教材的不同特点和学生的实际巧妙诱导，使学生一上课就处于跃跃欲试的求知状态。如教学《蝙蝠和雷达》（七册）时，可采用看图导入法导入。先让学生观察文中的插图，使学生明白图中画有三种不同的事物——蝙蝠、雷达和飞机。学生看着这三个事物疑窦顿生：作者为什么把这三种事物放在一起？蝙蝠和雷达、飞机三者有什么联系？老师抓住学生的求知欲，因势利导，导入新课。再如教学《林海》（十一册）时，可采用承前启后法导入。先引导学生复习学过的《美丽的小兴安岭》一文的内容，然后老师用"小兴安岭景色优美，物产丰富，确实是一个巨大的宝库。在我国的东北还有一片辽阔的森林，那就是大兴安岭，同学们想到那里游览一番吗"一段话导入。

（2）试读寻疑。分两步实施：①学生自主学习，利用字、词典疏通文字，发现知识点，批注读懂的内容，在不懂的地方作上标记；反复朗读揣摩自己觉得课文应该怎样读，为什么这样读。②合作学习，学生分组交流学习成果，讨论自己没有学懂的问题。在这个过程中，学生的自主性和探究性有机会得到充分的发挥，教师留给学生充裕的读书时间，让其勾画批注，互相交换学习体会，对自学有困难的学生给予适当的辅导，让每个学生做好充分发表意见，充分讨论的准备。模式运用之初，教师要花大力气培养学生运用工具书的习惯，要有步骤地教给学生一系列的勾画符号和批注方法。

（3）议读释疑。这是这一模式的关键步骤，在这个步骤的实施过程中，老师的主导地位和学生的主体地位得以充分地体现，学生自主地汇报讨论字、词、句、篇的理解情况和朗读情况，教师巧妙地诱导点拨，围绕课后"思考·练习"，有目的地设计练习题目，进行删、换、改、比较等练习，让学生认识语言文字的准确、鲜明、生动，培养学生遣词造句的能力。分汇报评议、习题训练、质疑释疑三步进行。第一步、汇报自己学懂的句段，以"为什么这样读""怎样读得更好"引导学生拓展讨论，训练朗读，深入理解课外的思想内容。第二步，抓住指导朗读的点，探究字、词、句的含义和用法，从停顿、语气、语调、语速、重音方面对朗读技巧进行示范性的指导。第三步，让学生提出不懂的问题，引导学生再读有关的内容，帮助释疑。一、二步可以糅合在一起交替进行，既可以在学生汇报的过程中相机安排训练题目，也可以在训练题目时抓住激趣点巧妙引导学生反复朗读，深入理解。

（4）练读品味。在学生理解了语言文字的思想内容之后，采用范读、引读、指名读、小组读等多种方式，以声动人，以情动人，给学生提供静听细看的品体感，通过反复地朗读促使学生在读中思索，得到美的享受，使其建立语感而融会贯通，心领神会而产生情感共鸣。

（5）熟读成诵。在感情朗读的基础上教给学生背诵的方法，让学生熟读并背诵优美的章节，积累语言，内化语言。

二、"目标驱动"导学模式

1. 模式概说

学习目标是学习的动力，有了明确的学习目标，学生才会有浓厚的学习兴趣和强烈的学习欲望。学生自己确定的学习目标较老师给出的学习目标更具吸引力，更能调动学生自觉学习的内驱力。为了满足自己的求知欲望，达到目标，学生自然会自觉地学习，完成求知、创新的学习过程。这一模式的主导思想是：变传统的目标学习模式中的教师要学生学为学生自己要学；变传统的阅读教学模式中的让学生带着问题读课文为运用已有的知识自主地读课文，探究知识点，看看自己学懂了些什么，还有什么没有学懂。带着问题读课文，把学生的思维禁锢在了老师提出的问题上，学生读课文是为了寻找老师所提问题的答案，限制了学生的创造思维。让学生自主地读课文，就是让学生发现知识，不仅扩大了学生获取知识的信息量，更重要的是重视了学生在感受语言文字时的思想个性，有利于学生创新思维和创造意识的培养。当然，这一模式并不是说老师不提问题，问题要提，要在非提不可的情况下提，还要提得精而巧，提的问题要确实有助于培养学生的能力，发展学生的思维。

这一模式的教学流程是：预习定标→检查议标→细读达标→总结反馈→作业巩固。预习定标，强调自主性；检查议标，突出导向性和激趣性；细读达标，倡导自主性和探究性；总结反馈，意在积累知识和学法；作业巩固，强调知识的积累和运用，突出创造性。

2. 实施策略

教给学习方法，自主读书、自主学习、发展思维、培养能力，是贯穿这一导学模式始终的思想。实施这一模式，首先要教给学生预习课外的方法，要让学生从单元"导读"、课前"预习"、课文内容和"思考·练习"四个方面入手预习课文。具体操作步骤是：一读单元"导读"，知道本单元的训练重点；二读课前"预习"，明确本单元的预习要求；三读课文，利用工具书学习生字新词，并勾画出自认为是重点的词句；四读课后"思考·练习"，联系课文内容认真思考探究。其次，要让学生学会根据预习课文的情形以"我想学……"和"我要学……"的形式确定自己的学习目标，把自己预习时还没有弄懂的问题以学习目标的方式记录下来，从而体现自我期待。学生自己预习课文的方法的传授和能力的培养要经历一个由课内到课外，由扶到放，由不会到会的循序渐进的心理过程。在这个过程中，要特别重视自觉读书，自觉使用工具书，自觉思考，自觉圈、点、勾、批等读书方法和习惯的训练。

检查议标是这一导学模式在课堂上实施的第一个步骤。检查，就是检查预习课文的情况，从字词和初读课文后对课文内容的大致印象两个方面设计检查题目，采用学生汇报和教师抽查两种方式进行。议标，就是让学生畅所欲言地汇报自己在预习时确定的学习这一课的目标，教师评价，给予适当的肯定，在明确学习目标的同时有效地激发学生的学习兴趣，调动学生自主学习的内驱力。

细读达标，是这一模式的关键步骤，任务是引导学生自读、互议、汇报、评议、朗读课文，通过适时适量的强化训练突破教学难重点，释疑领悟、训练思维，实现学生各自的学习目标。导学过程可分解为以下几个步骤：

（1）带着学习目标自学发现，深入思考，勾画批注学懂的地方，标记不懂的地方。

（2）分组讨论，合作学习，交换自学心得，探究疑问。

（3）学生自主汇报学懂的内容，广泛讨论，互相补充，教师点拨，透彻理解课文的文字，分析课文的脉络层次；教师随机出示强化训练题目，突破重点，加强朗读指导，发展学生的求异思维能力。随机出示强化训练题目，突破重点，是教师主导地位的集中体现。训练题目的设计，一定要从单元训练重点和学生的能力两方面着眼，要精而准，体现导读、导学双重示范作用。如在导读《十六年前的回忆》时，可相继出示以下四个练习：一是在学生汇报到父亲含糊地回答女儿的问题时，出示第五自然段，进行概括段意，体会句义，感情朗读的训练，并强调突出对比的写法和作用。二是在学生汇报到父亲不听朋友和母亲的劝告，坚持留在北京时对母亲说的几句话时，让学生反复朗读，进行改写句式的对比训练，深入地理解人物的品质。三是在学生自学汇报父亲被捕那一部分时，引导学生分别找出父亲、"我"、敌人的不同表现，进行反复的朗读训练，让学生在深入地理解人物品质的同时，进一步理解对比、前后照应这些手法在文章中的运用和作用。四是在导学李大钊被害一段时，紧扣学生的汇报，引导学生想象，运用对比的方法描述李大钊被害时的情景，以达到内化学生语言，训练学生创造思维的目的。

（4）质疑问难，让学生提出经过以上学习过程还没有学懂的问题，引导学生再一次探究语言文字，讨论解决疑难。

（5）品读入情，让学生有感情地朗读课文，读出课文表现的情和景，读得绘声绘色。

总结反馈是这一模式的第四个流程，以"你从这篇课文中学懂了什么"引导学生从课文的内容、中心、思想教育、写法等诸方面总结目标的达成和这一课中学到的学习方法，使学生在一课书中学到的知识条理化、系统化，在大脑中留下深刻的印象。

模式的最后一个流程是作业巩固，就是让学生做些书写生字、词语、造句、背诵课文优美片段、运用新学的知识仿写片段或想象作文等少而精的练习，以达到巩固学习效果、积累知识、运用知识的目的。这一步可以在课内完成，也可在课外完成。

目标驱动导学模式特别注重民主、和谐的课堂气氛的创造，朋友式的师生关系，学生、老师、课本三位一体的合作学习、共同训练方法是提高课堂教学效率的保证。在具体操作时可根据教材特点和学生的学习实际，适当地调整和增减教学流程中的某些步骤。在教学中要重视对后进生的指导，采取帮一帮、扶一扶、教一教、学一学等措施，使后进生也处于学习活动的状态，争取面向全体，有效地提高学习集体的教学效果。

三、"球心"展示导学模式

1. 模式概说

语文教材中的大部分课文中都有统领全文内容的几个关键词语或点明课文中心的一两个重点句子，如《凡卡》一文中的"指望"，《草船借箭》中的"妒忌"和"神机妙算"，《一夜的工作》中的"周总理的工作多么劳苦，生活多么简朴"，《詹天佑》中的"詹天佑是我国杰出的爱国工程师"等。很多课文还有贯穿全文始终的线索，如《记金华的双龙洞》中的"泉水"，《夜莺之歌》中的"夜莺的歌声"。如果把一篇课文比作一颗球，那么上面提到的关键词、重点句和贯穿全文的线索就可以称为"球心"。"球心"展示导学模式就是从文章的"球心"入手设计导学过程，对学生进行语文学法指导和语文能力培养的一种教学模式。

这一模式的教学流程是：谈话导入，激发兴趣→通读全文，巧抓"球心"→辐射全文，细读探究→理解思路，朗读入情→作业训练，积累创新。这一模式继承了传统阅读教学中的"整体—部分—整体"和"初读—精读—巧练"的教学思路，把激发兴趣，指导学法，自主学习，思维训练等新的教学思想渗透到了导学的全过程中。阅读教学中创造性地使用这一模式，可有效地提高阅读课课堂教学的效果。

2. 实施策略

（1）谈话导入，激发兴趣。意在营造民主和谐的课堂气氛，明确学习目标，调动学生学习知识的内驱力。方法是多种多样的，可用故事讲述、背景简介、观看插图、承前启后等方法导入，也可用学生质疑，据单元"导读"、课前"预习"和预习情况自定目标的方法导入。

（2）通读全文，巧抓"球心"。先检查必要的预习内容，然后让学生在通读全文的基础上，说出课文的大概内容，巧妙设疑，诱导学生抓住课文的"球心"。引得巧，方能抓得准，抓准了"球心"方能顺利地实施后面的环节。如教学《一夜的工作》，可以"文中哪句话概括地写出了总理一夜的工作情形"一问引导学生速读课文，抓住"球心"——"周总理的工作是多么劳苦，生活是多么简朴"。教学《林海》一文，可让学生带着"课文中哪个词集中表现了作者看到林海时的感受"一问通读课文，抓住"球心"。

（3）辐射全文，细读探究。教师围绕"球心"设疑，引导学生自己细读课文，抓具体的字句和语段透彻地探究"球心"。如《一夜的工作》一课，抓住"球心"——"周总理的工作是多么劳苦，生活是多么简朴"后，可让学生带着"哪些描述表明总理的工作劳苦，哪些描述表明总理的生活简朴，你是如何理解这些词句的"一问自读课文，深入探究。细读深究是这一模式的中心环节，学生的自主性在这一环节中得到充分的体现，学生的阅读能力、创新能力、分析能力、推理能力、想象能力、知识的迁移能力和运用能力等要通过这一过程得到培养和发展。这一过程要通过四个步骤完成学习任务：①自主探究"球心"，读、画、圈、批；②分组合作学习，交流探究对"球心"的理解情况；③学生汇报，拓展讨论，教师点拨，穿插训练题目；④引导学生质疑释疑。

（4）理解思路，朗读入情。在学生理解课文的基础上，讨论明确课文的写作顺序，划分段落，总结段意、中心，讨论课文的写作特色，借鉴写法，感情朗读课文，升华课文的思想内容。这一步是教学的自然发展，若第三步实施扎实、到位，这一步就会水到渠成。

（5）作业训练，积累创新。是对所学知识的运用和巩固，在运用巩固所学知识的基础上，有针对性地安排诸如说话、小练笔等训练，意在培养学生的想象能力和创新能力，发展学生的求异思维。这种练习也要尽量围绕"球心"设计，如学完《一夜的工作》后，可以"周总理的工作多么劳苦"或"周总理的生活多么简朴"为总起句，引导学生联系这篇课文的内容和课外了解的有关周总理工作和生活方面的内容，分别写练笔作文。学生作文时，可以借鉴文中的写法，可以引用文中的句段，自由构思，大胆想象。

四、"三步六要"古诗词导学模式

1. 模式概说

小学语文教材中，每一册都有四至六首古诗词。这些古诗词都是历代名作，内涵丰富、深邃，读来琅琅上口。通过这些古诗词的教学教给学生学习古诗词的方法，对于学生学习和欣赏古诗词这一中华民族的宝贵文化遗产具有重大的意义。学生对诗歌本来是很感兴趣的，但是由于古诗词的文学表达形式特殊，跨越的时代久远，给知识尚很浅薄的小学生深入理解增加了一定难度。在教学中如果老师对古诗词教学的尺度把握不准，讲得太多，拔得过高，学生就会对古诗词产生望而生畏的心理，不敢去主动探究，这在一定程度上又影响了学生学习古诗的兴趣。"三步六要"古诗词导学模式，以指导学古诗词和培养学生自学古诗词的能力为宗旨，力求体现循序渐进、由浅入深的求知规律，在教学实践中，始终鼓励学生主动学习，大胆探索，争取运用教师教给的方法通过自己的努力学懂学会。

该模式的教学流程是：读诗文，知作者→抠字眼，明诗意→想意境，悟诗情。在操作过程中，巧妙地将学古诗词的"六字要诀"（释、串、调、添、诵、改）渗透其中，通过长期的训练，使学生牢固地掌握学古诗词的技巧，最终形成能力。

2. 实施策略

（1）读诗文，知作者。这一步是初读古诗词，是对古诗词的语言的初步感知。学生在读准字音、认准字形的基础上熟读诗词的句子，对诗词所写的内容有一个朦胧的、整体的印象。从具体诗歌的特点出发，老师通过范读、配乐朗读、引导学生观看插图、释解诗题、简介作者和写作背景激发学生的学习兴趣。

（2）抠字眼，明诗意。这一步是对古诗词的细读精研，是进行学法指导的关键步骤。在老师的引导下，学生先自己读古诗词，运用工具书逐字逐词释解，体味深究，然后汇报学习成果。同学们互相补充，老师点拨、评价，纠正学生理解中的偏差，强调学生理解不到位的地方，通过释、串、调、添等学法的指导，让学生自己把每句诗词的意思明确、完整地讲出来。释，就是运用查工具书和联系上下文理解字词句的方法，准确理解诗句中单字或词语的意思。如"独在异乡为异客，每逢佳节倍思亲"中的"独""异乡""为""异客""逢""佳节""倍""思亲"等词要让学生逐个理解。串，就是把诗句中的每个词语的意思串联起来，组成一个意思明白的句子，直译诗意。有的诗句为了表达的需要，作者运用了倒转等手法，翻译这些诗句有必要把某些词语的位置加以调整，使句子变通顺，表达的意思更清楚明白，这种方法简称"调"。如"泉眼无声惜细流"句中的"惜"，直译时应调到句末；"江枫渔火对愁眠"一句中的"对"，直译时应调到句首；"遥知不是雪，为有暗香来"一句，翻译时应调换句序，译为"因为有暗香飘来，所以我在很远的地方就知道那不是雪"。还有些诗句翻译时在译句的中间或首尾，添加一些必要的实词和虚词，才能使句意更加完整通顺，简称"添"。如"应怜屐齿印苍台，小扣柴扉久不开"两句，译为"大概是园子的主人爱惜苍绿色的青苔，怕我的木屐在青苔上留下脚印，我轻轻地敲篱笆门，很久也不见主人来开。"译句中的"园子的主人""怕我的"等词就是添进去的成分。"释""串""调""添"这些学习古诗词的方法，经过反复的训练学生才能掌握。学生掌握了这些方法，自学古诗词的能力也就初步形成了。

（3）想意境，悟诗情。这一步，是对古诗词所表现的意境的再现，是对古诗词所表达的感情的领悟，是对古诗词的美读升华。教师用语言创设情境，引导学生观察插图，听配乐朗读，通过教师范读，学生练读、品读、美读等手段，让学生插上想象的翅膀，以古诗词的语句为凭借，闭目想象诗词所表现的画面，并用自己的语言把想象出的意境描述出来。这样，就在读中训练了学生的想象能力和创造能力，在读中训练了学生的语言表达能力，把诗人的感情变成了自己的感情，产生了共鸣。之后，再趁热打铁，引导学生背诵诗词，进行改写练习，这就是模式中的"诵""改"。改写训练就是发挥学生的想象力，以诗词的内容为素材，另辟蹊径，让学生写出一篇篇风格不同的片段作文，在发展学生创造意识和创新思维的同时，发展学生的作文表达能力。

以读为本，以学为主，是以上导学模式雏形产生的理论依据。这四个导学模式，就形式看，各有自身的特点。就其实施的策略看，又有很多相同之处，它们适用于不同风格的课文。在各模式的使用技巧掌握熟练后，也可以变通使用。模式只是一种导学框架，不可能是一成不变的。它在教学中运用时贵在创新，产生变式，根据具体的教学内容和学生的学习实际而产生的变式才真正具有实用价值。

《一夜的工作》教案

王新民

一、教学内容

小学语文十一册第18课《一夜的工作》。

二、教学目标

（1）组织学生通过合作学习，理解课文内容，了解周总理一夜工作的情景，体会周总理辛勤工作的精神和简朴的生活作风，从中受到感染和教育。

（2）练习运用"读—画—问—批—议—悟"六步学法自学课文，并通过抓重点词句、有感情朗读等方法，体会课文的思想感情。

（3）学习作者在叙事过程中表达自己真情实感的方法。

（4）学会本课生字词。

三、教学重点

了解周总理一夜的工作情景，体会周总理的工作劳苦、生活简朴。

四、教学准备

准备写有自学提纲的投影片、生字卡片和反映周总理工作劳苦、生活简朴的录像带。

五、教学时间

两课时。

第一课时	马钧先生点评
（一）交流导入，引出课题 **1. 通过资料展示，了解周总理生活及工作方面的事迹** （1）谈话导入。 　　今天，老师和同学们共同认识一位伟人，他的名字叫周恩来。我们敬爱的周总理把一生献给了中国人民的革命事业，他在工作和生活上留下了许多感人的事迹。 　　（2）展示资料。 　　请同学们展示预习时搜集整理的图片、文字卡片等资料，简要介绍周总理的事迹。（各小组可选派1、2名代表上台介绍） 　　（3）播放录像。 　　请一小组同学播放师生合作剪辑，并配有教师本人解说的反映周总理事迹的录像片段（一）。 **2. 谈话引出课题** 　　周恩来在担任总理期间，他每天是怎样工作的？有一位诗人、著名的文学家何其芳同志，有幸目睹了周总理一夜通宵工作的情况，并且满怀激情地写了下来，这就是我们今天要学习的课文。请大家一起来读课题。（板书课题）	培养学生自己动手找资料的能力，展示自己查找的资料并与大家交流，体现了学生学习的自主性。
（二）出示卡片，检查预习 教师出示生字、词语卡片，检查学生生字词的预习情况。 （1）选择正确读音。 小转椅（zhuān　zhuǎn）　如此而已（yǐ　jǐ） 咨询（zī　cī） （2）分析字形、掌握字形。 重点掌握：蒙眬、如此而已、隔壁 （3）辨析下列四组词。 浏览—审阅　询问—咨询 简单—简朴　劳苦—辛苦	重点检查学生自学生字、词语的情况，强化自学能力的培养。
（三）范读课文，整体感知 教师饱含深情地范读课文。 读完后因势利导：听了老师的朗读，你觉得这篇文章写得怎么样，哪些地方你感受最深？不必苛求学生，学生喜欢怎样谈都可以，一句两句都行。而后提出朗读本文的要求。	提示学生注意字词的读音及教师的语气、语调、节奏、停顿等，并整体感知课文。
（四）自读课文，启发质疑 　　在预习、初读课文后，还有哪些问题读不懂，想通过今天的学习搞清楚，请各小组交流整理后派代表提出教师可在学生自读课文的基础上，鼓励学生从课文的内容、写法、题目、中心等多方面大胆质疑，主动探究。	

（五）提供条件、促进参与；指导学法，自学课文 　　教师组织引导学生六步学习法自读课文。 　　三个"自学提纲"见第二课时教案；六步学习法："读"，读通课文；"画"，即根据要求画出重点词、句；"问"，把不懂的问题提出来；"批"，即对画下的重点词、句是怎样理解的，提出的问题自己如何解决的，在课本眉头作简要批注；"议"，即对重点词句的含义及提出的问题怎样解决，在组内进行充分讨论；"悟"，即运用感情朗读、讨论、分析等方法领悟词、句所包含的思想感情。	以小组合作学习的形式为依托，以事先精心设计的三个自学提纲为"支架"，以"读—画—问—批—议—悟"六步学法指导为主线，让学生积极地动脑、动嘴、动手，充分地参加与学习。
第二课时（参加课堂教学竞赛） 　　**（一）导入新课，明确目标** 　　（1）随机导入。 　　（2）明确目标。 　　请各小组根据上节课老师提供的"自学提纲"，按"六步"学法汇报上节课自学情况。 　　**（二）检查学情，导读导练** 　　**1. 抓中心句，整体感知课文** 　　请一小组派2、3名同学上讲台，打出上节课所用的投影片上的"自学提纲1"，并按"六步"学法汇报自学情况其他小组补充，教师相机点拨、引导。 　　自学提纲1： 　　文中直接点明中心的句子是哪一句？（用"="画出）这句话的中心词是什么？（用"口"标出）你从中心句中读懂了什么？ 　　a. 文中直接点明中心的句子是："他是多么劳苦，多么简朴！" 　　b. 这句话中的中心词是："劳苦""简朴"。 　　c. 你从中心句中读懂了什么？（教师相机板书：周总理工作劳苦生活简朴） 　　d. 这句话怎样读？（读出赞扬、崇敬之情，"多么"，一词读重音） 　　**2. 体会周总理工作劳苦的精神** 　　请一小组派2、3名同学上讲台，打出上节课所用的投影片上的"自学提纲2"，并按"六步"学法汇报自学情况。其他小组补充，教师相机点拨引导。	这些活动都是要求学生走上讲台用伙伴的方式汇报，体现了学生的自主性。 　　学生体验性地阅读，在阅读中体验文章中渗透的感情。

续表

自学提纲2： 哪些句子写出了周总理工作的"劳苦"？（用"~~"画出）这些句子中哪些词语用得好？（用"△"标出） 　　a.句子："总理见了我，指着写台上一尺来高的一叠文件……到时候叫你。" 　　重点词："一尺来高""一叠""今晚"等。 　　朗读并体会总理不辞劳苦、辛勤工作的精神。 　　引导学生上讲台板书："工作量大"或"工作繁重"或"工作紧张"等。 　　b.句子："他一句一句地审阅……把稿子交给了我。" 　　重点词："看""画""想""问""一句一句"等。 　　引导学生上讲台板书："工作认真"或"一丝不苟"等。 　　c.句子："喝了一会儿茶……下午还要参加活动。你也回去睡觉吧。" 　　重点词："一会儿……就……""下午还要"等（学生汇报这些词中所包含的思想感情） 　　朗读并体会总理夜以继日、忘我工作的精神。 　　引导学生上台板书："工作时间长"或"夜以继日"等。 　　d.小结各小组汇报交流"自学提纲2"的情况。	学生汇报这些词中所包含的思想感情。
3. 读写结合，体会周总理生活简朴的作风 　　请一小组派2、3名同学上讲台，打出上节课所用的投影片上的"自学提纲3"。 　　自学提纲3： 　　哪些句子写出了总理生活的"简朴"？（用"＿"画出）这些句子中哪些词语用得好？（用"○"标出）请以"总理啊，您的生活是多么简朴！"为总述句，用画下的词语说一段话。 　　引导学生用"总理啊，您的生活是多么简朴！"为总述句，用画下的词句练习说一段话如："总理啊，您的生活是多么简朴！您身为一国总理，可办公室的陈设是那样简单，只有一张不大的写字台……" 　　教师相机引导学生上台板书："陈设简单""饮食简单"等。 **（三）播放录像，升华情感** 　　请一小组同学将事先师生合作剪辑好，并配有教师本人解说的，有关总理工作、生活情况的录像片断（二）播放给大家，让同学们边看边感悟。看完录像后请学生用一句话说出自己观后的真切感受，升华学生对总理的真挚情感。如："总理啊，您太累了，请您休息一会儿吧！"	体现以读为本，朗读并体会总理一丝不苟、忘我工作的精神。 　　投影仪也由学生自己操作，学生由动手转为动脑。 　　在进行读写片断训练的同时，体会重点词句中所包含的思想感情，黑板也变成学生研究问题的空间。 　　进一步激发学生对总理赞扬、崇敬、热爱的真挚情感，并将教材之情，学生之情，教师之情融为一体，达到共鸣。

续表

（四）点题明旨，朗读升情

1. 教师范读最后两个自然段，学生思考体会

（1）作者在回来的路上对自己说了些什么？又想对全世界说了些什么？

（2）读这两个自然段时，应带着什么样的心情，读出怎样的情感？

2. 点题明旨

理解："我看见了他一夜的工作"和"他每个夜晚都是这样工作的"之间的联系。（板书：每个夜晚都是这样）

（五）布置作业

（1）联系课文内容，请以"总理啊，您的工作是多么劳苦！"为总述句，写一段一百字左右的短文。

（2）背诵并默写课文最后两个自然段。

板书设计：

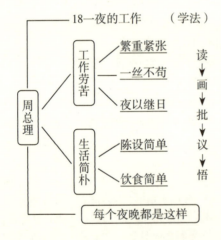

注：板书上横线处的词，都是由小组汇报的同学自己板书。

指导学生用轮读的形式有感情地朗读最后两个自然段，体会作者在回来的路上，激动不已，不断地对自己说，又想对全世界高声说的情境和对总理无比崇敬和热爱之情，并将这真挚情感推向高潮。

传统教学板书都是教师完成，这节课板书由教师设计板书结构，横线上的每项内容是由学生商讨完成。

（马钧，甘肃省著名教育专家，生前曾任兰州市七里河区教育局副局长、甘肃小语会副理事长、联合国教科文组织甘肃分会秘书长）

一种新的教学方式的尝试

——浙江省三门县教育局教研室王深根点评

王新民老师是甘肃省的坛新秀。本教案是他参加由全国小语会举办的我国西部地区阅读教学观摩研讨活动上执教并荣获一等奖的作品。全国小语会副秘书长丁培忠教授在这次活动的总结中说：从学习方式改革的角度来看，力度较大的是甘肃王新民老师讲的《一夜的工作》。丁教授称赞这课是"一种新的教学方式的尝试，是对传统教学方式的大胆挑战"。

的确，王新民老师这堂课的重要特色也就是体现在学习方式的改革上，我们从教案看，这节课基本上是学生汇报小组合作学习的成果，期间教师相机穿插一些引导，点拨这样一种方式进行的。这就彻底改变了教师讲，学生听，或者串讲串问或者是边读、边讲、边议的传统做法，真正体现了学生在学习中的"自主性"，有利于培养学生的合作意识和合作习惯，有利于促进学生主动探究精神的形成和探究能力的提高。可以看出来，在这节课当中，教明显的是为学服务的。比如这节课里用的"自学提纲1""自学提纲2""自学提纲3"和"五步"学法，就全是由教师提供的，教师在这里所做的工作，是服务性的，是学生的学习需要什么，教师就提供什么的这样一种关系。这种角色的转换和服务与被服务这样一种关系的正确定位，深刻地反映了王新民老师全新的教学观念，自然这也是这节课的一个明显的亮点。与此同时，这节课中的"自主、合作、探究"本身也安排得很好，首先，这节课的"自主、合作、探究"是在上节课充分自学的基础上展开的，由于有了充分自学的基础，学生才能在这节课进行深入探究的时候，能够按照自学提纲，从容不迫地阐述自己对教材的理解和对课文中人物的正确认识。第二，"自主、合作、探究"有目标，有方法，提高了探究的有效性，保障了探究的科学性。第三，对探究的结果作了充分的评价，如在小组汇报以后，安排其他小组补充和教师相机进行点拨引导等。

让新课堂充满生命的活力
——《梅花魂》一课教学感悟

王新民

《梅花魂》一课是人教社大修订版第十一册第七课，这是一篇略读课文。课文以梅花为线索，讲了一位华侨老人喜爱梅花、思念祖国的几件事，表达了身在异国的华侨眷恋祖国的思想感情。文章语言精练，感情真挚，思路清晰，读来琅琅上口，感人至深。

根据本单元的训练重点、教材特点和五年级学生的认知水平，我计划用两课时完成教学任务。教学目标确定为：

（1）自学生字词。

（2）了解梅花的品性，学习这种品格。

（3）通过外祖父爱梅花，体会华侨老人眷恋祖国的感情。

（4）理解课文内容，有感情地朗读课文。

今天所上的是第二课时，主要完成上面提出的（2）（3）（4）三个目标。教学重点是理解外祖父爱梅花，并在爱梅花中寄托了爱祖国的思想感情。难点是理解外祖父对梅花品格的阐述。

这节课的设计我力求体现这样一个理念：创造自主学习的课堂空间，带学生走进自主探究的境界；紧扣一个"情"字，展开个性化的阅读，创设情境，感悟至真至深的爱国深情，尊重学生独特的体验，奏响情感教学的最强音。

为了落实这一理念，在这一课的教学中我注重了以下几个方面。

一、把质疑、探究、朗读、品味留给学生

新的课堂应该是充满生命力的课堂，新的课堂应该是问题教学的课堂，

新的课堂应该是学生自读、自悟的课堂，新的课堂应该是促进学生主动发展的课堂。《语文课程标准》明确指出："学生是语文学习的主人。语文教学应激发学生学习的兴趣，注重培养学生自主学习的意识和习惯。"怎样才能使学生成为课堂真正的主人呢？

1. 大胆地问——给学生一个聪慧的脑袋

"学贵有疑，小疑则小进，大疑则大进。"在今天的课堂上我努力使学生生疑、质疑，鼓励学生敢问善问。开课伊始，在第一课时学生初读课文，了解大意，理清文章脉络的基础上，我要求同学们快速阅读课文，提出自己不理解的问题，在老师激励下，学生提问的积极性不断高涨，智慧的火花不断迸射。"课文为什么要以梅花魂作课题？""为什么外祖父教我读唐诗宋词时常常落泪？""外祖父知道自己不能回国时为什么像小孩一样'呜呜'地哭？""外公为什么将珍爱的墨梅图送给我，还让我好好保存？"等等。需要说明的是，在学生质疑的过程中，我不仅注意激发学生提问的兴趣，鼓励学生提问的勇气，而且关注学生提问的质量，培养学生善问的能力。学生提出这些有价值的问题，说明学生阅读有了自己独特的感受，说明学生和教师、文本已经开始较深层次的对话。而这些正是新课程所倡导的。

2. 充分地探究——给学生一双自由的翅膀

学生提了这么多有价值的问题，怎么解决呢？还是让学生主动想办法。有的学生说用边读边思考的方法，有的说用小组讨论的方法，有的说选出最关键的问题共同解决，其他问题自己解决。我采纳了学生合理的建议，首先帮助学生找到突破课文重难点的"抓手"，即13自然段中的两个最关键的问题：①梅花与众不同的表现在哪里？②外公为什么将自己珍爱的墨梅图送给我，还让我好好保存？然后引导学生研读13自然段。

教学13自然段时我采用平时所用的五步法引导学生开展探究性学习。第一步，明确研究的问题；第二步，带着问题读悟；第三步，默读静思，形成自己的观点；第四步，与同伴交流自己的观点；第五步，汇报交流研读情况。在体会了梅花与众不同的秉性，明白了外祖父让我保存墨梅图的一片苦心，理解梅花魂的含义，感悟了外祖父爱梅情、爱国心的基础上我便大胆放手让学生自读自悟，自主汇报读懂的其他问题。实践证明这一设计达到了抓住重点段，教活全篇的教学意图。这样的设计符合新课程倡导的"自主、合作、探究"式学习的理念，符合略读课文的要求，符合学生的认知水平。

3. 尽情地读——给学生一张精彩的嘴巴

叶老说，阅读教学第一是读，第二是读，第三还是读。新课标中也强调，要让学生充分地读，在读中整体感知，在读中有所感悟，在读中培养语感，在读中受到情感的熏陶。《梅花魂》这篇课文语言精练，脉络清晰，感情真挚，读来琅琅上口，很能打动人。在教学中我坚持抓住"读"这条主线展开教学。在具体操作过程中我注意体现读的多样性、层次性。在学生初读课文、整体感知的基础上，我让学生快速阅读并提出自己觉得最有价值的问题，在学习13自然段时我先后让学生用自己喜欢的方式边读边思，默读静思，读中悟、悟中读，评读，练读，指名读，教师充满激情的范读，学生品味了外祖父爱梅情、爱国情后我鼓励学生将感情读在脸上，读在眼神里；在学生汇报"我"弄脏墨梅图外公严厉地责备妈妈这件事时，我让学生体会外公的话，读出自己的体验，自己独特的感悟；在学生汇报外祖父教"我"读唐诗宋词为什么常常落泪时，我引导学生读出古诗词特有的韵味、情味，读出外公浓浓的思乡愁绪……每次读都给学生提出不同的要求，不同的目标，每次读都尽量给学生提供充分的时间。在这样的读书实践中，我尽可能地鼓励学生读出自己对文本的理解和体验，读出字里行间流淌着的绵绵情谊。这样的读书实践正是为了练就学生一张精彩的嘴巴。

4. 快乐地写——给学生一双灵性的手

如何在阅读课上把握写的时机，让学生在课堂上快乐地写，写出个性，写出风采，写出自己的感悟？这节课我是这样尝试的：当学生在教师的引领下，充分地自主探究，有感情地朗读课文，受到华侨老人爱梅情、爱国情熏陶感染情感达到高潮时，为了适当拓展学生思维，升华学生的情感，我要求学生把心再次回到梅花上来。我让学生拿出事先老师送给他们的梅花图片，伴着《梅花三弄》的民乐曲，给一幅幅梅花图题句，并写上自己的大名。这一新鲜、富有创意的尝试再次激起了学生情感的波浪，同学们把自己的情感融注在笔端："梅花本是神仙骨，落在人间品自奇""梅花清香飘万里，可称百花王中王""不经一番寒彻骨，哪得梅花扑鼻香""梅香飘万里，梅色真艳丽。梅花不屈服，表我爱国心"等精彩的题句，让你无法想象这些佳句、精句也能出自小学五年级学生的手笔。在这里学生的创造力得以充分展示，美的情感得以陶冶，学做小诗人、小画家的心愿得以最大的满足。这不仅有助于丰富学生语言的积累，培养学生良好的语感，发展学生的思维，更有助于学生语文综合素养的生成。

二、把引导、点拨、帮助、激励留给教师

阅读教学中，学生的主体地位落实后，教师的作用如何发挥？根据这几年的探索，我觉得教师要注意做到三个一。

1. 把握好一个角色

即做好学生学习的组织者、引导者、合作者、激励者。学生在质疑问难时，我主要就是鼓励学生大胆地提出问题，帮助学生梳理有价值的问题；学生探疑解疑时，我便组织学生进行有序、有效的探究性学习；学生在小组交流时，我又以合作者的身份和学生一起讨论；学生在汇报交流时，我主要是发挥引导、点拨的作用，让学生在悟中读、读中悟，鼓励学生或结合上下文，或抓住关键词，或联系课内外积累的知识理解梅花魂的含义，品味外祖父的爱国情。

2. 创设一种氛围

即创设一种民主、和谐、宽松、愉悦的教学氛围。没有这样的氛围，学生质疑就不可能无拘无束，学生探究就不可能有效，汇报交流就显得拘谨乏味，创新思维的火花就不可能闪现，真情就不可能流淌。这种氛围靠什么来营造呢？要靠教师的博大的爱心、民主的思想、亲和的语言以及平等真诚的交流。同时借助画面、音乐等辅助手段来营造。

3. 把握一个关键

即把语文课上出语文味来。按新课标的要求，首先语文课堂上要确保学生有大量的时间进行听、说、读、写的语言实践活动，并力求将语言训练的过程展示得妥帖自如，有艺术性，这样才能切实提高学生的语文能力，增强他们的语文素养。上出语文味，就要抓住"趣"字，紧扣"情"字。语文是一门人文性很强的学科，大多数阅读文章都有浓厚的感情色彩。《梅花魂》一课更是字里行间渗透浓浓的思乡情、爱梅情、爱国情。为了感悟文本情，激发学生情，让学生情、教师情、文本情三情共振。这节课我注重通过教师富有激情的语言，赏心悦目的梅花组图，拨动心弦的《梅花三弄》《我的中国心》《思乡曲》等创设情境，并结合指导学生有感情地朗读，让学生体验、品味文本的情感，受到美的情感的熏陶、感染。

"同课异构"要在"同"和"异"上做足文章

王新民

　　"同课异构"是深化校本研究的创新型探索，是一种适合于全校参与的群众性教研方式。近几年来"同课异构"校本教研活动正以其针对性强、便于操作、受益面大、能够解决实际问题、改善教学行为等优点深得一线教师的青睐。"同课异构"简而言之是指同一学科、同一主题、同一内容由不同教师设计不同的方案，在不同班级上出不同风格的课。笔者在所在学校正好策划、组织、经历、体验了一次"同课异构"校本教研活动，并愿将点滴感受与思考和大家分享。

　　这次承担"同课异构"教学任务的是四年级三位语文教师，所选课为北师大版语文第8册第6单元——《渴望读书的大眼睛》。三位教师在活动中发挥自己的聪明才智，精心设计，认真实践，彰显了风格，体现了个性，并能在上课后说课、评课中反思，在付出汗水与心血的同时也收获了微笑，提升了素养。所有参与活动的老师在听课、观摩、评课、反思等教研活动中也踏踏实实经历了一次从理解教材—独立设计—课堂实践—比较创新—总结提升的校本教研过程。老师们可谓大开眼界，大饱眼福，享受了一次闪烁着新课程、新理念、新教法光芒的风格迥异、亮点频闪的精神大餐。活动虽结束了，但带给老师们的回味与思考还将会继续。

一、异中求同，从三节语文课看共有的亮点

1. 注重为学生提供优秀的学习资源

　　三位老师利用校内网络资源最直观地向学生展示了渴望读书的大眼睛姑娘以及和她一样在贫困山区艰难求学的孩子们那一幅幅摄人心魄的照片；利

用多媒体教学资源和手段播放图片、音乐，展示文本中重点词、句、段；鼓励学生自主收集整理、汇报交流与文本相关背景资料，培养学生开发利用课外资源的能力，从而向开放的、有活力的语文课堂迈进。

2. 在感悟教学上有所作为

《课程标准》指出"阅读教学的重点是培养学生具有感受、理解、欣赏和评价的能力。"三位语文教师或创设具体情境让学生感悟，或用教师充满激情的语言引领学生感悟，或引导学生抓住文中中心词、句、段让学生在读中悟、悟中读。学生在思考、理解、体验、感悟的同时受到情感的熏陶，获得思想的启迪，语言和思维得到良好的发展。

3. 重视读的指导，做到以读为本

著名语言学家张志公先生曾说："阅读教学第一是读，第二是读，第三还是读。"语文姓"语"，阅读姓"读"，正如全国名师支玉恒讲得那样，语文教学把读抓起来了，语文学习的链条就建立起来了，即：读多了—语言积累就多了—对客观事物的认识就提高了—性格就会变得热情活泼—变得自信了—写作能力提高了—文化积淀就厚了—语文素养高了。三节课老师都重视读，默读、自由读、引读、分角色读、带着问题读，读的形式多，读得比较充分，这个方向是正确的。三是打破传统的讲读方式，采用变序阅读的方法。即通过审题激情导入，然后以"大眼睛"为主线，抓住重点段，抓住中心句，抓住中心词"明亮""专注""渴望""忧郁"等层层展开教学，在理解、感悟的基础上适时、适度拓展延伸，联想到千千万万这样渴望读书的大眼睛，联想到希望工程，联想到自己优越的学习条件，进而激发学生对小女孩的理解、敬佩以及关心、爱护之情，并像大眼睛姑娘那样热爱学习、渴望读书，从而达到陶冶、升华情感之效果。实践证明这样的教学是有效的。

二、同中求异，从三节语文课看各自的特色与不足

1. 从学习方式的转变上看，力度最大的是齐老师

课堂上齐老让学生观看山区孩子艰难求学的图片，谈话导入之后便引出课题，然后围绕课题自主质疑，接着便组织学生带着问题按预设好的自学提纲自主探究、合作交流，其间穿插教师的导读、点拨。我们看到的是教师不仅给学生充分地提供了自主学习的空间、时间，而且给学生提供了自主学习的支架——针对性强、有梯次的自学提纲，同时也给学生提供了可供学生

借鉴的具体有效的学习方法指导——读一读、找一找、画一画、想一想、批一批。当然转变学生的学习方式，提高自主、合作、探究性学习实效性，培养学生自主、合作、探究的精神不是一蹴而就的，需要在平时的教学实践中一点一滴积累，需要持之以恒地坚持，没有这一点要想通过一两次公开课就想把它做得妥帖自如那是不可能的。不足：读的指导简单化、标签式，读与悟、读与导、读与思缺乏自然结合。

2. 在鼓励学生个性化阅读，自由表达，自主质疑方面做得比较突出的是杨老师

什么是阅读教学？《语文课程标准》是这样阐述的："阅读教学是学生、教师、文本之间对话的过程。"因此，教学行为应该是师生交流互动、共生共进。同时"阅读是学生个性化行为"。教师不能越俎代庖，要让学生自己去实践、去感受、去思考、去体验。"看图……这是一双怎样的眼睛？""从这双眼睛中你看到了什么？""大眼睛为什么会成为希望工程的形象标志？""学了这一课你最大的感受是什么？""学了这一课，你还有什么疑问吗？提出来我们共同交流。"课堂上这些看似平常的问题在杨老师的组织引导下，孩子们有感而生，无拘无束，畅所欲言，没有千篇一律的、作秀的、标准答案，有的是发自内心的不同的感悟，有的是充满童稚的质疑："老师，大眼睛为什么加引号？""题目可不可以改为'全世界所关注的大眼睛？'"……什么是个性化的阅读？杨老师的课堂给老师们作了比较好的阐释。不足：教师对文本的解读不够到位，教师情、文本情、学生情没有融为一体；学生交流展示收集的背景资料时教师不能给予有效的指导，没有教给学生取舍资料、筛选资料、精简资料、概括资料的方法，主导作用发挥不够。

3. 从扎实而有效、丰实而精彩、语文味、艺术性角度来讲当属陈老师的这节课

首先学生对重点词句段理解、情感的生发不是停留在表面而是在老师的引导下，在入情入境地导读下一步步品味、感悟、体验得来的；是引领学生在听、说、读、写的语言实践中"摸爬滚打"自然而生的，因此，这节课三维目标的达成显得妥帖自如。其次，本节课精彩不断、高潮迭起，源于教师、文本、学生之间的对话达到共生共进；源于文本情、教师情、学生情融为一体，三情共振，尤其教师对文本准确的解读是课精彩的基点；源于预设与生成和谐共生；源于教学策略的选择运用科学有效、学情了解得透、学法指导到位。再次，多媒体手段的运用时机的把握、度的把握等都是恰到好处，对创设情境、感悟文本、升华情感起到了很好的辅助作用。不足：首段和最后一段花费时间过多，教师处理教材有点面面俱到，好像每一段都是重点，这样造成的缺陷是课堂上给学生静思默想、自主探究的时间、空间不够充裕。

三、对同课异构教研活动的几点思考

1. 同课异构需异中求同，在"同"上做好文章

同课异构还需要集体备课吗？我的理解不但需要还应做实。本次我校的同课异构活动，我们发现因教师个体素养的差异，有的教师在准确解读文本、把握教材重难点等方面存在明显不足。针对这些不足除了确定同一学科、同一主题、同一内容之外，还应该在授课者初期独立解读文本的基础上，在背对背独立设计教学方案之前，在教研组内组织扎实的集体备课活动，主要任务是集体研读、解读教材，确定教学目标及重、难点等，研究的方法是：组内骨干带头，专业引领，共同参与、共同合作、共同探究。因为开展同课异构教研活动的目的不是同年级同学科的教师比出高低，分出等级，主要目的是授课者寻找最佳的教学方案和参与听课的老师共同受益，共同提升、共同成长、共同发展。在"同"字上做足文章还应包括统一组织民主的、开放的、扎实的议课、评课活动，鼓励大家共同参与，如果只有备课、听课，没有扎实有效的集体议课、评课，没有共同的反思、总结，同课异构教研活动就会事倍功半甚至完全流产。

2. 同课异构需同中求异，在"异"上做实文章

一是自主解读文本，自主设计教学。鼓励教师在解读教材上深入浅出，在教学方案的设计上要把握教育原则，紧紧围绕新《课标》理念，放开手脚，发挥自己的特长，根据具体的学情大胆创新，坚决摒弃从手头的《优秀教案》和网上《教学设计》《名师课堂实录》中直接"拿来"或照搬；二是课堂实践上勇于探索，要根据自身优势，以学习者为中心，上出风格，上出个性，让新课堂焕发出生命的活力；三是授课教师要全程参与同课异构活动，在集体备课时要有自己的思想；在设计上要有个性；在授课时要有自己的特色；在听课时要相互比较、相互借鉴、取长补短；在说课时要挖掘出所

授课的特色优势，找出自己的不足；在评课时要虚心听取学习别人的优点，认真反思，还要学会从众人的评议中梳理出真真切中要害、有利于自身发展的有用的东西，切忌盲从；在活动结束后要认真总结，找准方向，将课堂改革进行到底。而作为听课者更应该跟随授课的老师主动参与其中，在"同中求异"中反思自我，批判自我，找准自我；在"异中求同"中提升自我，超越自我，重塑自我；在"同课异构"校本教研活动中亲身经历这样一个"化蛹为蝶"的过程。

改造我们的作文教学　让学生无拘无束练笔

王新民

一、当前作文教学存在的问题

现在针对作文教学的说法很多，"理念"很多，有关作文指导的书刊也可以说是多如牛毛，但是，大家恐怕都有一种感觉，作文教学的质量和效果总是不尽人意，作文教学还是存在着许多很棘手的问题，这些问题不解决将直接影响我们小学语文教改的整体推进，直接影响新一轮课程改革的整体推进。那么小学作文教学究竟存在那些突出的问题呢？这些问题产生的原因是什么？我们先来看看现状吧。翻开当今小学生作文，我们会发现这样一种现状：胡编乱造无病呻吟者多，写真情实感的少，这实际上就是现在普遍存在的"矫情""假情"的问题；另外学生写作文空话套话多，内容充实、自由表达者少。孩子们的习作过早地包裹起了真实自由的"本我"和"个性"，失却了这个年龄阶段应有的童真、童心、童趣及奇思、幻想、率真和浪漫。分析其原因无外乎这样几点：从心理层面讲，学生对作文没有兴趣，他觉得是负担，甚至更糟糕的是他讨厌、害怕作文；从生活层面来说，学生生活单调、乏味、枯燥，作文没有内容写，他们的生活就是从家到学校，从学校到家两点一线；从观念的层面讲，教师教学观念陈旧、封闭，理念模糊，不能科学地指导教学；从方法层面讲，作文教学无计划，训练无序，操作随意，作文指导要求过多、过高、过细，限得太死，不能激活学生的思维，打开学生思维的天地。那么，作文的本质究竟是什么？作文教学的关键在何处？如何突破作文教学的瓶颈？下面我想结合新《课标》，结合自己的教学实践谈一些粗浅的认识。

二、解放思想，树立"以生为本"的理念

改造作文教学，我们语文教师必须要转变观念，观念的改变实际决定着方向问题。方向找准了就少走弯路；观念不转变，改多少都是肢解，皮毛。语文教师要不断学习，不断反思，不断发展，要彻底"洗脑"，要跟上时代节奏，要树立大的作文教学观，要认识清楚"小课堂"与"大舞台"（960万平方公里）息息相关。要立足今天，看到明天，想着后天。那么，要树立一个怎样的作文观呢？北京著名的特级教师张光璎结合几十年丰富的教学经验和对作文教学的深切感悟，精辟地指出，广大语文教师要树立"以生为本"的理念。以生为本，"生"既指学生，又指生活。以生为本就是以学生为本，以生活为本。这样我们的作文教学才真正回归到它本质上来。张老师谈的"以生为本"是一种大的作文观，只有建立了大的作文观，你才能解放学生，让学生无拘无束地实践。写过去，写现在，写未来；写虚的，写实的；真、善、美可以写，假、恶、丑也可以写；想写什么就写什么，想怎么写就怎么写，我手我心，完全没有框子的约束，让学生放开胆子写。那么什么是作文？《课标》指出："写作是运用语言文字进行表达和交流的重要方式，是认识世界、认识自我、进行创造性表述的过程。"这句话不仅内涵丰富，而且适应时代和人的自我发展的需要，为作文教学提供了重要的理论依据。第一，作文是表达和交流的需要，表达作者的体验、感受、思想、情绪，并把这些告诉别人，同时也通过作文阅读，了解别人的思想感情。第二，写作文的第一步不是"写"，而是"想"，即认识。认识社会，认识生活，认识自然，认识自我。最要紧的是学生能用自己的眼光去看，亲自体验并不断地学习思考。第三，创造性的表述。创造性的表述就是个性化的表述，就是不拘一格的表述。那么用我们自己的话说，作文就是我想写，写我的心，写我的情，我手写我心。作文应该是用我的自由之笔，写我的自得之见，抒我的自然之情，显我的自在之趣。这就是回真，这就是归本。

三、落实《课标》要求，对照《课标》做到"六要"

1. 小学生作文要真、要实

如果说写生是画画的一项很重要的基本功，那么，"写实"就是作文的基本功。"写实"就是真实地反映现实生活，如实地表现客观事物。我们

要求小学生从开始作文，就要像《课标》上所说的那样，写真人、真事、真景、真物、真情、真思想，说真话、实话、心里话，不说假话、空话、套话。也就是摒弃"矫情""假情"，提倡真情。因为真情表现的不仅是文品，更是人品。我们要允许学生从幼稚慢慢走向成熟，甚至对他们一些出格的言论都应该用一种爱护的、宽容的态度对待，不应该过分苛求，过分理性的脱离他们的年龄、身心、情感发展特征去规范他们。特别是起步阶段的作文，我们不要一下子就要求到位，而要降低难度。大家想想，现在的孩子一个比一个聪明，4、5、6岁还没上学或在家或在幼儿园的时候大多能歌善舞，能说会道，敢想敢说，无拘无束，咱们能不能把学生从幼儿园所习得的一些口头表达技巧，在社会上、家庭里所观察、积累到的一些智慧，通过我们的逐步引导，让它们巧妙地、自然地转化为学生作文的能力。当然，在小学阶段除了练好写实作文的基本功，我们还要指导学生练好想象作文，激发学生展开想象和幻想，鼓励学生写想象中的事物。没有想象能力的人，是不会写出好文章的，想象作文有益于发展学生的形象思维。

2. 要扎扎实实落实作文教学的基本要求

《课标》对作文提出的基本要求是："能具体明确、文从字顺地表述自己意思。能根据日常生活需要，运用常见的表达方式写作。"语文是工具性和人文性并举的，咱们不要说一提改革，就不敢提语言文字教学。文从字顺是作文的基本要求，我们要扎扎实实落实这一要求。前面提到让学生放开胆子写，自主地写，想写什么就写什么，这里的放手并不是放任自流，自主并不是不要老师的指导、引导，自由之笔写作文并不是不提不管语言文字教学。

3. 要把握年级段的要求，文从字顺

第一学段（低年级）应从兴趣入手首先解决"喜欢写"的问题。作文入门这一关要让学生高高兴兴、轻轻松松写作文，为第二学段自由表达奠定基础；第二学段（中年级）要解决"主动写"的问题，要不拘形式、自由地把自己想说的话写出来，注意写自己感兴趣的，感受最深的，把写作文当成一种乐趣去享受；第三学段（高年级）要解决"我能写"的问题，能写写实作文，还要会写想象作文。各年级要立足整体，管好各自的一段，如果哪一段出了问题，就会影响全程。

4. 要培养学生良好的习惯

一个人要成就一番事业，因素很多，但其中有一个重要的因素就是习惯。习惯往往起着至关重要的作用。就说咱们当老师的吧，一个老师一旦养成善于学习，善于反思的习惯，养成善于积累，善于总结的习惯，就一定会成为一名好老师，甚至成为一名名师。现在的学生智力差距并不大，关键的差距在习惯上，谁的习惯好，谁就能先成功。一旦养成良好的习惯，学生就没负担，效率高，干什么都有条不紊。因此，习惯的培养对人有终身的影响。正如俄国的乌申斯基所说："良好的习惯乃是人在其神经系统有效的道德资本，这个资本在不断地增殖，而人在一生中就享受着它的利息。"在平时的作文教学中我们要注重培养学生哪些良好习惯呢？我们要培养学生勤于观察、认真思考、乐于动笔（不拘形式，自由地写）和想清楚再写以及认真修改等良好习惯。

5. 要加强学生的自拟题作文练习

新《课标》提出"要为学生的自主写作提供有利条件和广阔空间，减少对学生写作的束缚，鼓励自由表达和有创意的表达。提倡学生自主拟题，少写命题作文。"叶圣陶老先生说："命题作文是不得已而为之，应该提倡自主拟题作文。"现行的人教版小学语文教材对作文作了较大的改革，加强了自主拟题的练习，在命题作文的训练中特别重视命题与指导的开放性。如第十册积累运用七的作文要求是"这次习作不出题目，请你自由写。写大自然美丽的风光，写千姿百态的事物，写各种各样的人，写自己的快乐与烦恼，写自己的幻想和理想都可以。"这些设计，反映了儿童的生活情趣，与儿童的生活经验相吻合，易调动儿童内心的情感体验。

6. 要以"学以致用"为目的

新《课标》对作文文体，作文中心以及写作知识等问题是怎样要求的呢？《课标》强调作文教学要"淡化文体"，不提有中心，但是不等于不需要。没有规矩不成方圆，《课标》这样提，实际上是强调不要过分追求形式，作文应该是情感推着情节走，没有无中心的文章，只是我们不要为形式所拘泥。《课标》建议：写作知识的教学力求精要有用，无须追求系统化。应抓住取材、构思、起草、加工等环节，让学生在写作实践中学会写作，这就是"学以致用"。现在，老师们用的读写结合，阅读课上渗透写作指导，这实际上就是作文上的迁移。

四、放开手脚，让学生无拘无束练笔

1. 给学生松绑，让学生做出一道道自己喜欢的菜

现在作文教学存在的问题是：许多作文内容、结构有拘有束，限制了学生。有的作文教师要求学生必须写这个，必须写那个，要先写什么，再写什么，后写什么，要详写什么，略写什么，如何开头，如何结尾，如何点题，这些太多的条条框框，限制了学生的思维，影响了他们真情的自然流露，所以许多学生最不爱写老师布置的作文。

例一：有一位老师在中秋节这天布置学生必须写一篇《中秋赏月》的作文。班上一名学生恰巧这一天爷爷病了，他跟父母去看爷爷，结果回家夜深了，没有赏月，孩子哭着一定要写，没办法父母亲便帮儿子在优秀作文上改了一篇作文，终于交了差。例二：一位老师要求学生给自己的亲人写一封信，学生非常想念已经去世的奶奶，便给奶奶写了一封催人泪下的信，但交上去以后却被老师"枪毙"了。原因是什么？亲人指的是活着的亲人，怎么能给已故的亲人写信呢？例三：有的老师一让学生写人的作文就要求学生必须写人的动作、神态、语言等，如《我的战友邱少云》这篇课文并没有写人的表情、动作、语言，但文章照样感人。这篇文章讲的事是特定的时间，特定的环境发生的事。特殊的战斗，特殊的要求，邱少云必须趴在地上纹丝不动，如果咳嗽一声都会被敌人发觉，后果不堪设想。烈火烧身的时候，李元兴副班长离邱少云最近，也不能说，不能动，邱少云也不能喊，不能动，作者更不可能去观察到人物的动作、语言，但作者用"我"的内心活动烘托邱少云被烈火烧身的处境，用"我"的内心来写邱少云的内心，用环境描写来烘托英雄的形象，英雄的内心，文章照样感人。正因为这样，我们必须给学生松绑，让学生想写什么就写什么，想怎么写就怎么写。要树立一个观念，这个观念就是：我们让学生写作文，不为考试，不为获奖，只是希望每个学生像野炊一样，做出一道道自己喜欢的菜。

2. 相信孩子有巨大的潜力，创造条件让孩子展示个性

关于作文个性化是新课标谈得最透，谈得最好的话题。新课标鲜明地提出珍惜学生独特的感悟，重视学生的差异性发展，给学生一个不同的发展空间。教学中我们要充分尊重学生的选择，尊重学生的表达，甚至宽容学生的一些毛病，一些不成熟的缺点，让他们自己去克服。文章要靠学生自己写，

靠学生自己改，我们要尊重他们的表达形式，尊重他们的表达内容，让他们自我成长。实现个性化的关键：首先老师要有个性化的追求，也要有个性化的实践。只有个性化的老师才能指导出个性化的学生。老师们肯定见了不少的《小学生作文选》，但我们很少看到《一年级学生作文选》。我们现在提倡作文要早起步这没错，有一位老师他是这样指导一年级学生写作文的：他要求一年级的小朋友每天把自己高兴的事讲给大家听，每天有一位小朋友上台讲，讲完后，老师用拼音将孩子讲的事全给写出来，并及时贴在墙上让小朋友们看。这位老师为了鼓励孩子们积极参与，多说多练，他有三招：第一招，凡是上台讲了的小朋友都封他们为"故事大王"；第二招，凡是讲了三个故事以上的就是"特级故事大王"；第三招，自己能用拼音写出来的小朋友，老师封他为"小作家"。然后老师将这些用拼音写出的作文装订成册，起个名字——《我们的故事真精彩》。老师在册子的第一页上写了这样一段话："我不知道该叫你们什么，是故事大王，是小作家，但我最喜欢叫你们小苗苗，愿你们像小苗苗一样长成参天大树！"后来这本精彩的作文得了华人作文大奖，两名学生上二年级时就被中国作家少年班吸收了。

我上《火烧云》一课，预习时我布置了这样一道题：喜欢画画的同学请试着给课文配上插图，喜欢写作的同学可以随便写几句赞美火烧云的话。第二天上课交流时，学生写的、画的简直让我太兴奋、太吃惊了！大家听一听，学生独特的感悟是什么？

生1：火烧云，真美丽
　　　变化多，如繁星
　　　天上红，地上金
　　　大人小孩都欢喜

生2：火烧云，真美丽
　　　颜色多，形状异
　　　大人乐，小孩喜
　　　五彩缤纷惹人爱
　　　一会儿黄，一会儿红
　　　一会儿小马，一会儿狮
　　　绚丽多彩让人醉

装扮河山更美丽

生3：天上出现火烧云

千姿百态样样有

有像动物有像峰

人们见了笑盈盈

……

这些顺口溜多有个性，多么富有想象力、创造力！

是的，作文就应该是没有禁区的，让学生毫无顾忌地写，自由地宣泄，把作文当作一种享受，一种乐趣。作文应该早起步，从生活入手，吃喝玩乐、喜怒哀乐都可以写。生活是万花筒，说不完的材料，写不完的情。特别要注意的是孩子们写作文不要把成人的想法，成人的腔调，成人的话写进作文，要相信孩子有巨大的潜力，创造条件让学生展示个性，这样方向就对了。

3. 改进命题作文，范围要宽泛，要求要灵活

范围要宽泛，要让学生人人都有话可说；要求要灵活，题目应让学生一见就很容易打开思路。《春游海藏寺》不一定非得让学生写成游记，写人、记事都可以，记事可以写春游当中最感兴趣的事、最开心的事、烦恼的事都可以。有一位老师上过这样一节作文课，感触很深。上课伊始，教师出示了一个用彩色包装纸包装的小包，很神秘地问道："同学们，你们想知道这是什么吗？"学生们好奇地、迫不及待地想知道究竟，老师在同学们的注视下，轻轻地打开纸包，原来是一支钢笔。教师举起钢笔说道："笔是我们大家最熟悉的了，我们每天用它写字、做题，可以说它和我们形影不离，它太普通了。"学生们直点头。老师把话题一转："我们可以这样设想，这支笔为什么要包装这么好呢？它一定有一段动人的故事或有一个不寻常的经历吧？面对它，你会想到什么呢？"精心的导语，把学生带入了一个无限遐想的空间。经过一段时间的思考，学生想象的闸门打开了：有的说是学生送老师的礼物，有的说是老师上学时的奖品，有的说是同学间友谊的见证，有的说笔有许多的烦恼……学生的思路一打开，就会产生强烈的表达欲望。教师就此提出作文要求。这样的要求符合儿童的年龄特征，没有约束，没有框框，充分彰显了学生的个性。

4. 培养观察兴趣，积累作文素材

学生写作文最困难的是没有材料可写，实际上材料就在身边，但学生往往是视而不见，老师的任务关键在于引导学生怎样留心观察周围的事物。那么怎样培养学生的观察兴趣，提高学生的观察能力呢？

（1）留心观察。

一位一年级的老师在自己的班级设立了一个专栏叫"班级新发现"。

第一步是这样做的。有一天，老师问同学："同学们，你们仔细地看一下，今天的教室里有什么新的变化吗？"（实际上老师事先把花从第一个窗台放到了第二个窗台上），老师先后问了第一个窗台下和第二个窗台下的同学，让他们说说窗台上有什么变化，老师还说明天还要问。这实际上用实物搬迁的办法训练学生有意观察自己身边事物简单的一些变化。

第二步是这样做的。老师问同学："同学们，你们注意了没有，咱们班上某同学最近有什么新变化吗？"（实际指的是这个同学最近经常悄悄做好事擦黑板）这是训练学生要留心观察自己身边熟悉的人的变化。

第三步是这样训练的。老师在班上开设了"好消息"栏目，让同学们把当天看到的、听到的；班上的、学校里的、街上的；国内的、国外的一些好消息用新闻发布会的形式向同学们讲述。你要讲你就得留心搜集新闻线索，搜集新闻线索你平时就得留心观察。这是训练学生要留心观察身边发生的一些事，要关心集体的、国家的大事。

第四步这样训练。老师在班上开设了"才能展示五分钟"栏目，每天让有各种爱好的同学在五分钟内上台展示自己的才能，其他同学观察后写片断。这是训练学生抓住人物的外貌、表情、语言、动作等特点进行观察，如此等等，学生就慢慢地从不会观察到学会观察，由无意观察发展到留心观察周围的事物。

（2）组织观察。比如让学生种花、种蒜、发豆芽菜、养小鸡、养蚕等，每天让学生观察，让学生给它们写日记。低年级学生可降低要求，只要写清楚什么时间，怎么样了就行了；高年级学生不仅要写清楚时间，还要把过程写出来。

（3）养成观察习惯。习惯的养成要日积月累，贵在坚持，作文要养成积累材料的习惯。有一位老师是这样引导学生养成观察习惯的。他让学生把一天当中有意义的事和印象最深的事写下来。有一位学生是这样观察、这样写的：

早上起床［叠被子，中心（感受）是妈妈夸我没有白到军营］；上学路上［书摊上，发现书的封皮上有许多乱七八糟的东西，中心（感受）是书皮也要文明健康］；到学校（印象最深的是地理杨老师的课。杨老师上课有三绝，一是刚说完最后一句话下课铃就响了，二是画地球的东半球、西半球不用圆规，三是老师在黑板上熟练地画地图）；课间十分钟［玩老鹰捉小鸡的游戏，中心（感受）是玩也要动脑筋］；晚上回到家［妈妈切土豆丝，并给他讲切土豆丝的方法，中心（感受）是生活处处有窍门］；睡觉前［躺在床上看书，妈妈讲床上看书不好，中心（感受）是每个人都要有自我保护意识］。

以上这些实例说明作文材料无处不在，无时不有，长期训练，何愁没有材料可写。但是要注意的是刚开始千万不要放任自流。另外，可坚持一个月上一次材料积累课，让学生在课上说说积累的材料当中最得意的是什么？一个月可让学生搞一次材料小整理，一学期搞一次材料大整理，让学生去粗取精，按类（写人、记事、写景、状物）编好，这样时间长了，就可以锻炼学生敏锐的观察力。

（4）欣赏观察内容。欣赏观察内容实际上是讲评课，讲评课是作文的再指导，这个指导比第一次指导效果还要好，好多学生都愿意上讲评课，因为在这样的课上，学生往往可以获得成就感，可以体尝到成功的快乐。学生在讲评课上最喜欢的是有个性的材料，别人不具有的材料，因此老师要选有个性的独有的材料。例如，学生作文《幽默的沈老师》。

幽默的沈老师

沈老师六十多岁了，和走在街上的老爷爷差不多，头发花白，满脸皱纹。同学们都说，因为沈老师课讲得棒，所以学校返聘他回来专门教毕业班。他的确很棒，可我们最喜欢的是沈老师的幽默。不管你犯了什么错，都会享受沈老师幽默的批评。

有一次，发语文试卷，全班同学差不多都领到了，就是没叫到我的同桌李槐。望望讲台，老师正盯着一张试卷皱皱眉，捧起它，看看右上角写名字的地方，轻轻摇摇头，然后大声呼道："李木鬼！"大家愣了，都很纳闷，班里哪有叫李木鬼的。

"李木鬼！"老师又叫了一声，还睁大眼睛巡视着在座的同学，那样子一本正经。

"哪位同学是李木鬼哦？"同学们诧异地你看着我，我看着你，嘀咕起来。我意识到了，胳膊肘碰碰李槐。李槐恍然大悟，不知所措地站起来。大家的眼光一齐集中到了他身上。老师走过来，煞有介事地打量着他，仿佛站在他面前的是个陌生的同学，他郑重地问："哦，你就是李木鬼同学？"

"我，我……"李槐很难为情，自我解嘲地摸摸后脑勺，笑了一下，"我就是李——槐。"

"我找的是李木鬼。"老师指着试卷，有意识地把"木"和"鬼"说得很重。

"老师，是我把'槐'字写分了家，请您原谅。"李槐自责地压低声音解释着。

"哈哈……"全班哄堂大笑。老师把卷子递给他。李槐坐下来，赶紧把"木"和"鬼"擦掉，工工整整地写上一个"槐"字。老师点点头笑了。但很快收敛了笑容严肃地对我们说："有些同学字写得不好，主要问题是不注意间架结构。写字就像盖房，架子搭不规格，不紧凑，哪有不塌房的？"老师还建议我们临摹黄自元的间架结构字帖，说那是传统字的范本。

这就是我们的沈老师，从不对我们横眉立目，总是让你在笑声中认识缺点，接受批评，在笑过之后悟出道理。有的时候，我真想故意犯个错误享受一下沈老师的幽默。沈老师，他是我心目中最喜欢的老师。

这个学生多会观察，多会捕捉！这样有个性的材料，哪个学生不爱听，不喜欢！

5. 练好语言表达的基本功

小学生语言表达的基本功（口头的、书面的）最要紧的是，第一步要做到思路清，即言之有序；第二步要做到内容要具体生动，即言之有物。怎样训练？一是从作文课上去训练，二是从阅读课上去训练。

6. 鼓励学生想象，让学生的创造力得到训练和培养

小学生心理研究标明：善于想象和幻想是小学生最宝贵的思维品质。儿童的心灵世界是一个梦幻的世界，在这个世界里装着许多美好的愿望，我们要激发学生浓厚的想象兴趣，让他们在想象中意识和感觉到自己的智慧力量，体味到自己创造的快乐，从而使他们的创造力得到训练和培养。《课标》中提到小学生要练习写想象作文，孩子要会想象的话，思维就活跃；创造力就强。实际上从低年级起学生就能想象，想上天、想入地、想下海。但是现在的问题是学生常常是敢想而不会想，或者是想也是胡思乱想。例如，一个老师问学生："你将来想干什么？"生："坐宇宙飞船。"师："坐宇宙飞船想干什么？"生："想上太空。"师："上太空去干什么？"生："看宇宙。"师："在宇宙看什么？"生："不知道。"从这一段师生的对话可以看出学生确实是敢想而不会想，所以要想指导学生写好想象作文，首先要帮助学生打好一个基础，怎样帮助学生打好这个基础呢？第一，要帮助学生建立一定的知识积累，扩大学生的知识范围，增加学生的表象储备，这是培养学生想象作文能力的一个重要环节。具体做法是重视阅读教学，扎实学生语言基本功的同时加强课外阅读的指导，特别是要引导学生大量阅读科普读物。拓展学生的知识视野，让学生在语言空间的广泛涉猎中，通过稳定的储藏积累，通过反复的揣摩和感悟，得到丰富语言的滋补从而使事物画面向语言文字顺利转化，为学生写好想象作文奠定基础；第二，要引导、帮助学生获得生活体验，要带领学生到大自然去感悟春夏秋冬的变化，去观察风云雨雪、花草树木、鸟兽虫鱼、日出日落；到工厂、部队、农村、社区、公园去参观，去调查，去体会。第三，还得想得像。就是要指导学生想象时要形象地勾画出活生生的画面。避免胡思乱想。第四，要多开展一些创造性的活动，如世界作文大赛，老师让各国小朋友听录音写作文。录音是：唱歌声—鸟叫声—汽车声—刹车声—水桶掉到井里的声音—老黄牛的叫声。第五，老师要善于发现学生思维的闪光点。例如，师："将来你要发明什么？"生："发明一种透视眼镜。"师："为什么想到这个？"生："一次商场购物，发现有人丢了钱包，但却不能搜，所以想发明一种透视眼镜。"还有一个学生说："我想策划一种跑道，只要人从跑道上跑过，是否用了兴奋剂，马上就会发现。"第六，想象要从现实生活出发，老师要引导学生在想象的过程中要善于勾画出一种新的形象，但要求文章要合情合理，例如，学生作文《夹心饼干》。

夹心饼干

一日，我购得一筒夹心饼干，草莓味的，便像猫一样的蜷缩在阳台上，一边晒太阳，一边吃饼干。

我喜欢在没事做时找事做，于是盯着饼干看，想像牛顿一样从好吃的东西中发现伟大的真理。无奈竟没发现，看来人并不是全是幸运的。

于是竟想起一句古训："夫妻本是同林鸟，大难临头各自飞。"但古人却漏了一个——孩子。当一对"同林鸟"各飞东西，那孩子呢，如何是好？再看着夹心饼干，极像一个家庭，左边的饼干是父亲，右边饼干是母亲，中间的草莓便是孩子了，他被两片饼干夹着，很温暖、很甜蜜，然而，当遇到一个嘴巴很挑剔、不爱吃馅儿的姑娘时，两片饼干被吃掉了，草莓馅儿呢？当然是被丢弃了，于是成了"孤儿"。当然对我来说这是绝不可能发生的，因为我极馋，不论什么口味，草莓、柠檬、绿茶、巧克力……我都喜欢。所以从某种意义上来说，我还是一个促成家庭美满的人呢！啊哈！我很得意，也很满足，不知这是否有点阿Q思想？——抱歉，跑题了。有些父母看重的不是孩子，而是钱，吵架时，扔出一句："要不是为了孩子，我早跟你离了！"其实自己心知肚明，该把孩子改成钱，可孩子都不了解这更改，还感动得一塌糊涂。

最后，我"咔嚓"一声结束了夹心饼干家庭，也结束了这篇文章。

这篇作文就是通过想象勾画出新形象，把夹心饼干想象成一个家庭，左边的饼干是父亲，右边的饼干是母亲，中间的夹心草莓是孩子，孩子被两篇饼干夹着，很温暖，很甜蜜——想得多么形象，多么合情合理！

7. 读写结合，学习表达方法

文无定法，有规可循。任何文章都是有章有法的，必须教方法，但最好不要在作文指导课上讲，而要在阅读课上指导。写人、写事、写景、状物，任何一种文章都是有规律的。作为语文课，既要积累语言，又要学习写法。例如，《一夜的工作》一课中我是这样运用读写结合方法的，我在学生整体感知课文，有感情朗读，体会句子思想感情的基础上，设计了这样的自学提纲：课文中哪些句子写出了总理生活的俭朴，这些句子中哪些词用得好，能突出这一点？请以"总理啊，您的生活是多么俭朴！"为总述句用上画下的词语写一段话。有的学生是这样写的："总理啊，您的生活是多么简朴！您身为一国的总理，我原以为您的办公室一定装饰得很精美，布置得非常豪华，可今天读了课文我才知道，您的办公室陈设是多么简单，除了一张不大的写字台，两把小转椅，一盏普普通通的台灯，别的什么也没有。"有的学生是这样写道："总理啊，您工作了一个通宵，可您的夜宵、早餐却如此简单，一杯绿茶，一小碟增加了分量却仍然可以数得清颗数的花生米，这能叫夜宵，能叫早餐吗？这只能用来充饥呀！总理啊，您为了国家为了人民忘我地工作，可您不能不顾惜自己的身体呀！"这就是学生真情的表白。如果学生不理解课文，不被作者朴实无华的语言所打动，如果学生情、教师情和教材情不能融为一体，学生是不会写出这样的文字的。像这些读写结合的课例，相信每个老师都能举出许多。

8. 在孩子的大脑里装进"激动"的词汇

教师通过大量阅读，积累语言材料，提高学生的写作能力，这是大家早已形成的共识，但是如果只是一味地强调积累，而不是把积累的语言材料变成思考的工具和手段，积累就会失去它应有的作用。现在很多学生在老师的建议下建立了自己的读书笔记，记录自己在读书时的感受和见过的妙词佳句，由老师不定期地进行检查。但只要你稍留心一下就会发现这样一种情况：有些学生的笔记本，尽管有着精美的封面，雅致的页笺，里面写满了优美的句子，还有大量的归类成语，真可以说是妙词佳句大荟萃。但如果你打开他们的作文本仔细阅读，发现他们笔记本上记下的那些妙词佳句很少出现在他们的作文中，有些句子连通顺也算不上。什么原因呢？

我们先来看这样一个著名的案例（感悟秋天）：在一个阳光和煦的初秋的日子，柔和的阳光温暖着大地，树木穿着各种色彩鲜艳的盛装。一个外表儒雅而亲切的中年男教师领着一群活泼可爱的孩子在树林中散步。孩子们在听老师讲述金色的秋天，讲述自然界的一切生物都在准备过漫长而寒冷的冬季，然后教师建议孩子们谈谈自己的见闻和感受。孩子们有的说："一群白天鹅渐渐在蔚蓝色的天空里消失了"；有的说："啄木鸟敲击着树皮，整棵树都发出响声"；有的说："路边开着一棵孤零零的野菊花"；有的说："鹳鸟站在巢边上，向很远很远的地方眺望，它在想什么呢？"还有的说："一只蝴蝶落在菊花上，它在晒太阳"。孩子们叽叽喳喳地说着，体验着一种无法比拟的思考的乐趣和认识的享受。男教师注意地听着，微微地点头，深邃的眼睛里露出一丝微笑。

这个人就是苏霍姆林斯基，一个伟大的教育家。在这个"感悟秋天"的案例中，学生们关于秋天的谈论可谓异彩纷呈。苏霍姆林斯基没有在孩子的大脑里装进死板的词汇，而是让孩子们漫步于树林中，用心观察秋天里的树木、落在地上的种子、留下来过冬的鸟类、昆虫等。当深信孩子们已经体会到词、词组的意思和丰富的感情色彩时，就建议他们谈谈自己的见闻和感受。于是孩子们用充满童真的语言表达自己的所见、所思、所想。这里思想在活动，在丰富，儿童正在养成思考能力。苏霍姆林斯基认为，如果词汇不是作为创作的手段而活跃在儿童的心灵里，如果儿童只是背诵、接受别人的思想，而不去创造自己的思想，不用词汇把这些思想表达出来，那么他就会变得对词汇缺乏领会力。是的，"学而不思则罔"。词汇仅是思维的载体。仅有优美的句子，而没有思维、感悟，学生积累的词汇虽然数量可观，但他们是一只只被困在笼子里的鸟，没有自由，渐渐失去了飞翔的力量；他们是一支支干枯了的花朵，没有颜色，没有芳香。

因此，我们的小学语文教育乃至整个教育不仅仅是在孩子的大脑里装进优美的词汇，还要让这些词汇在孩子的头脑中"激动"起来。老师要敲开学生的心灵之门，带领学生亲近自然，拥抱生活，用心去感悟，用脑去思考，静心体验，才能不使它变成困在笼中的鸟，不使它变成一枝枝干枯的花朵。

9. 加强练笔，在实践中提高写作能力

第一，作文是实践性很强的课，常言说：作文是写出来的，好作文是改出来的。作文教学就是要强调实践活动，要创造条件，锻炼学生的实践能力，要引导学生多读，多写，多修改，只有在实践中才能提高写作能力。多读，现在学生的阅读量太少，仅仅靠课本上的几篇课文远远不够。关于阅读量的问题《课标》是这样规定的：第一学段，背诵优秀诗文50篇（段），课外阅读总量不少于5万字；第二学段，背诵优秀诗文50篇（段），课外阅读总量不少于40万字；第三学段，背诵优秀诗文60篇（段），课外阅读总量不少于100万字，总计小学阶段背诵诗文160篇，课外阅读145万字。多写，除了每个单元要求练习的作文外，还可以让学生坚持写"随笔"、观察日记、循环日记等。体裁不要限制，形式不要拘泥，诗、散文、小说、童话等都可以，让学生想怎么写就怎么写，随心所欲。多修改，就是要重视引导学生在自我修改和相互修改的过程中提高写作能力。第二，要重视语言文字基本功训练，要落实文从字顺的基本要求，说一千道一万，作文还得落在一字一词一标点上，落在语言文字基本功上。

总而言之，作文要从生活中来，再到生活中去。作文教学要少一些理性，多一些情趣；少一些框框，多一些自由；少一些共性，多一些个性。只要这样，才能落实《课标》要求，也只要这样，我们的作文教学才能走上健康、高效的快车道。

尽管作文教学是难点，是重点，尽管新一轮课程改革的路很长很长，但我们始终应该坚定一个信念，每个教师都要像著名特级教师李镇西所说的那样："做真实的教师，经营真实的课堂，培养真实的学生。"近代学者王国维认为古今之成大事业、大学问者，必经三种境界，并以三句话概括："昨夜西风凋敝树，独上高楼，望尽天涯路。"此为第一境界；"衣带渐宽终不悔，为伊消得人憔悴。"此为第二境界；"众里寻她千百度，蓦然回首，那人却在灯火阑珊处。"此为最高境界。我认为这不仅是作诗的境界，做学问的境界，也是我们做教师的境界。愿我们在座的各位都能在"独上高楼"中矢志不移，在"衣带渐宽"中孜孜以求，在"蓦然回首"中品味喜悦！

在讽诵和吟唱中感悟积累

王毓新

文字传神，大半要靠声音节奏。声音节奏是情感风趣最直接的表现。对于文学作品无论是阅读或是翻译，如果没有抓住它的声音节奏，就不免把它的精华完全失去。

——朱光潜《谈文学》

表现心灵世界和情感世界，语言并不是唯一清晰的、有效的工具。"每一件文学作品首先是一个声音系列，从这个声音的系列再生出意义。"黑格尔就指出："诗的音律也是一种音乐，它用一种比较不太显著的方式去使思想的时而朦胧时而明确的发展方向和性质在声音中获得反应。"

讲究声音是行文的最重要的功夫。高明的作者，正是出于对文学传达中语音组合独具的审美特性的认识，特别强调写作要讲究"声文之美"，要通过语音组合营造文章的气势，也就是"因声求气"。如桐城派散文家刘大櫆就自我揭示道："音节为神气之迹……积字成句，积句成章，积章成篇，合而读之，音节见矣，歌而咏之，神气出矣。"

正因如此，新课程实施以来，语文教学特别强调通过"多读"感悟语言材料，积累言语范式。"多读"的方式很多，可以是次数多，更应该是方式多，如朗读、默读、个别读、集体读等；即使朗读，也可以方式多样，这里向大家介绍两种不大常用的方式："讽诵"和"吟唱"。

接受者通过自己的或听别人的讽诵吟唱，能否实现对文本深层意蕴的理解和把握呢？北京大学的龙协涛先生总结我国古代文学阅读的经验，他指出：进入作品意蕴的方式主要有两种，一是"涵咏"，这种无声的接受方式注重悉心揣摩与反复咀嚼；二是"熟读"与"讽咏"，这两种有声的读解方法通过反复的吟咏讽诵，凭借语言的节奏、声调与韵律，领略作品，悟入作品。美学大师朱光潜先生进一步指出：声音节奏在科学文里可不深究，在文学文里却是一个最主要的成分，因为文学须表现情趣，而情趣大半要靠声音节奏来表现，犹如在说话时，情感表现于文字意义的少，表现于语言腔调的多，是一个道理。有些文学作品，尤其是诗词歌赋，根本不可翻译，可是通过讽诵吟唱，却很容易使欣赏者感悟和理解。从前人研究古文，特别着重朗诵，用意就在从字句中揣摩声音节奏，从声音节奏中抓住作者的"情趣""气势"或"神韵"。清朝桐城派作家姚鼐甚至说："文章之精妙不出字句声色之间，舍此便无可窥寻。""大抵学古文者必要放声疾读，又缓读，只久之自悟。若但能默看，即终身作外行也。"

通过语言的节奏、声调与韵律，的确可以领略文学作品的意蕴和旨趣，领会作品的妙处与味道。所以，语文学习自古至今都在强调"讽诵"。华中师范大学的王先霈教授在其所著《文学欣赏导引》一书中又发掘了"吟唱"方式。他认为，听通俗歌曲能让我们透过歌者对文本的吟咏，发现特定文化境遇中的某种诉求、某种情绪和特殊体验。因为，通俗歌曲充分发挥出感性音符在转瞬间抓住人感官注意力的优势，同时巧妙地借用经典的文学体裁，调动听者自觉唤起内在的对文学意向的旧有体验及思考积淀，积极实现文学文本抽象之思与音乐文本感性之声的互涉，在主观上增延了审美心理的持续时间，从而让听者遭遇激情，胸臆难平。这不正是将诗词歌赋诉诸吟唱，借助声音节奏体味其内涵意蕴吗！"长亭外，古道边，芳草碧连天……"电影《城南旧事》中的这首曲子多少年来依旧萦绕在我们的耳际。哼唱它，不仅让大家积累了语汇，还让我们领会了依依惜别之情。"相见时难别亦难，东风无力百花残"，现在聆听歌唱家演唱李商隐的《无题》，也不禁使人产生缠绵与惆怅之情。

"诗言志，歌咏言，声依咏，律和声。"文艺作品通过声音渲染气氛，表达感情，吸引欣赏者。欣赏者也要善于利用声音感悟作品，传达自己对作品的感情。费尔巴哈在谈到欣赏音乐时说过："当音调抓住了你的时候，是什么东西抓住了你呢？你在音调里听到了什么呢？难道听到的不是你自己心的声音吗？"反过来，当我们用抑扬顿挫的语调诵读文本，用扣人心弦的音乐吟唱文本时，我们不正是在流露自己心底的声音吗！鲁迅先生在《从百草园到三味书屋》一文中就为我们生动细致地记录了陶醉在讽诵中的情境。

后来，我们（学生）的声音便低下去，静下去了，只有他（老师）还大声朗读着："铁如意，指挥倜傥，一坐皆惊呢～～；金叵罗，颠倒淋漓噫，千杯未醉嗬……"

我疑心这是极好的文章，因为读到这里，他总是微笑起来，而且将头仰起，摇着，向后拗过去，拗过去。

依循创作规律，接受者通过声音，逆溯作品，自然能够获取文本意趣，把握文本旨归。我国古人早就通过语音理解语义，所谓"因声求意"，"鳌、獒、骜"等字便是例证。即使自己作文，也要常拿来读读，看声音是否响亮，节奏是否流畅。还通过"嗟叹""咏歌""手之舞足之蹈"等手段，体味语言的情意。《毛诗序》已经为我们生动地描述了这种理解与欣赏文本的情形："情动于中而形于言，言之不足故嗟叹之，嗟叹之不足故咏歌之，咏歌之不足，不知手之舞之，足之蹈之也。"

语言和音乐的水乳交融，可以引发日常经验与文学经验的相互渗透，由语言和音乐、日常经验与文学经验构成一张奇幻的"情网"，就能俘获听众脆弱敏感的心。文学欣赏的理论与实践证明，讽诵和吟唱，作为两种有声的文学读解形式和方法，与无声的"涵咏"等相互补充，才不失为积累、理解和欣赏诗歌、散文，尤其是写景、状物和抒情等文学作品的理想途径，教学中应该得到重视。小学英语教学，常常运用多元智能理论和脑科学成果，整合音乐、美术等多种课程资源，在熟读短文的基础上，让学生欢快地吟唱，儿童兴趣大增，情绪高涨，轻松牢靠地积累了单词和语句。名家名师的小学语文教学，也不时地运用讽诵和吟唱等方式，让学生增长言语智慧，迸涌人文情怀。清华附小的窦桂梅老师，执教宋朝叶绍翁的《游园不值》，起始用夸张的讽诵，终了用熟悉的曲调《让我们荡起双桨》吟唱，有效地帮助学生深刻地体悟了诗中的哲理。教学实例还有不少，耳熟能详的如《长征》，再如用《听妈妈讲那过去的事情》吟唱朱熹的诗歌《四时读书乐》，用《祝你生日快乐》吟唱苏教版教材中的词串《大象狮子老虎，仙鹤孔雀鹦鹉》等。

《安徒生童话》班级读书会教学设计

黄小红

【设计理念】

（1）《语文课程标准》指出：学生要学好语文就要广泛读书，只读几本薄薄的语文教科书是远远不够的，要通过大量的课外阅读开阔他们的视野，活跃他们的思维，陶冶他们的情操。

（2）阅读是读者个性化和社会化行为统一的过程。教师要善于引导学生从书面语言中获取信息，引导学生与文本对话，使学生创造性地感受、理解、评价、鉴赏文本。

（3）"独学而无友，孤陋而寡闻。"发挥学生群体优势，让他们互相影响，共同提高。

【活动目标】

（1）阅读《安徒生童话》，交流阅读感受。

（2）采用"班级读书会"的形式，促使个性化阅读与合作性阅读的融合。

（3）学习阅读方法，养成阅读习惯。

【教学对象】

小学三年级学生。

【教学准备】

多媒体课件制作。

【教学过程】

一、"猜猜我是谁"

同学们，今天老师给大家带来几位朋友，想见见他们吗？（多媒体出示几个童话故事中的人物。）谁认识他们，给我们介绍介绍吧？最好能说说他们来自于哪个故事？你对他的印象又是怎样的？

同学们，发现了吗？我们的这些朋友都是来自于童话故事里呢！今天这节课，老师就是要带着大家继续走进好玩的《安徒生童话》里，去认识了解更多的童话朋友！（板书：《安徒生童话》班级读书会）

【设计意图】

认识回忆经典的童话人物，一是让学生尽快进入情境中来，二是可以自然地转入本次读书会的主题。

二、"花蜜共享"

（1）同学们，到现在为止，我们阅读了很多的书籍，谁愿意来介绍自己平时是怎么开始阅读一本书籍的呢？

（2）学生交流，教师评价。

（3）总结：拿起书，阅读扉页上的书名、作者。书籍前言可以帮助我们整体了解这本书的主要内容，而浏览目录上的小标题也可以让我们对这本书的框架结构有更明确的把握。编后记的阅读也都能帮助我们轻松阅读这本书。因此，咱们在拿到书的时候，不要着急翻看内容，先了解这些，对我们的阅读也是有好处的。现在，就请同学们运用刚才老师讲到的方法，来整体阅读这本书。

（4）全班交流：经过刚才的阅读，你收获到了什么？

【设计意图】

对于三年级的学生来说，此阶段的阅读不能只是浮于阅读本身，让学生在阅读中养成能力，逐渐让他们可以独立、有效的阅读。阅读方法，可以在他们的日常阅读中不经意地讲解，结合训练，让他们自然轻松地学习并且养成习惯。授之以鱼，不如授之以渔。

（5）有很多同学以前或者听过或者读过这本书，现在就请同学们说说，你最熟悉或者最感兴趣的是哪一个故事？

【设计意图】

运用这个环节，了解学生对于这本书的熟悉度，考虑接下去的环节怎样结合学情有效进行，即：知道的不说，不知道的才说。

（6）《安徒生童话》是由丹麦著名的童话作家安徒生所写。他的作品超越了时间和空间的限制，受到全球一代又一代读者的挚爱。一百多年过去了，安徒生童话仍在世界各国流行，儿童爱看，成年人也爱看。安徒生一生为孩子们撰写了168篇童话，他立志要通过这些故事教育孩子们，使他们热爱生活，喜欢读书，追求真、善、美，成为诚实向上的人。

今天这节课，咱们主要来读读其中的三则故事。

三、"童话故事连连看"

（多媒体出示需要阅读的三则故事名称:《小锡兵》《白雪皇后》《野天鹅》）

1. 阅读第一则故事：《小锡兵》

（1）安安静静读故事。

（2）在这个故事中，小锡兵都遇到哪些困难？（分别出示）

（3）你最喜欢小锡兵的什么？为什么？

（4）总结。

2. 阅读第二则故事：《白雪皇后》

（1）小组组员分角色共读故事。

（2）小组合作：哪个小组能够合作合作，给我们讲讲这个故事?

（3）交流：故事中，哪些地方给你留下了深刻的印象？为什么？

（4）现在你想对格尔达说什么？

（5）总结。

3. 阅读第三则故事：《野天鹅》

（1）教师引导阅读故事：仙女让伊莉莎怎样做，才能让自己的哥哥恢复人形? 结果怎样？（一次角色阅读人物对话）

（2）这个故事告诉了我们什么道理？

（3）总结。

4. 联系

从这三则故事中，你分别明白了什么？在生活中，我们应该怎样做？

【设计意图】

三则故事，先是分别读，然后整体联系，问题设计由浅入深，由具体到抽象，由书本到实际，争取做到逐层深入。搭起学生对整本书的印象。

5. 阅读链接

同学们，这是《安徒生童话》里比较有代表性的三则故事。读完了故事，我们不仅认识了更多的童话人物，了解了他们的性格特点，还记住了有趣的故事内容，得到了有益的道理启示。在《安徒生童话》这本书中，还有许许多多的故事都能给我们带来这些收获，比如善良的《海的女儿》《拇指姑娘》《小意达的花儿》勇敢的《笨汉汉斯》神奇的《打火匣》等等。（多媒体依次出示图片）如果你用心阅读，一定可以收获到更多的快乐和道理！

四、"推而广之"

一路书香，伴我成长。今天，我们阅读了《安徒生童话》里的三则故事，希望课下，同学们可以继续阅读精心搜集的其他童话故事。有时间的时候，大家可以继续交流你的阅读感受，也可以将这些故事讲给自己的爸爸妈妈或者小伙伴听听。

【设计意图】

阅读从课内向课外延伸，给小学生创造一个广阔的语文学习空间，正确指导小学生进行大量的课外阅读，才能使学生的语文水平提高到另一个层面上来。

《猫》微课教学设计

甘肃省武威师范学校附属小学　陈森桃

【教材分析】

《猫》这篇课文是老舍先生写的一篇散文，作者通过平时自己的细致观察，采用直抒胸臆或间接体现的手法，抓住猫长大后的古怪性格和小时候的淘气，处处流露出对猫的喜爱之情。

【教学目标】

（1）学习生字，理解"古怪""屏息凝视"的意思，用"既……又……"练习说话。

（2）有感情的朗读第一自然段，了解猫的性格古怪，体会作者对猫的喜爱之情。

（3）学会围绕一个意思，举两三个事例，把一段话写具体。

【教学重难点】

抓住重点语句，了解猫的性格古怪，体会作者对猫的喜爱，初步领悟作者明贬实褒的表达方法。

【教学准备】

多媒体课件

【教学过程】

一、导入

（1）同学们，大家喜欢小动物吗？喜欢什么小动物？（生交流）

（2）老师也很喜欢小动物，尤其对猫情有独钟。今天，老师还给同学们带来了一些猫的图片，想看吗？（放猫图幻灯）

（3）老师发现你们被这么美的图片吸引了，能给大家说说你看后的感受

吗？（生自由交流）

（4）大作家老舍爷爷跟小朋友一样，也非常喜欢猫，他笔下的猫顽皮、可爱，憨态可掬。今天，让我们一起走近老舍，去领略老舍笔下猫的千姿百态。（板书"猫"）

（5）简介作者：老舍

二、初读课文，整体感知

（1）老舍先生是如何为我们描写这个可爱的小生灵，请同学们自由朗读课文，争取把课文读通顺，读流利，遇到不认识的字词可以查查字典，问问同桌。

（2）检查生字

这些生字词语是需要我们认清和写会的，大家自由读一读，看这些字哪些是容易读错或写错的呢？

乖巧	淘气	生气勃勃			
性格	任凭	贪玩	尽职	抓痒	稿纸
踩印	小梅花	毒蛇	跌倒	撞疼	开辟

（强调"尽""踩"）

① 下面老师请一组的同学开火车读一读。

② 同学们认清了字词，请浏览一遍课文，看看课文大致讲了什么内容，来完成下面的小练习。

幻灯出示：课文共有（　　）个自然段，其中（　　）至（　　）自然段写了大花猫的性格（　　），第（　　）自然段写满月的小猫更（　　），已经学会了（　　）。

① 老师先读一遍小练习。

② 填完后指名读。

三、四步读书，入情悟理

1. 一读段落，勾画重点

师：老舍先生是怎样把猫的古怪性格，顽皮可爱呈现在我们面前的呢？请同学们默读第一自然段，完成自学提示。

2. 幻灯出示

认真默读第一自然段，完成自学提示：

（1）用"——"画出这一段的中心句。

（2）用"～～"画出表现猫性格古怪的三个重点句。

（走到学生当中去，指导学生自学）

3. 汇报。

（1）谁来汇报第一个问题。

学生汇报：猫的性格实在有些古怪。（板书"古怪"并理解意思，指猫的性格特别，让人难以捉摸）

（2）比较下面三个句子有什么不同：

> 猫的性格古怪。
> 猫的性格有些古怪。
> 猫的性格实在有些古怪。

① 自由地读一读，比较这三个句子有什么不同？

② 你觉得这三个句子哪个写得最好，好在哪里？

（从"实在""有些"中体会出猫实实在在很古怪，非常古怪）

③ 你能读一读吗？谁能读的更好呢？

（3）师小结：学到这儿，我们不能不佩服大作家遣词造句的慎重与准确，我们在写作文的时候也要做到用词准确。

四、读词句，感受奇怪

（1）现在我们来汇报一下第二小题，谁能说说描写猫性格古怪的三个重点句。

句一：说它老实吧，它有时候的确很乖。（板书"老实"）

课文中是怎样具体写它老实的？

（它会找个暖和的地方……什么事也不过问）

句二：说它贪玩吧，的确是呀，要不怎么会一天一夜不回家呢？（板书"贪玩"）

这只猫不仅老实还很贪玩，它贪玩到什么程度？

（可是，它决定要出去玩玩……它也不肯回来）

句三：可是，它听到老鼠的一点响动，又是多么尽职。（板书"尽职"）

它不仅贪玩，还尽职，它又是如何尽职的呢？

（可是，它听到老鼠的一点响动……，非把老鼠等出来不可）

（2）你从哪个词中感受到猫的尽职？

（屏息凝视：屏：忍住，抑制住。凝视：全神贯注地盯视着。全神贯注地看，连呼吸都不敢呼吸一下。）

（找一生表演，全班表演）

（3）从哪个词中体会到了猫的尽职？（非……不可）

（4）全班齐读，读出猫的尽职。

（5）你看看，这只猫又老实，又贪玩，又尽职，真是太古怪了。看着板书，用"既……又……"练习说话。（随机板书"既……又……"）

五、三读赏析，感受其美

师：其实猫就是猫，白天睡大觉，晚上捉老鼠，没事东跑西跑，根本谈不上什么古怪呀、老实呀、贪玩呀、尽职呀。但是作者为什么这么写？作者想通过"古怪"向我们透露一种什么样的感情呢？请听课文范读，走进作者内心。

（1）播放录音，学生边听边感受。

（2）学生汇报（作者爱猫，觉得猫就像顽皮可爱的小孩似的，运用拟人的手法，把作者对猫的爱表达了出来）

（3）你是从哪些句子和词语中感受到作者对猫的喜爱之情的，请你有感情地读出来，其他同学认真听，听他读得好不好！

（教师点评，学生点评）

六、四读全段，升华情感

老舍爷爷看似写猫的"怪"，实则字里行间渗透着猫的可爱和对猫的喜爱之情，同学们真了不起，能将作者隐藏到文字中间的爱挖掘出来，最后，让我们带着对猫的喜爱之情再次有感情地朗读。

（全班齐读）

七、总结

作者之所以能将大家司空见惯的猫写的如此生动逼真，除了作者打心底里对它的喜爱，更离不开自己长期细致入微地观察，希望大家今后也能像大作家一样留心生活，观察生活。

老舍笔下的猫还有哪些古怪之处，满月的小猫又是怎样淘气，下节课再学。

八、作业

（1）把生字写一写。

（2）把课文多读几遍，试着背诵第一自然段。

九、板书设计

猫

既	老实	又	贪玩
古怪			喜爱
既	贪玩	又	尽职

【课后反思】

《猫》是老舍先生写的一篇状物抒情散文。文章结构严谨，语言风趣亲切，表现了猫的性情，字里行间流露出作家对猫的喜爱之情。

我教学的是本课的第一课时，一开始由大家喜欢的小动物以及优美的猫图引入课题，紧接着作者简介，这一环节的教学老师不够自然。

接着让学生初读课文，整体感知全文，主要是检查生字和完成根据填空"说说课文的主要内容"的小练习两个环节，旨在为学生后面的阅读扫清字词障碍，同时渗透了用"串联法"归纳主要内容的方法，旨在提高学生的概括能力。这一环节的教学中老师没有给足学生读书的时间，随意打断了学生的阅读，在今后的教学中需注意。

在教学第一自然段时，我重点贯穿了"四步读书，入情悟理"法，让学生通过默读，自由读、个别读、全班读以及录音范读，引导学生紧紧抓住课文中的重点词句，通过层层深入地读，使学生懂得古怪的背后流露出老舍先生对猫的喜爱之情。一开始让学生默读第一自然段，勾画出本段的中心句和表现猫性格古怪的三个重点句，并紧紧抓住"猫的性格实在有些古怪"这句话，充分理解"古怪"的意思。接着让学生读重点句，找出表现猫性格古怪的三个重点词语——老实、贪玩、尽职。结合描写老实、贪玩、尽职的句子，抓住"乖"以及"任凭谁怎么呼唤"等词句，再次具体感受猫性格的古怪。然后让学生听录音范读，走进作者内心，使学生进一步体会作者把猫当成顽皮可爱的小孩，当成朋友，运用拟人的手法，写出了对猫的喜爱和猫的可爱，让学生把最能体现作者对猫的喜爱之情的句子有感情地读出来。最后学生齐读全段，使这种感情达到了升华，使学生明白老舍爷爷看似写怪，实则字里行间渗透着猫的可爱和对猫的喜爱之情。这样就真正做到了在读中讲，在读中理解，在读中达到感情的升华。

总的来说，上完这堂课我对自己有些失望，觉得自己还要学的非常多。比如，课堂中多次出现卡壳的现象，说明对教案没有完全吃透；平时没有严格要求自己，使教学中的一些习惯性语言左右了自己，出现了评价语言不丰富，表情呆板，导语欠缺自然的衔接，指导朗读层次不清晰，而且也缺乏了一份沉稳。

这次我虽然很累，很辛苦，压力很大，但是熬过来了，就像进入一种新的境界一样，对教学设计思路方面，处理教材内容方面，把握教学的难易程度方面，及因材施教方面，都会有很大的启示。回顾这次参赛经历，让我深刻地感受"公开课炼人"，一个教师的成长，离不开公开课这个舞台。

第二辑

▼

试手作羹——研修与随笔

追随智慧　追寻卓越

——甘肃省"陇原名师"教师工作坊研修项目 考察团赴上海研修随笔

王新民

初夏时节，带着几分期盼，几分向往，几分欢愉与激动，与"陇原名师"双向工作室的各位导师一行25人，飞抵久违的上海，走进普陀区教师进修学院，开始了我们的研修与考察活动。一路走来，虽然只有短短的5天，但我们快乐并收获着。

一、上海视野与上海情怀

考察第一天上午，聆听了金山区教育局原局长、上海市教委人事处双名工作室特聘专家徐虹和普陀区教育学院培训中心刘琼敏主任就上海市及普陀区名师工作室基本情况基本经验的介绍。耳边回响的是悦耳的上海普通话，眼前是几位谈吐自如、气质不凡的上海教育的逐梦人，滴滴感慨汇集心头：无论是名师工作室主持人领衔机制的科学运行模式，还是名师工程基地主持人的严格遴选程序；无论是工作室培养未来基础教育教育家的宏伟目标，还是它坚持以团队实训为主线培养方式，以学习力、研究力和反思力为支撑点的课程设置，我们深深感觉到，上海名师工作室真正体现了"广视野、全开放、宽领域、高起点、高质量、高能量、高综合、重实训、重个性、重争鸣、重思辨"的特点。而之所以把名师工作室做得如此有品位、有生命力，靠什么？靠的就是自上至下一批追随智慧、追求卓越，有教育理想、有教育情怀、有教育思想的教育追梦人。上海作为国际大都市，不仅引领着中国的经济发展、社会文明、文化繁荣与改革开放，同样引领着中国教育。上海人依靠特有的儒雅、谦和、严谨、执着、重规矩、求完美等特质，把教育也做得像"上海制造"那样精致、有品位、有灵气，不但让中国人佩服，也让世界叹服。

二、在实战中碰撞，在实训中成长

5月25日下午，在普陀区教育学院新技术实验室，我们亲历了一次信息技术领衔导师，上海市特级教师陈大波带领学员进行的"课例引领下的教师专业成长之析课"的实训过程。活动流程：陈大波简介工作室前期研修情况——观看课例视频——学员现场析课——陈大波对学员析课做点评——共同创建一个教学设计模块——小结——互动交流。且不说这一实训过程给各位陇原名师带来的全新的享受，单是倾听陈大波对工作室介绍，内心深处便涌出无限的感慨。从导师与学员耗时一年半，凝聚心血出版的53万字的儿童计算机编程语言专著，到陈老师带领学员在"创课集中营"无数次"听课、评课、开课、磨课、析课"的实战实训中摸爬滚打的场景；从工作室学员在导师引领下用汗水与智慧赢得的一节节获奖公开课，到学员们迅速成长为中学高级教师、区骨干、市骨干的闪光历程；从"做事不要怕做大，关键看你有没有决心""规矩不仅可以做方圆，还可以做三角形、五角星"的陈大波经典名言，到陈老师年过花甲、霜染青丝，虽身患癌症5年，依然乐观、执着、忘我地坚守，"衣带渐宽终不悔，为伊消得人憔悴"的境界，其奋斗的足迹、感人的事迹，追求卓越的精神及其辉煌的业绩让我等汗颜，令吾辈感动！

观看了陈老师弟子宜川中学稽佳敏执教的《图像的编码和存储》的教学视频后，陈老师要求学员代表每人作不少于20分钟的现场析课，学员事先没做准备，没看视频，仅仅思考3分钟后就开始发言，清晰的思路、流畅的语言、个性化的分析让我们亲身感受到"钢铁是怎样炼成的"。

学员的发言刚一结束，陈老师对学员的析课作现场点评："这节课设计一条主线贯穿到底……对教材的重组是授课者最突出的亮点……任务驱动是本节课主要教法，一节课任务最多不能超过4个，授课者做到了……教师主导作用太强，既是优点，又是缺点……学生的主体能力提升不够……教学知识平台要简单实用……"听着陈老师的精彩点评，我们终于明白什么是游刃有余，什么是真正领衔导师。

三、在反思中实现自我超越，在实践中改善心智模式

5月27日上午，4楼会议室，不时传来热烈的发言声和此起彼伏的掌声。由普陀区教育学院，上海市德育特级教师，上海市中小学德育研究副会长陈震虎和工作室学员一起，以热点问题作课题，以项目做抓手，以课例研讨为依托，为我们展示了一次扎实而又高效的研训过程。活动流程：陈真虎简介自己工作室团队组成情况并对前来观摩研讨的陇原名师表示欢迎——陈震虎工作室学员代表付丽旻主持研修活动——参与研讨的工作室学员逐一作自我介绍——付丽旻进行"上海女孩子过于强势，男孩子阳刚之气不足"的微调查发布——学员围绕微调查发布的这一社会学校热点问题，以自己一手掌握的真实案例为依托阐述自己的困惑、思考与探索，并与本工作室导师学员和陇原名师互动碰撞（研训重点）——陈震虎对研讨情况和学员的发言作精练的现场点评——普陀区教育局专家型领导王丽主任对今天的研讨情况作点评。

感叹一：几位巾帼不让须眉学员口舌之伶俐，思维之敏捷，实践之能力，观察之细微，反思之深入给陇原名师们带来一个个惊叹号。

感叹二：陈震虎作为工作室领衔人在整个研训过程中就像一位船长，时而将偏离航向的大船拨正，时而给信心不足的学员给予热情的鼓励，时而给激情讲述案例的弟子们给予点拨与提升，时而对缺少思考力的学员们提出质疑，将引领作用与导航能力发挥到极致。不妨听听陈老师的点评："男孩女孩应该男女有别……男女各半边天，不能互相挤压……男不男，女不女，阴盛阳衰，真正的问题是男生的教育危机……男孩教育不充分……男孩血液中的多巴胺含量较多……男孩的胼胝体与女孩的体积不同……男孩与女孩大脑中的海马地工作方式也不同……男孩的额页没有女孩的活跃……也没有女孩发育得早……做老师的要读懂男孩，要以扬长容短的办法制定标准，不能用一把尺子教育男女生，要更多珍爱男孩……"陈老师在点评时从科学的角度解读热点问题，以生物学做基础追根探源，实在是高人一筹！

感叹三：作为具体研讨主持人的陈老师大弟子付丽旻现场调控能力着实了得，一会儿提醒学员紧扣今天的研讨主题，一会儿将及时捕捉的问题抛给在座的学员和观摩的陇原名师，一会儿调整研讨的节奏，一会儿将刚碰撞出火花的釜底添上几把火，实在不凡！

感叹四：最让人豁然开朗、顿悟真谛的是最后点评的教育局王丽主任。

王主任可谓真人不露相，在学员研讨过程中一直不显山，不露水，稳坐钓鱼台，几句总结性点评直入靶心，将研修活动引向深入："男生女生教育，男生女生问题也是教师专业发展所需求的……今天的研修内容针对性强，具有工作室实践反思的特质……今天的交流是一个广度的交流，是分享式的交流……建议：以后加强规律性的探索，学员们要加强更高领域、更多学科学习，譬如从心理学、生物学、社会学等学科角度多探索……要从学校教育自身、家庭教育自身多思考，多找问题……今天的研讨多是从别人身上找问题，以后要学会从教师自身找问题……教师、医生有一个惯例，从不承认自身的问题……我们的思维要进一步发散……今天能看到的是老师们在实践中的一些摸索……今天的思维碰撞不强，发散性不强……"华山论剑，剑道孰高孰低，几个回合，不是清清楚楚了吗？

收获无处不在。通过陈震虎介绍，我们还了解了工作室课程三大板块：①理论学习（主要以高端讲座为主）；②热点探讨（以案例研讨为主要方式）；③课题研究（每人一项研究课题）。今天我们分享的正是课程中以案例研讨为主要方式的热点探讨。这样的课程设置对团队成员学习力、思辨力、行动力、研究力的提升将会提供强有力的支撑，这样的实训模式毫无疑问是先进而高效的。

我们相信，在这个共同体中，所有的成员必将以促进专业化发展为方向，在反思中实现自我超越，在实践中改善心智模式，在科研中获得专业成长，从而实现共同愿景，收获专业的发展和生命成长的幸福。而这一愿景不正是处于起步和摸索中的陇原名师工作室团队所追寻的吗？从这个意义上讲，此次由省教科所策划组织的上海考察研修活动无疑是圆满成功的。

好大一棵树

——"走进名校，走近名师"跨省区培训学习活动随笔

王新民

初冬时节，西部边陲甘肃武威已是寒气逼人，美丽的天府之国成都却依然温暖如春。我们精心策划的"武师附小教师'走进名校，走近名师'——跨省区培训学习活动"终于成行。成都之行看了四所学校，唯蓝继红校长的成都市草堂小学给我们真正的享受与心灵的震撼！无论是草堂独有的校园文化，还是三节充满生命力的示范课；无论是副校长导游一般的诗意介绍，还是蓝继红校长对草小办学理念、育人真谛及文化课堂的自然阐释，我们共同的感觉是：草小是真正有灵魂的名校，底蕴深厚的名校。在草小我们看不到别人最爱炫耀的奖牌，听不到空泛的口号和辉煌的成绩，我们时时处处感受到的是春风化雨、润物无声的草小文化，感受到的是大气、从容、民主、博爱与不可复制的草小教育！几天来我和我的老师一直在回味着，激动着，陶醉着，我们被草小处处散发的书香、流淌的诗意、飘动的绿色所浸润，也被时时受到呵护的童心，被孩子们自然生长的文明素养，被草小教师的雅气、灵气、书卷气、青春气息一点一点地融化。

不说别的，单说三节常态性的示范课，无论是语文教研组推出的校本课程语文阅读课《走进绘本》，数学社（草堂小学教师自发组织的社团）推出的校本课《数字世界》，还是英语课《It is mine》，共同的感觉是纯朴、丰实、鲜活、灵动，充满生命的张力，流淌着沁人心脾的文化味。在这里，课堂是那样的民主和谐，孩子们的自尊心、创造心会时时得到老师悉心的呵护；在这里，孩子们的个性得到了自然的张扬，兴趣得以最好的激发，每个

孩子都有机会尝试成功的愉悦。课堂上没有脂粉，没有油彩，没有浮躁，没有刻意，一切都是那样的从容、自然。这也许就是草小教育的内涵所在。凡是参观过草小，在网上了解过草小的朋友们第一感觉便是草小的诗文化，印象最深的也是草小的诗文化，但如果只看到这一点，那就浮浅了。草小诗文化的背后是什么呢？是教育的真、善、美。草小追求的是科技之真，人文之善，艺术之美，追求的是从容、自然、淡定的教育。

除了三节课给我们享受以外，还有两点让人从骨子里佩服：一是教师团队的那种奉献精神，勤业、敬业精神，还有主人翁精神、进取精神和向心力，用蓝继红校长的话说，草小教师的师德师风、纪律意识绝对在学校的底线以上，无需用什么奖惩措施，教师们已经达到高度自觉程度。而这很容易让人归结到草小的人文管理、文化治校。但是，究竟蓝校长和她的管理团队如何让老师们一步步走向高度自觉？草小的文化治校、人文管理的魅力究竟在哪里？魔力在哪里？具体招数在哪里？二是当我参观了"碧草书屋"——学生阅览室，"桃李书轩"——教师阅览室，"客至"——教师会议室，"好雨轩"——草小诗社，"诗路花雨"——校园小道，还有被称为"净园""舒园""一上间"的学生厕所之后，让我震撼的不是它的诗意构想，也不是它的洁净舒适的环境，而是那诗意环境背后的学生文明素养。究竟蓝校长和她的管理团队用什么奇招让学生的文明素养达到如此高的程度？这样的名校是否也是从制度管理一步步走向今天的文化管理的？由于参观学习时间紧张，来不及当面讨教蓝校长，也好，留点遗憾，一面自己思考，一面找机会和蓝校长在网上作进一步的交流。因为走进名校，认识名校，研究名校也是需要一个过程的。

还想谈谈草小给我的联想。联想源于草小"教师之家"里一棵奇异的树。这棵树无需浇水、施肥却四季常青、枝繁叶茂。它其实是老师们用细细的麻绳精心手工编织的一棵象征性的工艺大树。然而这棵大树却生命力极强。我以为，蓝继红校长本身就是一棵生长在成都平原上的生命力极强的大树，它正在影响、改变着周围的环境和气候。她靠她的文化底蕴、先进的教育理念及人格魅力影响着草小，引领着草小的师生；其次，草小的教师们同时又是一棵大树，他们是草小的主人，正是他们才使得草小根深叶茂，才使得孩子们在这棵大树下茁壮地成长；再者，草堂学校谁能否认不是一棵大树？一棵受先贤、诗圣影响，受千年文化浇灌，又沐浴着现代教育思想光芒的大树，一个孩子们成长的"天堂"，在她的怀抱里，一批又一批学子像羽毛丰满的小鸟尽情地成长然后展翅高飞。草小，小学教育园地里好大的一棵树！

感谢草小，我们不虚此行！"居高声自远，非是藉秋风。"草小，我们永远的崇拜；蓝继红校长，我们心中永远的彩虹！

印象名校 享受魅力
——赴广东名校考察学习侧记

王新民

2014年12月，在全国名校长樊瑞的牵线搭桥下，我带领附小骨干教师小分队，走进北大附中为明广州实验学校和中大附中三水实验学校，开始了我们武师附小"走进名校，走近名师"跟岗研修活动。

一、名校之名

北大附中为明广州实验学校是一所美丽的现代化学校，创建于2002年，坐落在风光秀丽的珠江岸边。学校建筑风格独具特色，花园式校园，绿树成荫，环境优雅，师资力量雄厚，享誉羊城内外。

印象之一："敢为先，常为新，贵在实"的附中精神

走进北大附中为明广州实验学校，观摩了8节常态丰实的公开课、1节极具活力与张力的特色课程朗文英语，聆听了语文、数学、英语3名高质量的骨干教师专题讲座，欣赏了低年级的口语操练，感受了特色运动会、校本选修课钢琴、跆拳道、芭蕾舞、小提琴等精彩片段，我们深深被这所华南名校流淌的校园文化、班级文化、课程文化、课堂文化所浸染、所感动。与校长王礼维短暂交流，听了专家型的副校长钟和军关于学校办学特色介绍，与小学部主任龙旭的碰撞，与授课教师的课后自然交谈，我们才真正明白什么是教育的内涵与特色，什么是学校的品牌与品质。北大附中为明广州实验学校为什么有如此好的质量、好的效益、好的品牌？奥妙在哪里？我在思考。一所好学校应该具备哪些核心要素？我认为：一是这所学校须有无一支好的教师队伍，毫无疑问，北大附中有这样的团队。二要看校长有无思想和远见。北大附中为明广州实验学校前任校长雷丽霞便是国内知名的教育管理专家，正是这位被称为"创造奇迹的教育家校长""走进学生心灵的校长"创造了奇迹，把北大附中办成了响当当的华南名校；现任校长王礼维是国内民办教育实力派的名校长，全国教育科研杰出校长，一名有思想的实干家。三要看这所学校为学生提供了什么，提供了怎样的学习？怎样的生活？怎样的发展？一句话是不是以学生为中心。四要看学校的管理是不是规范加人性化；五要看课程体系是否科学，是否有利于学生的全面发展。从这五点来看，北大附中是满足这五个要素的，正是靠这五个要素取信于家长，取信于社会的。五个要素以外还有没有别的什么秘诀？有。这一秘诀就在于北大附中为明广州实验学校有一种别人没有的、不敢有的敢立潮头、敢为先、常为新的精神。这种精神正是北大附中办学的灵魂，正是靠这种精神北大附中永远立于不败之地，正是靠着这种精神这所华南名校才根深叶茂，充满强有力的竞争力与生命的活力。

学习研修时，我还在思考：教育是什么？教育是农业，不是工业，是需要慢功，需要遵循规律，春种秋收，精耕细作，浇水施肥，除草捉虫，精心守护，哪一个环节都不能少，哪一步都需要脚踏实地。因此，我以为王礼维校长领衔的北大附中为明广州实验学校其实成功的奥秘还在于"落得实、根在实、贵在实"的精神。如果只有创新，没有务实的精神，求实的精神，没有扎实的作风，创新有可能就是花拳绣腿，形式上的翻新而已，创新有可能就是为了迎合社会家长的一种广告效应。而北大附中为明广州实验学校给我们的感觉是每一个细节，每一个改革举措都有"实"字作保证，都有真工夫。具体体现在四个方面：一是"做一个有中国灵魂和世界眼光的人"为培养目标和"为每个孩子一生负责""让每个孩子都成功"的办学理念落得实；二是教师四级（首席教师、高级教师、一级教师、辅助教师）激励机制落得实；三是过程性评价与终结性评价相结合的教师评价模式落得实；四是国家、地方与校本三级课程有机整合，充分保证了学校能够将面向全体、全面发展、生动活泼发展的核心目标落得实。

印象之二：以项目做抓手，提高办学效益的先进的管理理念与模式

"项目""立项""项目主管"等词一般出现在企业管理中，但北大附中为明广州实验学校却把企业管理理念与模式灵活地、成功地运用到教育教学的各个方面。什么是项目？用教研员出身的钟和军副校长的话说，就是学校为了减轻机械的行政管理对人所产生的关、卡、压的副作用，将需要做的一件件重要而具体的事情，一项项重要的工作用研究的方式去统筹，用管理来推动，在研究中管理，在管理中研究，从而提高办学效益的一种独创的管理模式。譬如"见习教师培养项目"：学校但凡新招录一批研究生、本科生，先不让他们上讲台上课和带班，而是让他们从做一名合格的生活教师开始历练，让他们学会与学生、家长沟通，努力走进学生的心灵；再通过青蓝工程、强师工程，让名师与他们结对；然后通过学科专业委员会（教研组长和骨干教师组成）定期、不定期深入课堂对这些青年教师进行课堂会诊，青年教师们根据学科专业委员会下的针对性极强的诊断书，有目标地改革和调整自己的教学，在各种课堂教学竞赛中快速成长。再如，"主题运动会项目"：学校每年确定一个主题，要求各班围绕主题展开研究性学习，在开幕式入场时通过服饰、音乐、表演等向全校师生及家长代表进行立体展示。在有限的3~5分钟时间里，比一比哪个班的主题文化提炼得最好，展示得最生动。这样的活动重要的不是结果的呈现，关键是学校巧妙地借运动会这个平台，将合作学习、研究性学习、综合性实践活动巧妙结合起来。孩子们为了开幕式上3~5分钟表演，在台下要自主合作、收集筛选信息、研究分析、精心策划、反复编排，在实实在在的研究性学习和综合性实践活动中，孩子们的情感、态度、价值观、知识与能力、个性与品性实实在在地得到了发展。再如，"艺体2+2项目"：学校提出，附中的每个孩子必须掌握两项艺体特长加两项生活技能。学校为了提高艺术体育选修课品味与质量，为了帮助孩子实现梦想，与著名的珠江交响乐团签订协议，邀请乐团的专业演奏家们走进学校，担任钢琴、小提琴等艺体课的教师，定时、定点到班上给孩子们上课。走进课堂，身临其境，我们深深地感受到附中"让每个孩子都得到发展，让每个孩子生动活泼的发展，让每个孩子比父辈还要优秀，还要卓越"的培养目标和理念在这里不是空口号。还有"阳光男孩、天使女孩评选活动项目""家校联系项目"等等，每个项目根都扎得很深，每个项目都落得很实，每个项目都是素质教育的有力抓手。

印象之三：校长的思考力与行动力

北大附中为明广州实验学校在雷丽霞校长执掌期间已成为华南名校，王礼维校长接任后，学校该如何保住这块牌子再上台阶？对此，王礼维校长有着清醒认识和清晰的思路：附中面临4个期叠加：一是经济换挡期；二是教育结构调整转型的阵痛期；三是前期发展问题消化期；四是升级、提速、重构自我加压期。面临机遇、挑战的时候，王礼维校长除了自己深度思考，还就学校下一步怎样发展，怎样升级，专门请全国著名的教育专家、学者、教授来校一起探讨、一起辩论。王礼维校长谈到学校的发展路径时，他说："民办学校校长必须学会用三只眼看世界：一只眼看学校生存；一只眼关顾内部管理；一只眼看国家的政策，看教育发展的大趋势……"从中强烈感受到的自然是一位民办教育校长的教育思考力、行动力、创新力，当然还有王礼维校长的教育情怀、干事创业的执着精神与不凡气度让我们很是佩服。

二、魅力学校之魅力

中山大学附属中学三水实验学校，这所建校只有短短的8年，起初没有任何生源优势，一切从零开始的、名不见经传的华南小镇的民办学校，何以在几年的时间从五湖四海吸引来数十名国家级、省级名校长、省市级骨干教师和一大批名校的高学历的毕业生；学校何以在几年的时间先后成为佛山市一级学校、广东省名校、全国名校；又是什么原因，短短的几年时间里，全国教育学会常务副会长、教育部基础教育课程教材中心副主任、国务院参事、广东省政协主席、广东省教育厅副厅长等领导先后到校视察；北京师范大学肖川教授、语文特级教师成都武侯实验学校李镇西到校作报告；美国罗德岛高中联盟总裁罗斯福国际学院副总裁到校访问；慕名前来参观学习的校长、教师络绎不绝。名校之名自然有诸多因素，但核心的一点是它的掌舵人、领航人一定是一位非同凡响的人物，他，就是中山大学附属中学三水实验学校校长樊瑞。

魅力之一：校长的魅力

樊瑞校长，甘肃武威人，研究生学历，全国第三届"百名优秀校长""全国第五届专家型校长""中国陶行知研究会民办教育专业委员会的常务理事""全国中语会教改研究中心的研究员""教育部十一五重点课题主持者""南方都市报教育智库专家"。

樊瑞校长是一位极具教育思想、教育情怀和求真精神，行走在教育改革之路上的勇敢的探索者、跋涉者。正是他秉承国父孙中山先生"博学、审问、慎思、明辨、笃行"的校训，鲜明提出"不让一个孩子掉队"的核心理念和"致力于培养具有领袖气质的卓越公民"的办学愿景；正是他凭借自身的名校长的魅力，吸引了来自全国各地的高端人才；正是他开发出中大附中三水实校多元而高端、对每个孩子人生发展产生积极影响的系列校本课程——"琅琅晨诵、每日暮省、百日字功、海量阅读"等；正是他准确把握新课程精髓，创造性地提出"高参与，高协同，高生成，高愉悦，高共鸣"的中大附中三水实验学校五高课堂评价体系；也正是他这位卓尔不凡的全国名校长，凭借着对教育的独到的理解，凭借着坚忍不拔的愚公精神和"追赶太阳、得寸进寸"（樊瑞的人生格言）的精神，将一所名不见经传的镇级中学，精心培植，全力打造，使其初步形成了闻名全国的"魅力小学""精品初中""优质高中"格局。

魅力之二：坐拥绿水青山，尽享数码校园

学校依山傍水，空气清新，树木葱茏，鸟语花香，是一所远离喧嚣和诱惑、人与自然和谐相处的花园式学校。走进中大附中三水实校校园，分明是来到天然的植物园，菩提、木棉、紫荆花、棕榈树、芒果树、法国茉莉、大榕树、三叶梅、椰子、扶桑……早已在这里安家，它们在校园里伸枝展叶，开花结果，让美丽的三水校园四季如春。随队的教师们无不感叹："好一个全国生态环境保护教育示范学校！"

数码校园：学校建有由计算机网络、闭路电视网络、音响系统网络组成的现代化千兆的校园网，网络外接互联网，内部信息点直达所有教学场室，实现了学校教育教学和行政管理的信息化。学校被确认为广东省"第四批现代化教育技术实验学校"。

魅力之三：琅琅晨诵

黎明时分，我们走进校园，朝阳出于东方，和风阵阵，校园里晨诵之声不绝于耳，其声琅琅。附中学子，整顿几案，将书本立于其上，真身体，对书卷，朗声晨诵，字字清晰，句句嘹亮。中大附中三水实校的晨诵跟我们早读决然不一样，不是读课文、背课文，而是或诵传统经典，或读时尚美文；披文入情，抑扬顿挫，师生共读，沸沸扬扬；范读、领读、齐读、轮读、朗读、唱读、悟读、背读，与黎明共舞，偕书声同乐：故其声也清，其意也浓，其势也壮。

魅力之四：每日暮省

傍晚时分，华灯初上。三尺讲台，学生论坛。各抒己见，评论时政，指点江山，商讨班规，共议班是。或即兴演讲，或互相讨论，或你问我答，或主题演讲，或师生互动，形式多种多样。附中开设暮省之科有三个目的：

第一曰道德长跑：每日反躬自省、聆听内心，直面个人之陋习，修炼拔节之力量。第二曰参政议政。放眼寰球时政，聚焦班级事务，褒贬是非，剖析得失，修订班规。第三曰卓越口才。侃侃而谈，抒发己见，体态得体，神情自然，引经据典、抑扬顿挫、灵机应变，乃未来卓越人才必备之素养。

魅力之五：百日字功

午休之后，悠扬典雅的传统音乐响起，千余学子头正，肩平，臂开，安足，气定。神凝，一笔一划练笔，一撇一捺写字，一天一练，一周满五，每学期则过百。好一个百日字功！

魅力之六：海量阅读

阅读可以改变人的行走方式。人之精神发育史亦即其阅读史。中大附中三水实校海量阅读工程之要义有三：其一曰海量。唯有阅读，唯有海量阅读，生命方显充实；其二曰绿色：师生共读美文，读好书，做好人，与经典同在，与大师对话；其三曰漂流。分享一部好书，文化接力，智慧传递，这就是漂流。

魅力三水实校的魅力教育生活，有先进的教育理念做指引，有完整的魅力课程做支撑，有一支有爱心、多智慧、能奉献、善表达的教育团队共同坚持，向着明亮那方，不断前进。

三、走进广东，走进名校

共同感受一：用文化铸造品牌。北大附中为明实校、中大附中三水实校之所以开放、多元、厚重、大气，有品位、有品质、有内涵、有特色、有活力，关键是文化的力量；校长文化引领着学校文化，两位校长都有思想、有远见；学校文化无时不在发挥着潜移默化，春风化雨的作用。

共同感受二：建校时间短，成绩辉煌。

共同感受三：无论上下楼梯和孩子们相遇，还是课下和教师们闲聊，共同的感受是孩子们举手投足中展示的别样的气质，别样的精神风貌，那就是自信、阳光、文明、知礼，大气、活泼。两所名校的教师一言一行中均展示出别样的谦虚、热情、大方、儒雅，看不到憔悴疲惫的面容，永远都是那么有朝气，活力四射。从两所学校孩子笑脸可以读出，孩子们在这样的学校生活、学习都很幸福。

走进广东，走进名校，此行，让我们收获良多，感慨不已，真是不虚此行！

祝福北大附中为明广州实验学校、中大附中三水实验学校，明天更美好！

早春二月下甘南　最是春色满舟曲
——陇原名师王新民工作室成员首次赴舟曲县培训教师侧记

王新民

初春时节，河西武威还是春寒料峭，寒气逼人，地处甘肃南部的舟曲已然是桃花飘香，柳丝吐翠。

3月29日，为了落实好省教育厅"陇原名师助力贫困县优秀青年教师成长计划"，陇原名师王新民带领一级工作室导师、学员和省教科所领导一行8人前往甘南州舟曲县，参加"王新民小学语文（舟曲）工作室"揭牌仪式和教师培训活动。

3月30日早上8:30，舟曲二小教学楼楼前，揭牌仪式在30名舟曲工作室学员和舟曲二小师生热烈的掌声中如期举行。仪式由舟曲二小党组书记冯玉超主持，省教科所德育室主任冯继代表省教育厅、教科所宣布了"陇原名师王新民小学语文（舟曲）工作室"成立的决定并提出希望与要求，舟曲县教育局党委书记毕超代表县教育局发表祝辞并作了表态发言，冯继主任与毕超书记一起为工作室揭牌。

9:00，"陇原名师王新民小学语文（舟曲）工作室"开班仪式在舟曲二小5楼多功能厅举行。省教科所科研处张彬老师宣布了经过遴选和省教育厅批准的30名舟曲工作室学员名单，首席导师王新民宣讲了工作室三年规划，指明了工作室学员发展目标，对工作室学员提出了"定规划、勤读书、乐教学、细品评、善研究、开视野"的六条切实可行具体要求。开班仪式上，首席导师王新民还将飘着墨香苏霍姆林斯基的教育专著——《给教师的建议》现场赠送给了舟曲工作室每一个学员，最后，学员代表作了热情洋溢的发言。

一阵清脆的铃声响起，一级工作室学员陈淼桃和二级工作室导师程远瑛分别给学员们作了两节高质量语文示范课；工作室还创新培训思路，语文、数学跨学科联动，一节由武师附小教师、省级学科带头人李星精心设计的充分体现新课程、新理念、新教法的数学课，让舟曲县老师们赞叹不已。三节示范课理念先进，特色鲜明，亮点频现，舟曲学员课后情不自禁地谈道："这三节课有看头，有学头，真正起到了专业引领的作用！"

当老师们还津津乐道地谈论三节精彩的示范课时候，下午的参与式互动式评课又拉开了帷幕。武威市教科所教研员、一级工作室导师李延海主持评课活动。李老师一改评课活动"专家一言堂"的传统模式，积极创设民主、宽松、和谐的评课氛围，鼓励授课教师与学员们大胆参与、畅所欲言，交流上课、听课的心得体会；学员们还结合平时教学中存在的问题、困惑和专家进行了深入的交流。评课会上，李延海老师毫无保留的和学员一起分享他的教学经验。

下午3：30，培训活动又一次进入高潮。首席导师王新民为学员们作了题为《让新课堂充满生命活力》专题讲座。王老师从理想课堂的关键词入手，结合自己多年的积淀，结合自己对新课堂的独到的领悟，结合现在语文课堂存在的突出的问题，围绕"活力课堂、求真语文"的核心理念，深入浅出，旁征博引，两个小时的精彩讲座，给学员们留下了极为深刻的印象。二级工作室导师和学员给王老师发来了祝贺的短信："衷心感谢王老师！讲座非常精彩，我们被一次次感染！""王老师，您的讲座让我们深深感受到您扎实的素养、高超的教学艺术！"

此次揭牌暨培训活动内容丰富，紧张有序，扎实高效，达到了预期的效果。活动虽然只有短短的一天，可学员们的收获是全方位的、立体的，培训活动为甘肃省"陇原名师助力贫困县优秀青年教师成长计划"既开了个好头，又做了有益的、积极的探索。培训活动得到了省教科所领导和舟曲县教育局的大力支持。

学习，打造教师靓丽的底色
——陇原名师王新民工作室培训随感

齐典洲

真的名师，不屑于表演，但敢对丑陋的教育现实说"不"；

真的名师，能够承认自己的局限性，但不放弃自己的努力；

真的名师，可能不知道前方是什么，但愿意摸索前行；

真的名师，不在乎学生是否记得自己，他在乎的是有没有学生走上社会后能够为公平和正义而努力！

我有幸成为陇原名师王新民小学语文工作室培训班的一员，并参与、组织了整个培训活动，与名师同行，这给我提供了学习、提高的机会。一年来工作室开展了内容丰富，形式多样的培训活动，有集中培训、分学科培训、有学员间的互动交流、示范课，有专家讲座。名师、专家的教育教学理念、人格魅力和治学精神深深地印在我的心中。他们所讲内容或深刻独到、旁征博引、通俗易懂，或观点新颖、生动有趣、发人深省。学员们思想的碰撞，教学经验的交流，相互帮助打磨示范课，享受自己精彩的课堂，一次次的提升自我。每次参与培训都能让我以更宽阔的视野去看待我们的教育工作，让我学到了更多提高自身素养和教育教学水平的方法和捷径，更使我深刻地认识到教师必须加强学习，更新观念，才能打造充满诗意的课堂。如王新民导师所讲："一名优秀的教师首先是一名爱学习的人，向名师学，向书本学，向同行学。"我深刻理解了要真正学好一门技术是多么不容易，任何一门科学技术知识的学成并非一朝一夕能够完成，这需要不断地亲身实践，不断地总结，这时才真正体会到"纸上得来终觉浅，绝知此事要躬行"的深刻含义。

专家引领在教育科学理论方面的阐述简要精辟，为我们的教学实践起了提纲挈领的作用，为我们的教育科学理论注入了源头活水。多位教育名家的讲座给我们带来了心智的启迪、情感的熏陶和精神的享受，让我们饱享了高规格的文化大餐。如王新民导师作的专题讲座《理想课堂的关键词》，和谐、简约、自然、灵动……教学设计既要关注预设，也要关注生成；课堂驾驭既注重激情感染，又要有理性的引导；阅读教学要重视感悟，也要重视质疑；回归传统，找回本真，让学生实实在在接触文本，触摸语言，在听、说、读、写的摸爬滚打中真正提升学生的语文素养，为我今后的课堂教学指出了方向；草堂小学蓝继红校长的专题讲座《诗意校园》，以美相约，以爱期盼，以水润泽，以慢守候，用诗歌和想象呵护孩子梦幻般的童年，用诗歌的气韵轻轻叩击孩子的心智之门，用诗歌的芬芳为孩子涂抹一层温暖而美好的生命底色，使我深切体会到一所被文化浸润的校园对孩子们成长的意义。在培训过程中，指导教师是最辛苦的。他们在教学生的同时还要照顾指导参加培训的学员。他们精心备课，认真上课，让学生在轻松愉悦的氛围中学会知识、掌握方法、提高能力，每节课都是在为我们做最好的示范，课后又同我们交流经验。指导教师所做的点点滴滴让我们受益匪浅，也定会终生难忘。他们的这种精神将激励着我不断学习、不断向前，努力工作。

在培训过程中，我积极尝试与其他学员之间的交流，在交流过程中，了解到各学校的新课程开展情况，并且注意到他们是如何处理新课程中遇到的种种困惑，以及他们对新课程教材的把握与处理。在培训过程中，我们不断地交流，真正做到彼此之间的相长，这对于我们今后的教学有着积极的促进作用。

作为陇原名师王新民小学语文工作室的一员，我们要以自觉的精神对待学习，不必急功近利，心浮气躁；要以务实的心态思考问题，力求兼收并蓄，博采众长；要以独特的眼光大胆创新，做到不拘一格，匠心独运；要不断完善自己多元而合理的知识结构，保持积极而健康的心理品质，逐步形成巧借外力的综合素养，让自己的工作、生活与学习始终处于一种研究的状态，让自己的生命处于不断探索与追求的过程之中。

春色满园关不住　一枝红杏出墙来

——2009武威城区教师"参与研究型教学模式的设计与操作"培训活动侧记

王新民

　　四月的武威，正是桃花飘香，春意盎然之际。由联合国教科文组织协会甘肃分会主办、武威师范附属小承办的"2009武威城区教师参与研究型教学模式的设计与操作培训活动"正在紧张有序地进行。

　　培训大厅里，来自城区11所学校200多名骨干教师，时而分组研讨，时而登台展示，时而静思默想，时而激烈交锋，真可谓别开生面，高潮迭起。

　　这次活动专家团队由甘肃省教育厅原副厅长马培芳、甘肃省著名教育专家马钧、省特级教师张力红和两位国家级、省级课堂教学一等奖获奖教师组成。活动达到了预期效果。

　　本次活动虽然只有短短两天，但培训理念先进，培训模式新颖，安排紧凑，内容紧贴新课程课堂教学。培训活动中既有专家互动式主题报告，又有自主合作式课堂教学观摩；既有学员分组自主解读教材，又有对七种教学模式研讨交流；既有微格教学实践课尝试，又有专家学员互动议课评课；既有参与研究型教学模式问题质疑、答疑，又有学员对活动反思交流等，培训受到了城区教师的广泛称赞，深受基层学校的欢迎。

　　这次的培训将国际上先进的教育教学思想与我国新课程改革理念以及马钧十多年研究实践的"参与研究型课堂教学"模式融为一体，突出体现了两个特点、两个优势。

一、与自主、合作、探究相结合，以内化式培训为主

平时老师们参加的一些培训大多是一些外化式培训，即由培训方提供环境，提供资料，然后请专家作报告。这种培训你讲你的，我听我的，没有参与，没有互动。而这次的参与式培训是一种重参与、重行动、重操作的内化式培训。教师们在专家引领下紧紧围绕"质疑解惑""反馈交流""自主设计""活动激发""查阅资料""分层激励""学科渗透"七种参与研究型课堂教学的模式，自主参与、自主合作、自主解读教材、自主设计教学结构图、自主汇报交流、自主评价。老师们在培训中不断吸收、消化、反刍、再消化、再吸收，然后产生能量、现场交流、传播、共享。空泛的教学理论在这里变成了实践，新课程的理念在这里转变为可供操作的方法与技能。

二、与短、平、快和头脑风暴的方式相结合，以最大限度地开发教师自我为主

在培训中教师们经历着由认识自我，找准自我→反思自我，批判自我→展示自我，提升自我→超越自我，重塑自我的这样一个"化蛹为蝶"的过程。200多名教师在两天的培训中，在参与互动中与专家思想碰撞，在自主解读教材后观摩典型课例，在内化理解七种教学模式后尝试微格教学，在反思后开展现场互动议课、评课。两天的培训，参训教师紧张、兴奋的情绪状态达到极致，思维发展达到极致，创造力也达到极致。培训带给老师们的共同感受是"痛并快乐着，苦却幸福着，累却收获着"。

课改以来，虽然教师的通识培训工作已基本完成，但是，我们不得不承认，目前还有一部分教师没接受过系统培训，在升学率的压力下，许多教师受传统的思维方式与定式思维习惯的影响，难以从陈规老套的束缚中走出来，仍然在新课程、新教材、老教法、老模式的圈子里打转转。还有一小部分教师面对新教材和新的教学要求，往往无所适从，"穿新鞋走老路"，用原有的观念、方法去应对新课程改革。新课改进行到今天，老师们迫切需要的不是空洞的道理，而是融合着新的教学理念的、简便易行的、可操作的新的模式和新方法。

马钧老师作为我省教育界的老前辈、老专家，早在20世纪90年代，他就开始关注教师的培训问题，在这方面付出了大量心血。在他的带领下，省联

合国教科文组织协会的专家们在进行了大量的调查和研究之后，用他们的经验和智慧创造性地提出了"参与研究型"课堂教学模式，这些创新模式经过多年的实践与完善，得到了广大教师的认可和欢迎。

这次培训我们高兴地看到广大教师的教育理念得以更新，参与研究型课堂教学模式已经被越来越多的教师所理解。我们有理由相信，本次培训必将推进我市新课程改革工作的不断深入，为武威教育事业又好又快发展注入新的活力。

此次培训得到武威市教育局、武威市教科所、凉州区教育局、凉州区教研室的大力支持。

诗歌、献词

王新民

献给烈士的歌

——为1997年清明节祭扫烈士陵园而作

面对烈士的陵墓

高昂的队号

欢跳的队鼓

突然低了八度

面对烈士的丰碑

如花的笑脸

轻快地脚步

霎时，庄严肃穆

不用操练

无需指挥

我们少先队员

就像那一棵棵小松树

簇拥着一座座

挺拔的历史陵墓

一颗颗博大的心

和着红领巾的脉冲

在一个节拍里起伏

看，那不是西路红军爬冰卧雪的身影
听，那不是西路红军悲壮高昂的呼声
在枪林弹雨的战场
烈火，鲜血铸造你钢铁般的身躯
在马家军的黑牢里
皮鞭，烙铁未能使你屈膝
在反动派的刑场上
刺刀，枪声又怎能使你战栗

为什么，这块土地这般肥沃
为什么，这里的鲜花这样绚烂
为什么，这里的松柏格外苍翠
为什么，这里的草木分外含情

这里掩埋着无数英雄的忠骨
这里浸染过西路红军的鲜血
这里长眠着对越反击战烈士的英灵
这里升腾着先辈红色的希冀

站在烈士的身前
胸中的浪花在飞卷
伫立在纪念碑下
心中的激情被点燃

你像星星使夜空灿烂
你像火把把春天召唤
星星、火把
闪烁在我们心间
火把、星星
照耀着我们向前

亢奋起来吧

铿锵有力的鼓点

嘹亮起来吧

划破长空的号角

哪怕是火海和刀山

纵然是千难和万险

准备着，时刻准备着

为中华复兴而奋斗

为共产主义而奋斗

这是红领巾不变的誓言

献给教师的歌

——为教师节而作

九月，金色的九月

你披着温馨惬意的金风

你踏着芬芳馥郁的落英

你带着青山绿水的喜悦

你挑着平川原野的丰收

走来了

向你们，在心灵播撒阳光的人们

向你们，许身孺子的功臣们

致以最崇高的敬意

在这光辉的节日里

让我们真诚的奉献一颗火热的心

让我们深情地呼唤

老师，您好

一身正气，两袖清风

三尺讲台，默默耕耘

你们用汗水擦亮了多少求知的慧眼
你们用心血温暖了多少淳朴的心灵
一根教鞭，两肩责任
三回九曲，不改初衷
春去秋来，你们守候着桃李结果
栉风沐雨，你们渴望着佳木成林
送走多少轮回的日月
捧起多少璀璨的星辰

你是春蚕
你是人梯
你是火种
你更像那跳动的烛光
啊，烛光
你那亲切温暖的光亮
多像老师慈祥的目光
你那静静荡漾的烛影
多像老师无声的歌唱
你那摇曳的火焰
分明是老师甜蜜的遐想
你那默默燃烧的一生
分明是老师崇高的形象
我歌唱你，多情的烛光
我赞美你，可敬的师长

时代在猛进
祖国在奋飞
你们的血液和着飞旋的浪波
你们的脉搏伴着改革的节拍
平凡的岗位，
伟大的事业

你们无私地奉献着一腔热血

哪怕是皱满额头，青丝染霜

我们的苦恼，惊奇，蹙眉

都能得到满意的答复

你们的一个眼神，一个手势，一句话语

都会激起我们心中的涟漪

荷塘月色里，我们轻轻地流连

任含蓄的荷包一诉衷肠

荔枝蜜的芳菲化作一曲遐想

心儿飞遍绮丽的岭南绿乡

一条蜿蜒盘旋，似巨龙腾飞的万里长城

在我们心中树起中华的形象

一组规模宏大，饱经沧桑的故宫

使我们时时铭记历史的钟声

那吐露生机的江南春花图

那粉妆玉砌的北国瑞雪图

叫我赞叹祖国的江山如此多娇

那"留取丹心照汗青"的文天祥

那"生的伟大，死的光荣"的刘胡兰

使我深深爱上了为祖国而奋斗的人们

当阳光慷慨地亲吻每棵小树

当理想与奋斗之泉滋润着我们的心田

我们多么渴望啊

再听听你那亲切温暖的话语

再看看你那两弯智慧的新月

老师，亲爱的老师

当我们这些羽毛丰满的白鸽

汇入祖国湛蓝晴空的时候

我们不会忘记

是你们，替我们插上了翱翔的翅膀

当我们探索宇宙奥妙的时候

我们更不会忘记

是你们给了我们智慧和勇气

看吧，巍巍祁连在为你们动情书写

听吧，浩浩石羊河在为你们纵情欢歌

满天的群星在为你们闪烁异彩

遍地的鲜花在为你们竞相开放

祖国在向你们微笑

人们在向你们致意

愿你们，用自己的青春与热血书写新的篇章

愿你们，用自己的汗水与智慧催开祖国万千桃李

愿你们，为人民教师的神圣称号再添光彩

愿你们，为中华民族教育的大业再立新功

致三八国际妇女节

——"巾帼建功"活动先进个人表彰献词

和着新春的爆竹

伴着元宵的灯影

迎着和煦的春风

我们迎来了全世界妇女的光辉节日

——三八国际妇女节

向你们，"巾帼建功"涌现出来的精英

向你们，战斗在祖国各条战线的女兵

致以节日的祝贺

并致以少先队员的崇高敬礼

自古至今，巾帼英雄，灿若群星

从纺织祖师黄道婆

到代父从军的花木兰

从挂帅御敌的穆桂英

到"生当作人杰"的李清照

巾帼如云，伟业辉煌

谁道女子不如男

数风流人物

还看今朝

身陷囹圄，矢志不移的秋瑾

临危不惧，大义凛然的刘胡兰

投身革命，追求救国真理的邓颖超、宋庆龄

激扬文字，书写光辉人生的冰心、丁玲

转战琼崖，为争取解放不怕牺牲的娘子军……

一座座巍峨的丰碑

一颗颗耀眼的金星

祖国因你们而美丽

民族因你们而骄傲

如今

改革开放展宏图

巾帼建功树奇勋

女厂长，女经理

女能手，女模范

女学者，女专家

再攀高峰不让须眉

建功立业舍我其谁

哦

中国的女性

伟大的母亲

你是石子，更是栋梁

宏伟的壮景你描画

光明的未来你创造

巡天的卫星刻下你的英名

奥运赛场留下你拼搏的身影

飘香的稻花中，映出你甜美的笑脸

滚滚商海里，飞扬着你拼搏的激情

骄傲吧，"巾帼建功"涌现出来的精英

自豪吧，改革开放的洪流中成长起来的女兵

昂首阔步，面对一次次新的挑战

奋勇向前，迎接中华民族的伟大复兴

军民鱼水情似海

——武威市双拥会议献词

当五星红旗披着朝霞冉冉升起

当雄壮的国歌拍打着我们的心弦

当祖国又翻开一页崭新的履历

双拥工作会议隆重在此召开

我们捧着精心编织的花篮

我们捧着颗颗闪烁的童心

向你们，拥军优属的精英

向你们，拥政爱民的模范

向你们，光荣的烈士军属

向你们，"双拥"工作的模范代表

献上最真挚的祝愿

致以少先队员最崇高的敬意

闪闪红星，永照征程

八一军旗，威震长空

难忘啊

南昌起义那划破夜空的枪声

西路红军那鲜血染织的征程

南泥湾那高亢铿锵的歌声

解放大军那逐鹿中原的滚滚烟尘

曾记录下多少可歌可泣的故事

又使多少人胸中荡漾着激情

是你们，民族正义之师

为年轻的共和国谱写了壮丽的诗篇

是你们，祖国的钢铁脊梁

用鲜血与生命为我们筑起新的长城

看吧，南京路上好八连

又要去上岗执勤

无数个活着的雷锋

不早已在你我的心中

保卫天安门的勇士们，还未回家探亲

又要去抢险救灾，植树造林

军营中随处可见的李润虎

顾不上受奖，又去当他的普通一兵

哪里有困难，哪里就有闪烁的红五星

哪里有危险，哪里就有子弟兵的身影

人民的利益就是你们行动的准则

祖国的需要就是无声的命令

巍巍昆仑，记载着您的功勋

滚滚黄河，流淌着您的回音

军爱民，民拥军

军民友谊似海深

人民，只有人民

载浮着共和国之舟

人民，只有人民

不愧为子弟兵伟大的母亲

难忘啊

延安人民那淳朴的乡情

沂蒙山区红嫂那甜甜的乳汁

淮海决战，支前民兵那滚滚的车轮

大军渡江，那舍生忘死的老船工

是你们，用慈母般的温情

养育了百万钢铁之躯

是你们，将滚烫的血流

注入子弟兵那跳动的脉管

看吧

大娘正将改革开放的第一筐红枣

送给日思夜想的亲人解放军

大伯还没有擦干脸庞的泪痕

又毅然将唯一的亲人送到军营

老支书，还没有抽锅烟

又要去军属家问寒问暖

新厂长，刚刚上任

就赶去部队排忧解难

哪里有子弟兵，哪里就有一片热心

哪里有军营，哪里就有你们的温情

闪亮的军功章哟

谁说没有您的一半

厚厚的功劳簿

谁说没有您的姓和名

假如情感的风云可以捕捉

假如心海的潮汐能够探测

那么

军民鱼水深情

拥政爱民之潮

一定会似钱塘江潮波澜壮阔

一定会像庐山飞瀑势不可遏

歌唱吧，亲爱的祖国

歌唱吧，伟大的中国共产党

歌唱吧，英雄的人民军队

歌唱吧，勤劳质朴的人民

我们坚信，用鲜血凝成的军民之情

一定会万古流芳

永世长存

妈妈，请接受我们崇高的敬意

——母亲节献词

当晶莹的泪花还在眼帘战栗

当起伏的心潮尚未平息

妈妈，亲爱的妈妈

请允许我们代表您的儿女

向您致以节日的问候

请接收我们崇高的敬意

妈妈的一生

是奉献的一生

那失去光泽的头发

不再挺拔的身躯便是印证

妈妈的一生

是劳动的一生

那刻在脸上的皱纹

糅合着多少劳苦和艰辛

妈妈，您是设计师
为儿女绘出美好的蓝图
妈妈，您是铺路石
把儿女送上锦绣前程

妈妈，请歇一歇您那双
被洗衣水泡得粗糙的手
多少次
为儿女过好六一节
您在灯下密密缝

妈妈，请停一停您为儿女奔走的脚步
几回回
为孩子买一本好书
您大街小巷细细寻

剪一块蓝天嫌太小
您的胸怀比蓝天阔
裁一道霞光又太浅
你的爱心比霞光艳
采一束鲜花嫌太俗
您的笑颜比鲜花美
掬一捧甘泉又太淡
您的心地比甘泉纯
吟一首小诗嫌太短
您的温情唱不完

采撷天下物
报答不尽您养育恩

唱完世上歌

道不尽儿女心中情

妈妈，亲爱的妈妈

让我们

剪下泰山的日出为您作锦衣

摘下夜空的星星为您作点缀

采取冰山上的雪莲为您作花环

剪下神女峰的云雾为您作缎带

披在您身上

献上儿女最真挚的厚礼

挂在您胸前

表达儿女最神圣的敬意

毛泽东赞

——为纪念毛泽东诞辰100周年而作

1893年12月26日

从韶山冲横空出世的巨人

你毅然走出农家居所

上下求索

寻求光明

橘子洲头

你激扬文字

指点江山

岳麓山下

你手捧马列

壮怀激烈

讲习所

你掀起农民运动

波澜壮阔

井冈山

你点燃照彻黑夜的星星之火

遵义会议

拨云见日

你执掌航舵

四渡赤水

运筹帷幄

你将凶残的敌顽迷惑

爬雪山

过草地

你指引大军

将万水千山从头越

延河边

杨家岭

你吹响号角

燃起全民抗日的烽火

西柏坡

小村落

你决胜千里

创造三大战役的惊世杰作

跨过长江

挺进西南

雄师百万斩阎罗

谈笑间

蒋家王朝灰飞烟灭

弹指间

红旗漫卷新中国

头顶一轮红日
身披万道霞光
操一口浓重的湖南乡音
挥一双翻天覆地的巨手
将那石破天惊的声音
伴随着年轻的共和国
辉煌诞生的一刻
在世界的东方永远定格

看啊
你从天安门
你从金水桥
健步走过
走向火红的十月
走向光明的中国

永远跟着党旗走
——建党七十一周年献词

（一）
当起伏的心潮尚未平息
当晶莹的泪花还在眼帘战栗
党啊，亲爱的妈妈
请听一听您的孩子对您的祝福
请接收少先队员对您崇高的敬意

（二）
一个苦难中呻吟的旧中国
经过您二十八年的悲壮奋斗

终于以从未有过的姿态站起来了
一个社会主义的新中国
经过您四十三年的艰苦创业
终于迈开了巨人的脚步
中国没有您
还不知道在黑暗里徘徊多少年
民族没有您
还不知道忍受多少凌辱和苦难

（三）

乱云滚滚，雨雪纷纷
数不尽的悲伤、牺牲和痛苦
数不尽的仇恨、烈火和希冀
多少仁人志士的血被埋进了黄土地
春雷一声震天响
诞生了中国共产党
中国的面貌焕然一新
中国革命进入了新的里程
这坚如磐石的里程碑
它撞击神州茫茫大地
回声不绝于耳

（四）

听，那是英雄的回声——
卢沟桥头还击的枪声
长征途中雪山草地的歌声
董存瑞舍生炸暗堡的呐喊声

听，那是胜利的回声——
挺进中原的号角声
百万雄师过大江的浪击声

开国大典的礼炮声

听，那是前进的回声——
大庆油海的奔流声
引滦入津水闸的波涛声
亚运会战鼓的咚咚声

这声音震响过一千次
一次次带来胜利的收获
这声音震响过一万次
一次次都激发出无限的希望

（五）
永远举着党旗走
永远跟着党旗走
经历了动乱，经历了血与火
这是历史唯一的选择
没有共产党，就没有新中国
唱出了中国人民的共同心愿
党是太阳
照亮了黎明前的黑暗
党是灯塔
指引着我们前进的航向

今天，我们的党中央
击破坚冰，拨正航向
带领十一亿中国人
向着世界，向着现代化，向着未来
大踏步地前进

依然是

移山填海的壮志

依然是

顶天立地的性格

依然是

钢铸铁打的脊梁

依然是

滚滚沸腾的热血

翻一番已经实现

翻两番前景灿烂

任重道远

大业辉煌

万众一心

众志成城

变了——

荒坡上泛起了芬芳和甜蜜

田野纺织着金波绿浪

城市矗立起万座高楼

祖国大地处处披上新装

不变的是

代代相传的革命传统

不变的是

为人民服务的质朴本色

（六）

党啊，亲爱的妈妈

擦去你欢喜的泪水

展开你欢畅的笑颜

啊，妈妈

戴上这五彩的绚丽花篮

换上这崭新的文明锦衣

祝您青春永驻，美丽永存，万寿无疆

自豪，太阳底下最光辉的职业

——武威教育学院首届大学生毕业典礼献词

没有辜负这闪光的校徽

没有辜负武威人民的期望

你们

用勤奋、严谨、热情与汗水

书写了一份份成功的答卷

此时此刻

为什么你们的眼里闪着泪花

为什么你们的神态这般庄重

为什么你们的脸上洋溢着春风

为什么你们的步履这样矫健

是在追寻那琅琅书声的大学校园生活

是在向往那曾留下青春足迹的三尺讲台

是在为太阳底下最光辉的职业而自豪

是在为人民教师这最伟大、最神圣的称呼而骄傲

多少伟人、学者、武将、文豪

哪一个不是出自老师的熏陶

无数发明、创造、理论、学说

哪一样不包含着老师的辛劳

新的纪录，是从你们眼前起步

宏伟蓝图，首先在你们胸中孕育

你们是吐尽银丝

把温暖留给人间的春蚕

你们是承受万吨压力

撑起高楼大厦的基石

你们甘让别人踩着肩膀

登上科学宝座的人梯

你们是为新一代崛起

默默地筑起起飞跑道的铺路石

你们是那炽热的火种

把青春的火焰奉献给下一代

让他们潜藏的智慧熊熊燃烧

你们是那地下的树根

贪婪地吮吸着知识的营养

又无私地输送给嫩枝新蕾

让他们在阳光下争比妖娆

老师，亲爱的老师

你们为了练就一身过硬的本领

暂时告别了那曾经属于自己的讲台

扑入了一汪神奇的知识的海洋

将辛劳的铧犁

耕耘在方格的土壤上

将智慧的甘露

滋润文学的花朵

每天，每天

是你们第一个点燃漫天的朝霞

又最后一个拧熄天上的星灯

终于击退了千般艰难

冲决了万道篱笆

让知识的琼浆在血管奔流

让时代的脉搏在心脏滴答

成功了，成功了

莫道是为了贪图

莫道是为了享乐

莫道是啊，一纸红色的文凭

都是为了祖国母亲，在世界之巅挺起胸膛

老师，可敬的老师

巍巍祁连在为你们动情书写

叮咚泉水在为你们纵情欢歌

朵朵鲜花在向你们竞相开放

融融阳光在向你们喷金吐彩

愿你们，用自己的青春与热血书写新的篇章

愿你们，用自己的汗水与智慧催开祖国万千桃李

愿你们，为人民教师的称号再添光彩

愿你们，为武威教育的大业再立新功

▼

心有戚戚——学校与管理

参加全省庆祝教师节暨优秀教师座谈会发言

王新民

尊敬的各位领导、嘉宾，同仁们，朋友们：

大家下午好！

伴着九月飘香的金桂，怒放的金菊，我们迎来了第三十一个教师节。作为基层小学的一名教师，今天能够参加省委、省政府主办的教师节座谈会，我感到非常荣幸，也非常激动。党和政府对教育的重视，对教师的关怀使我如沐春风，倍感温暖！在此，请允许我代表广大一线教师向在座的各位领导表示衷心的感谢！向关心和支持教育事业的社会各界朋友表示深深的谢意！也向我的同仁们致以最美好的节日祝福！

我从18岁初登讲台，至今已34年。从2001年起，我先后被评为"甘肃省骨干教师""甘肃省学科带头人""中小学骨干教师国家级培训优秀学员""甘肃省特级教师"，2014年9月，被甘肃省教育厅授予首届"陇原名师"称号。个人事迹曾被《甘肃日报》、甘肃教育厅网站、《武威报》、武威电视台宣传报道。回顾自己的成长经历，我感慨万千，教书育人既是我的无上光荣，也让我深深感到任重道远，责任在肩。怎样做一名新时代合格的人民教师？我想结合自己成长的经历谈一点感受与思考。

一、以真做人，以真办学，做"求真"教育的践行者

陶行知先生说过："千教万教教人求真，千学万学学做真人。"这一育人"真经"是他从几十年教师生涯中总结出来的，它道破了教育的价值观和道德观，指明了现代教育最重要、最本质的属性。我们应牢记陶行知先生的话，以"真"字作为自己的立教之本，教学生求真知识，学真本领，养真道德。

二、乐于学习、善于思考，做教育改革的领头雁

学习是教师成长的不竭动力，是教师的终身必修课。工作中我坚持做到四点：向书本学，汲取知识的力量；向实践学，开启智慧的源泉；向同事学，修炼宽阔的胸怀；向名师学，找到努力的方向。多年来我坚持在工作中学习，学习中思考，思考中提高，使读书、思考、写作成为生活中不可缺少的习惯。同时带动老师们努力向"五个一"工程目标迈进：即每天上好一堂课，每天至少找一位学生谈心或书面交流，每天思考一个教育或社会问题，每天读书不少于一万字，每天写一篇教育日记。

三、潜心探索，痴心不改，做教科研的先锋

我的成长得益于甘肃教育、武威教育这块沃土，得益于省市教科所这块教师专业发展的平台，也得益于武师附小这块试验田。我深深感到是教育科研丰富了我的内涵，改变了我的行走方式，优化了我的生命状态。从教师到教导主任，再到主管教学的副校长，学校负责人，我一直潜心钻研小学教育教学，努力把握小学教育教学改革的脉搏，打造具有生命活力的新课堂。从武威三县一区，到平凉、临夏、白银、兰州、西安、江苏，都有我上示范课、专题讲座的身影，我多次在省市级骨干教师培训、新课改培训、中英项目培训、送教下乡活动中担任培训专家。

我主持的5项课题已通过省级鉴定，2项课题获甘肃省基础教育科研优秀成果三等奖，6项课题获武威市科研优秀成果一等奖，所授课2次获省级一等奖，2次获全国一等奖，30多论文篇论文在省级国家级刊物发表或获奖；出版专著1本，主编教材2套。

四、真诚帮助，热诚期待，做教师专业成长的引路人

一名有影响力的教师应该像大树一样，不但自己枝繁叶茂，还要影响一方环境。我从不敢以大树自居，但我乐于做带头人、领头雁，帮助和带动我身边的老师。在担任教导主任、主管教学的副校长、学校负责人的22年期间，我始终坚持深入课堂指导教学。每学年保证听推门课40多节，其他公开课60多节，每一次课后我都能地面对面地给予青年教师热情的鼓励、公正的评价、真诚的帮助和专业指导。用年轻老师们的话说："王校长的评课听一

次让我们长进一次，听一次心里明亮一次，听一次享受一次，提高一次。我们就是在王校长的评课中成长起来的。"

近10年来，在我的指导下，3名教师获全国课堂教学一、二等奖，16名教师获省级课堂教学竞赛一、二等奖。18名教师在武威市送教下乡、教师培训、新课改研讨会等活动中作示范课并获奖。培养的8名青年教师现已成为省市级骨干教师、教学能手。2014年由我主持并领衔的陇原名师王新民小学语文一、二级工作室先后在武师附小和甘南舟曲县城关二小挂牌成立，2015年7月，工作室被教育部教师司确定为示范性工作室。

五、执着热爱，不断追求，做点化生命的好老师

我时常在思考：究竟啥样的老师才是名师？思来想去，我的感觉是：如果你教过的学生过了十几年、几十年，还记得你上的课，还记得你教育他们的言行，还能时时感到你的温暖，在他们做事做人的时候时常有你的影子在，你的思想影响了一个人、一群人，甚至几代人，这样的老师就应该是名师。20多年前我教过的学生，现在无论是名声显赫的领导、还是"普通一兵"，每逢节假日，或发短信，或打电话，或登门拜访，还时常来看望我，在他们心目中我是他们的引路人，是他们引以为荣的师长，更是他们的挚友。试问，没有悉心的付出，没有真诚的关爱，哪有这般幸福回报？

亲爱的老师们，飞速发展中的甘肃正处在跨越式发展的关键时期，使命召唤着我们，人民期待着我们。我们只有学习，再学习；提高，再提高；奉献，再奉献，才能无愧于这个时代。我们只有以身立教，以德立教，努力锻造自己，做人格之师，生命之师，才能无愧于人民教师的光荣称号。让我们一起心系甘肃教育，情牵甘肃学子，为谱写甘肃教育的新篇章而努力吧！谢谢大家！

校长要做教师专业发展的领跑者

王泽才

校长在学校不仅是一个行政领导者、组织者、服务者，而且是教师专业发展的领跑者。

（1）坚持学习，不断进步。学习既是做好工作的需要，也是一个人在精神上获得长久幸福感的必经之路。我们提出的实施"三园工程"之一就是要把学校建设成"书香校园"，每一学期开学初，我都会将自己的读书计划公布于众，如有一学期，我要读的是四本书是《孟子的短慧》《管理之道》《窦桂梅与主题教学》《末代紧皮手》，并且制定了学习计划。我们还让每一位教师也制定一学期的读书计划，学期结束，对读书情况进行检查评比，对读书效果明显的教师进行表彰奖励。我们还在全校学生中开展"多读书读好书爱读书"的活动，让学生在老师带头读书的环境中从小养成读书的良好习惯。

（2）立足课堂，引领课堂。课堂是提高教学质量的主阵地，也是教师专业发展的出发点和落脚点。2010年以来，区教育局领导带队深入各学校开展教育督查调研，推门听课就是其中的一种督促方式。我们借此加大了学校领导推门听课的力度，通过听课，对每一节课进行有计划的点评、引领，对教师的课堂教学方向进行宏观上的指导，对教师的专业发展特别是教学能力的提高十分有效。为了减轻老师对这一方式的心理对抗，我每学期也持牌上课，邀请老师们对我的课进行推门听课，或者主动邀请老师们听我的课，让老师对我的课"评头论足"，我和老师在互相听课、研课中共同提高、共同发展。

（3）自我反思，自我发展。提倡老师写教学反思，可以促进教师的专业发展，但是有的教师在教学反思中成长起来了，而有的老师则"涛声依旧"、原地踏步。"师傅领进门，修行靠个人"，教师要获得进步，其个人的专业自觉至关重要，我不仅倡导老师们坚持反思，而且在实际工作中也身体力行。我在给老师们上"怎样写细节"一课时，查阅了以前上这类课的记载，对以前上过的课进行了反思，写出了初步的教学设计，又听取了几位老师的建议，完善了教学设计。为全校的语文教师上了一堂作文示范课，老师们反映较好。"怎样写细节（课堂实录节选）"被《未来导报》发表，受到了读者好评；而据此写出的作文辅导文稿也被全省的小学生评为最佳文章。

（4）坚持研究，榜样引领。我主持的两项省级课题已通过省级鉴定，三项成果荣获甘肃省基础教育教学科研优秀成果奖，一项成果荣获"全国基础教育课程改革成果"二等奖，我用这方面的优势来引领教师做课题研究。因为教师的专业水平存在差异，所以我进行分层指导、树立不同的榜样，让教师得到不同程度的进步。指导两名副校长和教导主任做省级课题的申报与研究，指导教学经验丰富的教师总结得失、撰写论文，鼓励青年教师瞄准省级、国家级刊物水平和市级课题，引导特级教师、省级骨干教师、青年教学能手撰写系列论文、系列教案、系列教学随笔等，向形成教学风格、总结教学思想等更高目标迈进。当教师取得点滴进步时，我总是在全校教师大会上予以表扬、鼓励，特别突出的还在《未来导报》等省内外媒体上宣传报道。

（5）举办讲座，思想引领。校长对教师在不断学习、研究课堂、坚持反思、课题研究等方面进行引领后，还可以在促进形成教师自己独特的教学思想方面进行引领。我当副校长以来，几乎每年都要应省市区教育行政部门的邀请开展各种形式各种层次的专题培训，我的示范作文教学思想就是在这些不同的专题培训中渐趋成熟的。从2011年起，我不仅继续坚持开展各种专题讲座，还指导教师主持各种形式的专题讲座，鼓励其总结经验、撰写论文、进行校本课题研究，在实践中提升教师的理论水平，形成鲜明的教学思想。让王玉珍老师到新华书店开展关于阅读方面的讲座，指导王保老师举办全区体育教师理论培训，鼓励青年教师吴志鹏主持全区科学课教师专题讲座，鼓励市级骨干教师送讲座下乡，指导省级青年教学能手编写全省配套练习题等。这些方式，对促进教师专业发展、形成各自的教学思想发挥了积极的作用。

校长引领教师发展，教师跟着校长进步。仅2011～2012学年度，我校就有10名教师受到区级以上表彰奖励，全校教师的36篇论文发表，18项成果获奖，两项课题通过省级鉴定，汇编了教师成果85万字。值得一提的是，雷风梅老师指导的小小说《黄叶秋风》发表在甘肃省《学生天地》上；陈俊老师指导的《家庭报》作文发表在北京作家协会主办的《东方少年》上；王雪梅老师指导的作文《倒霉的一天》发表在《语文报》上，并荣获首届全国小学生"我最满意的作文"征文大赛珍藏金奖；还有一篇学生作文荣获国务院侨务办文教宣传司、国家对外汉语教学领导小组办公室、人民日报海外版、教育部关工委等八家单位举办的第九届华人少年作文比赛二等奖，实现了我校学生作文在国际作文大赛中零的突破；徐晓华、冯玉婷两名教师分别荣获省级小学数学、体育观摩课二等奖；徐永春老师撰写的《一句感叹引发的思考》发表《中国教育报》上；张英花老师在甘肃省第八届小学语文青年教师阅读教学比赛中，荣获现场课评比一等奖，执教的观摩课得到与会老师（300人）的一致好评。另外，韩春华、赵玉芳双双被评为甘肃省骨干教师，我校是2011年全省各小学中唯一——所同时涌现出两名省级骨干教师的基层学校。

如何建设高质量的农村教师队伍

舟曲县第二小学　王建朝

加强教师队伍建设，提高师资水平是一项十分重要而紧迫的任务。只有师资到位，学校才能正常运转，教育质量才能得以保证，教育公平才能初步实现，教育的科学发展才能得到落实，社会和谐才能进一步构建。国家已把建设高质量的教师队伍明确为中国教育政策的重点。

一、现阶段农村学校存在的问题

我县是一个多民族聚居的地区，大力开展少数民族教育，是推动民族教育事业发展的必然，许多偏远农村少数民族由于语言生态环境、居住环境的影响，双语教育存在许多问题。学生没有语言环境，学习的积极性不高，双语教师师资紧缺，教学能力水平不高。

长期以来，这些学校许多教师由于自身水平有限及受传统教学的影响，无法深入领悟新课程改革的教学方式，采用的传统教学方法即"传授知识是教育的核心内容"，导致教学质量一直偏低，面对新课程改革，大多数农村学校教师也不甘落后，一直在努力实践、摸索、思考如何优化教学方法，但由于经济落后、交通不便、信息闭塞、欠缺专家引领，可借鉴的经验和范例也很少，整体效果并不明显。

二、以人为本，调动教师的工作积极性

1. 关心、满足教师的正当需要，不断激发教师工作的积极性

所谓激励教师，说白了就是尊重教师。人人都渴望获得尊重，作为一名教师更希望能有人欣赏，而尊重教师是最大的欣赏。教师受到尊重，得到了

关怀，得到了重视，做起事来就会真心实意，想方设法去做好。作为学校领导者，要经常深入到教师中间，去了解和研究教师在各方面的需要，并有针对性地去创造条件尽量去满足，充分调动广大教师的工作积极性。

2. 挖掘教师的潜能，发挥他们的工作积极性

把那些德才兼备、群众公认有教学水平和工作能力的教师充分调动起来，用其所长，将他们放到最能发挥作用的岗位上去，以实现岗位所需和教师所长的最佳结合。教师的工作是辛苦的，他们除了在课堂上教书育人，课下也无时不在绞尽脑汁想着自己的教学，心里装着每个学生的健康成长，学生思想行为的转变、知识的增长、技能的提高，无不凝聚着广大教师的心血，而这一切往往不会引起人们的觉察和理解。因此，学校领导要经常深入到教师中，去了解他们的工作、学习和生活情况，同时还要在教学过程中捕捉他们的创造精神和教学经验，对有独特见解的优秀教师给予充分肯定，对有推广价值的经验想办法推荐到县、州、省，让他们的教学智慧得到全社会的认可，这样他们工作的积极性自然就会调动起来。

3. 创设健康和谐的人际环境，充分调动教师的积极性

学校应建设良好的校风、教风、学风，构建积极向上的心理态势，尽量让每个教师处在团结、宽松的人际环境中，形成相互信任、相互尊重的人际关系，获得归属感和认同感。同时，还要通过制度化、规范化的管理和健康的群众舆论，利用暗示、赞许和批评等手段，给教师一种精神奋发、积极进取和不断完善心理品质的紧迫感，产生欢欣鼓舞和温暖愉悦的情感体验，使广大教师在融洽的人际关系中创造最佳的工作业绩，以最小的心理消耗求得心理潜能的最大发挥。为激发教师的工作积极性，学校领导者还应在现有条件允许的情况下，尽量改善办学条件，为教师提供良好的工作环境。绿化、美化校园，让教师们有一个较为舒心的工作环境。

三、加强学习，促进教师的专业成长

教师的业务水平是实施课程改革、全面提高教育教学质量的决定因素。教师仅凭一腔热血，饱满的工作热情难以提高工作质量。因此，建设一支高水平的教师队伍尤为重要。教师应实行终身教育，不断提高自身的知识层次和教育教学艺术，这样才能满足不断发展的社会需求。

1. 加强学习，促进教师观念转变

以传统的观念组织实施新课程改革理念下的课堂教学，这种现象在农村小学普遍存在，它有悖于课程改革的精神，也不适应新的教育教学形势。因此教师的传统观念亟待转变。我们必须有组织、有计划地安排教师学习《新课程标准》、把《新课程标准》与《教学大纲》的要求认真对比，让教师领会新课程观念的精神实质，并在此指导下开展教育教学工作，通过专家点评、听观摩课等形式强化学习，促进教师改变传统的观念。

2. 以研为导，促进教师改进教育教学方法

传统的观念，导致教师教育教学方法的僵化。某些传统的方法已不适应课改的需求。学校要加大教师工作力度，及时组织安排教师外出培训、观摩研讨，使教师获取大量的现代信息，结合自己的教学实际，与同行们加强交流，相互促进，共同发展，真正做到去其糟粕，取其精华，切实改进教育教学方法，以全新的理念为指导，采用适合本地、本班学生特点的教育教学手段，开展教育教学活动，促进课程改革的顺利实施。

3. 以学为主，促进教师提高知识层次

知识要不断更新，就需要教师不断学习，扩大自己的视野，拓展自身的知识领域。学校管理者要紧抓教师继续教育、校本培训等时机，鼓励引导教师学习新的教育教学理论，以指导教学实践工作。同时还应鼓励教师参加其他不同类型的学习，如函授、自考等，以提高教师知识层次，更好地为教育教学工作服务，在条件许可的情况下，尽力为教师创造学习机会，并提供物质保障。

四、关注民生，提高教师的社会地位

在实现县域教育均衡发展和全面建成小康社会的时代背景下，建设一支高质量的教师队伍是提升农村教育的关键，建设高质量的教师队伍，重点则在于农村教师队伍的专业发展。而与之相伴的一定是关注教师，特别是农村教师的社会地位。

教育是一个国家兴旺发达的根本，这一观点几乎得到了全世界各个国家的认可。各国都非常重视大力发展国民教育，提高国民素质，为国家的发展储备人才。因此，凡是教育提升到兴邦治国这一根本高度的国家，都非常注重加大教育投入，给教师以高报酬、高待遇，提高教师的社会地位。

创新小学语文高年级口语交际教学之管见

石秀兰　齐典洲

　　学会生存、学会学习、学会交际是联合国教科文组织指出的21世纪人才必备的三大素质，很显然，口语交际已成为现代社会中人类最重要的交际活动。《全日制义务教育语文课程标准》明确指出："口语交际能力是现代公民的必备能力。应在具体的口语情境中，培养学生倾听、表达和应对的能力，使学生具有文明和谐地进行人际交流的素养。"小学高年级是学生生命成长的重要阶段，也是语言和思维发展的关键时期，抓好本段学生的口语交际训练，对规范学生语言、促进学生思维、学会与人和谐交往等基本技能不无裨益。语文教师要充分利用课堂这一主阵地，积极探索，努力创新口语交际教学方式，建构高效而有活力的口语交际课堂，让学生敢说、会说、善说，才能真正提高学生的口语交际水平。

一、提供交际机会，让每个学生都开口说话

　　不难发现，在日常状态下，学生之间的交流是自然的、流畅的，为什么一到课堂上就变得焦虑、羞涩，甚至面红耳赤、噤若寒蝉？因为每个人的潜意识中都有"怯场"心理，成人如此，小孩更甚，怕说不好惹人笑话，怕说错了遭人起哄。"不敢说"自然"不想说"，因此，教师要想办法营造良好的交际氛围，构建平等交际的平台，使学生在自由和谐的氛围中畅所欲言，时间长了，就会习以为常，变得想说或敢说。例如，每节语文课上，用5分钟的时间，让学生上讲台和师生交流生活见闻，交流内容不做硬性规定，学生自主选择。不同性格的学生，可以采取不同的交流形式。例如，善于表达者以"独白"的形式交流，不善言辞者，采取"对话"的形式交流，可以忽略

说话时的细枝末节，可以淡化叙述的先后顺序，也不必计较语言的流畅、通顺，只要引导学生敢于登台，敢于交流即可。听的同学要学会倾听，尊重他人发言，也可根据自己的兴趣爱好随时成为交流的主角。由于不受刻板的教学程序的限制，说的内容又都是学生的生活见闻，而且每个人都有上台发言的机会，学生自然会尽力完成，模糊了生活与"交际"的界限，久而久之就会产生一种积极的心理暗示，养成自信的交际品质，形成正确的自我认识。

二、捕捉交际时机，让学生想说

小学生的猎奇心很强，往往会被一些新鲜事物所吸引而产生直接兴趣，教师要做教学的有心人，积极捕捉学生感兴趣的话题，一旦发现学生话语的兴奋点，就要趁热打铁，及时进行口语交际训练，真正让学生从情感、思维、行为等方面积极、主动、愉悦地参与交流过程，就会取得事半功倍的效果。例如，有一段时间，班上的男生对街上的流浪狗产生了兴趣，下课就围在一起，谈论小区工作人员怎么捕杀这些动物，自己如何参与虐猫、虐狗事件。我感到这是一个比较严峻的问题，"杀戮"对小学生来说太残忍了！其实流浪狗的增多已成为一个比较严肃的社会问题了，应该引导学生正确认识并能妥善处理生活中的这一类问题，而不是简单地将它们处死，在他们单纯的心灵上抹上血腥的一笔。

于是，在一次口语交际课上，我说："这节课我们不聊别的，听说大家对街上的流浪狗很感兴趣，咱们一块聊聊吧。"话音刚落，学生就议论纷纷，有的说它们影响市容市貌，有的说传播疾病，有的说引发交通事故，也有的说给行人带来安全隐患……我引导学生分析造成街上流浪狗增多的原因，学生有说自己走失的，有说是生病后被主人抛弃的，还有的说是主人喜新厌旧不要了……没想到孩子们的思维如此细腻，我暗自高兴，"既然问题找到了，我们该如何解决呢？我听有些男同学商量要捕杀这些小动物，你们同意吗？"这回率先举手的是女同学，有的说这样做太不人道，小猫小狗也是生命，何况他们曾给千家万户带去过欢乐。有的说流浪狗无错，错在它的主人不该抛弃它们……见同学们如此投入，我抛出了最后一个话题："同学们的善良让我感动，现在我们分男女两组讨论：怎样才能把人与狗彼此的伤害降到最低？看看哪个组的方法多、方法好。"经过一番热议，同学们提出了许多有创意的办法，如政府出资修建"动物救助站"；在动物套的项圈上注明家庭住址、联系电话，以免走失后找不回来；利用"微信"等方式，开展"宠物互换"活动等。还有个女孩提出对动物也要实行"安乐死"……这场因流浪狗引发的话题到此结束，也给了我很大的启发：口语交际来源于生活，理应服务于生活，如果不能在口语交际时引入源头活水，交际课堂必将是一潭毫无生机的死水。富有生命力的口语交际课堂应该是基于学生立场的课堂，是教师引导学生进行有效对话的课堂，如果我们在教学中善于捕捉学生语言的兴奋点，巧搭话题，诱导交际，就能最大限度地调动学生的兴趣，提高学生分析、解决问题的能力。

三、重组文本语言，让学生会说

造成高年级语文口语交际课堂沉闷的主要原因是学生的语言短路，这一方面固然由于学生的思维还不够宽泛、敏捷，更重要的原因是语言积累不够，如果我们在日常阅读教学中，善于挖掘文本中的语言要点，放手让学生对文本语言重新加工，重新组合，设计多元互动的口语交际活动，就能收到意想不到的口语训练效果。例如，学完《鲸》一文后，学生对鲸这种海洋巨霸产生了浓厚的兴趣，于是，我因势利导，将学生分成四个小组，分头搜集有关鲸的形体特点、进化过程、生活习性和繁殖特点方面的知识，准备开一个以《鲸的自述》为题的科普知识交流会，学生一听就来了兴趣。课后，他们立即开始了行动：重组和改造文本内容，去图书室查找课外知识，请教科学老师或家长，上网获取鲸的图片……三天以后，交流会如期举行，各组学生依据课文和课后了解的资料，以鲸的口吻，介绍了"自己"某一方面的特点，其他小组的同学也不失时机地将自己知道的有关知识和大家分享。由于学生对课文内容比较熟悉，课外准备又很充分，交流起来自然很轻松自在。这次交流课给了我很大的启发，于是我如法炮制，学完《新型玻璃》一文后，随堂组织学生开展《我的新发明》的口语交际活动，鼓励学生大胆想象，敢于创新，依据课文语言的表述形式和说明方法介绍自己新发明的产品；学完《窃书》一课后，又组织学生以《窃书究竟对不对》为题，开展了一场辩论会……由于学生从文本中积累了大量的语言和词汇，交流时就会好不费劲地把话说得既完整又通顺。这样的语言实践活动，不仅加深了学生对课文内容的理解，而且训练了学生创造性地运用课文语言的能力，还培养了他们之间相互沟通、团结协作、共同解决问题的交际能力，真正将口语交际任务落到了实处。

四、巧用多媒体，让学生善说

现代多媒体的普及和使用，为语文口语交际教学开辟了广阔的天地，它将文字、声音、图片、影像等将诸多信息融为一体，在调动学生多种感官参与活动的同时，激发了学生口语交际的兴趣和灵感。多媒体营造出的逼真形象，能极大地唤醒学生的情感体验，使其有一种身临其境的感觉，从而增强学生进行口语交际的信心和积极心，取得良好的教学效果。如开展以"家乡"为话题的口语交际活动时，我发现学生对家乡的自然风光、名胜古迹、名优小吃等方面的知识储备是零星的甚至是模糊的，说着说着就出现了冷场。于是，我将课余时间精心准备的影像资料呈现了出来，学生从影像中看到了自己去过的天马湖、东关植物园、雷台公园、文庙等景点都兴奋地叫起来，及至看到自己曾经吃过的"三套车"、面皮、洋芋搅团、凉面等风味小吃时，更是欢呼雀跃。形象逼真的画面再次唤醒了学生的生活经历，他们一边看片子，一边互相交流自己的亲身感受，课堂气氛十分热烈。播放完后，我将影片内容分成三大板块：风光、名胜、小吃，让学生自主选择最感兴趣或影响最深刻的板块，然后选择兴趣相同的伙伴互相交流，共同把这一板块的特点或亮点说清楚。为了帮助学生解决交际时抓不住重点的问题，我又不失时机地用多媒体课件展示出景物、小吃的主要特点，如雷台公园中的铜奔马、雷台汉墓、雷公庙；天马湖中的木制栈道、湖边的霓虹灯光、岸边的林荫小道；"三套车"中的"行面、茯茶、卤肉"等，一次次唤起他们的生活回忆，强化他们的情感体验，激活他们的思维，从而为后面口语交际时的真情释放做好了铺垫。等到交流时，我让各组代表扮演导游，借助多媒体课件介绍一处风景或一种小吃，我和其他小组成员扮演游客，一边听讲解，一边提问，在生生互动、师生互动中较好地完成了这次口语交际的任务，取得了良好的教学效果。

只有学生精彩了　教师才精彩

王新民

10月20日，我有幸再次参加甘肃省中英项目教学支持小分队送教下乡活动，身份是省教科所中英项目兼职教研员，主要任务是讲座、听课、组织参与式评课。下乡地点是临夏回族自治州广河县城附近的一所小学，活动辐射广河县城关区所有的小学。

活动中我们小分队的一节语文示范课给我印象很深。授课N老师是刚刚获了甘肃省中英项目赛课比赛一等奖的一位年轻老师，N老师很有见解，很有激情，也很有个性。语文课《丰碑》亮点不少，课设计简约、简单，课上得比较朴实传统。N老师紧紧抓住将军的情感线，即"将军的思索—将军的愤怒—将军的敬佩—将军的断言"展开教学，对重点字、词、句、段的教学抓在点子上，整节课没有冗杂的教学环节，没有声、光、电等介质组成的让人眼花缭乱的现代化的多媒体课件，有的是教师恰到好处的设问、激情点拨和积极的调控。教师的激情范读效果明显，教材解读比较到位，对教材拓展适时、适度。但缺憾也不少。课堂上教师时有包办代替之嫌，学生时时处于配角的地位，课堂上没有组织起一次真正意义的自主学习活动，没有看到一次学生静思默想的场面，没有听到一次属于学生自己的思考，教师组织教学时缺乏一种期待效应，许多情况下，学生刚开始思考就被教师不耐烦地叫停，课堂上那些精彩的理解感悟几乎都是教师讲解出的，教师虽注重情感教学，但教师情、教材情、学生情三情共振缺一情，那就是学生情没有被真正激发出来。读与悟、读与思结合起来了，但学生的感情朗读没有达到一定的水准。教师在课上只想着自己精彩，岂不知只有学生精彩了，教师才真正精彩。这应该就是"以学论教"这个理儿吧。新课改需要发扬传统，但新课改怎能不要新理念、新思想做指导呢？

现在许多人都在讲语文味，语文课的扎实有效，什么是扎实？我觉得就应该像华东师大叶澜教授讲的，在一节课中，学生的学习首先必须是有意义的。初步的意义是他学到了新的知识；进一步是锻炼了他的能力；再往前发展在学习过程中有良好的、积极的情感体验，产生进一步学习的强烈要求，越来越主动地投入到学习中。一句话，学生真正得到了发展。这样的课才是有意义的课，扎实的课。另外，一节好课，还必须是预设和生成和谐共生的丰实的课。一节课不应是完全设计好的，在教学中，应有教师和学生情感、智慧、思维和精力的投入，而这节课就缺乏学生的投入，缺乏真正的自然的生成。

武威市中小学优质课评选活动小学
语文、数学评课总结

王新民

一、说说这次活动

这次活动感觉组织得非常好，具体讲有以下三个特点：一是领导高度重视，带头参与。市局主要领导亲自带队，每到一处都要深入学校、走进教室，带头听课，走一路，听一路，基层的反响非常强烈；主管领导现场指导，亲自把脉会诊，工作、吃、住、行和评委老师们始终在一起；县区领导周密安排、热情接待、准备充分。二是活动精心策划，扎实有效。围绕课堂教学质量检测这一中心，优质教案评选、优质课评选两个活动、两条主线，互为补充，相得益彰，两项活动都依据市上制定的统一标准，优质教案、优质课最后的产生都经过县区初评、市上复评两个阶段，层层选拔。尤其是优质课复评时将初评推选的基本成型的课和现场推门课结合在一起，增强了活动的针对性、实效性。三是活动涉及面广，影响大，意义深远。此次活动涉及小学、初中、高中语文、数学、英语、物理、化学、历史、地理、体育等多个学科，辐射三县一区和市直中小学，是市教育局对全市中小学课堂教学质量、教师教学基本功的一次集中检阅，也是全市各学校落实素质教育、深化教学改革的一次成果展示，更是全市教育系统开展教学质量年活动和创先争优活动奏响的序曲，活动达到了以评促教，以评促改的目的。

二、说说这次的优质课

总体上看，这次的优质课评选，参赛教师基本功比较扎实，课堂组织严谨、结构合理，对新课改、新理念落实得比较到位，授课思路清晰、流畅，层次分明，注重三维目标的达成，关注学生的发展，有一定的课堂随机调控能力，课堂教学改革力度大，课堂教学效果显著。具体说来有以下几个亮点：

（一）从教学目标上看，能够较好地体现知识与技能，过程与方法，情感态度价值观的三个维度

大多数课学生的学习是积极的、有意义的、扎实的。首先是学生在课堂上学到了新的知识，思维与能力得到了锻炼、得到了发展；其次是在学习过程中学生有良好的情感体验，产生了进一步学习的强烈要求，学生精神饱满，兴趣浓厚，能够全程参与、全身心地参与教学活动，能够自由地表达自己的观点，而这些正是得益于教师能够有意识的营造民主、平等、和谐的课堂氛围，得益于教师能够摆正自己的角色，努力做学生学习的引导者、合作者、激励者，得益于教师正确处理好以教师为主导，以学生为主体关系。比如赵建荣老师《认识时间》一课就是一节扎实、充实的、丰实的课。一是课堂充满情趣，学生学得积极投入；二是教师精心设计并扎扎实实组织教学，耐心而自如地引导学生自己观察，自己思考，自己比较，自己判断，自己动手操作，自己体验，自己发现；三是练习适时、适度，针对性强；四是面向全体，学生参与面大；五是学生在习得知识、思维得到发展的同时情感也得以培养。

（二）从教学策略上看，能够针对不同学段、不同课型，较好地采用了有效的教学策略

教学策略是指在不同的教学条件下，为达到不同的教学结果所采用的手段和谋略，它既是教学理念的具体体现，又是教学方法的经验提升。它具体体现在教与学的交互活动中，教学策略具有综合性、可操作性和灵活性等基本特征。本次优质课评选活动，大多数教师能优化课堂教学策略，合理创新教学设计、认真钻研教材、灵活多样地组织调控教学，努力让学生成为学习的主人。

1. 亲近儿童，和谐对话

在小学低段的课堂上，尤其需要我们老师"心平气和""柔情似水""循循善诱"。因为老师的"心平气和"，能让他们更自主、更舒展地生活在课堂上。如天祝青年教师马晓霞的二年级的一节推门课《几百几十减几百几十》就是一节轻松自然的课。马老师教学语言一直很舒缓，很轻柔，犹如涓涓溪流，沁入每个学生的心田；课堂教学方式也贴近低年级儿童的特点，她的数学课跳跃着纯洁甜美的童心，洋溢着浓浓的儿童情趣。学生在获得知识、能力及个性品质发展的同时，获得了良好的情感体验。作为小学教师，我们就应该这样"蹲下来看儿童"，从成年世界、成年情感、成年逻辑转变到儿童意识、儿童情感、儿童思维，以学生为起点，做学生的知音，让学生在一个宽松、民主、和谐的课堂氛围中，尽情展示儿童的本真，从而点燃他们心头的智慧与情感之火。

2. 创设情境，开启情感

在课堂上，应如何创设多元化的课堂情境空间，营造利于能力发展的教学环境，引导学生主动学习、主动发展呢？古浪许惠琴的《一夜的工作》一课是这样尝试的：教学中教师紧扣一个"情"字，以读为本，以读为主线，通过初读，情境导入——细读，品词悟句——精读，感悟品质——读写，产生共鸣——再读，升华情感这五步有层次的导读，同时借助创设的情境，借助宋小明赞美周总理的诗《你是这样的人》及歌曲让学生感悟周总理为国家、为人民辛勤工作的精神和简朴的生活作风，从而奏响情感教学的最强音。民勤薛建华的《大瀑布的葬礼》一课，针对学生对课文所列举的"赛特凯达斯大瀑布"不了解和对当时当地情况陌生这一学情，教师借助有关瀑布的一些声像资料，创设一定的教学情境，让学生入情入境，并运用对比阅读、合作探究的策略引导学生积极学习，体会作者所要表达的思想情感，理解瀑布被葬送的原因，增强环保意识，充分激发学生的主动意识和进取精神。天祝的俞英存的《中位数与众数》一课，先通过一首有趣的童谣创设数学情境，使平均数的复习趣味化、形象化，学生很轻松地理解了平均数容易受到极端数据的影响，从而得出用平均数来反映张村的贫富程度是不合理的这样一个结论，为突破后面的教学重难点打下坚实的基础；接着教者再次创设情境，引出一个现实生活中公司经理用平均数骗人的故事，旨在把枯燥的数学知识贯穿在具体生动的生活情境中，激发学生的学习兴趣，点燃学生求知的火花，以调动学生观察、交流、分析、总结的积极性，为主动探究新知——《中位数与众数》聚集了动力。实践证明，教学情境是学生掌握知识、形成能力、发展心理品质的重要源泉，是沟通现实生活与课堂学习、具体问题与抽象概念之间的桥梁。在生活、活动和游戏的情境中，它容易诱发学生思维的积极性，引起学生更多的联想，容易激活学生已有的知识经验和解决问题的相关策略。

3. 让课堂"活"起来，使学生"动"起来

这里所说的"活"与"动"不是指课改初期那种形式上的热热闹闹，那种没有实效的跟风式的动，这里的"活"与"动"不应当是表面的、外在的，而应当使学生的思维处于活跃状态，积极思考问题；它应该是引导学生动手、动脑、动口，积极主动地参与学习过程，在课堂教学中充分发挥学生主体性的这种内在的、深层的动；它是有效教学、高效课堂的重要体现，它应该使新的课堂焕发生命的活力。

对于语文教学来讲，这种"动"正如中学语文界泰斗钱梦龙先生说的那样，让学生实实在在的接触文本、触摸语言，在读、写、听、说的实践中摸爬滚打，在听说读写的语言实践中全面提高语文素养。

《大瀑布的葬礼》一课，教师在初读课文，整体感知，情景对比研读课文后，通过课件出示要求：此时此刻，假如你是即将枯竭的瀑布，或者是专家，或者是菲格雷特总统，你会说些什么？这样的顺势引导既发展了学生的想象能力，培养了学生的创新能力、言语表达能力，又陶冶了学生的情感。此外，民勤马晓霞的《我为你骄傲》中的重点句子的品读；《灯光》一课三次"多好啊！"的比较读、课外阅读拓展及读写小练笔；《一夜的工作》中五步有层次的导读，这些都是教师组织的扎实有效的语言实践活动。

让课堂"活"起来，使学生"动"起来，这种动，对于数学课而言，主要指学生在教师引导下动手实践、自主探索与合作交流。天祝的《中位数与众数》一节课，每一个知识点、每一个小小的结论都是教师引导、激励学生在比一比、想一想、议一议、辨一辨的教学活动中自己观察、自己分析、自己体验、自己判断、自主评价中获得的。民勤赵建荣的《认识时间》、古浪赵晶晶的《用字母表示数》、民勤马军元的《抽屉原理》等课也较好地体现了这一特点。

（三）从教学内容看，突出了重点和难点

一堂课上得好不好，关键看教师是否抓住了教学点，是否突破了教材的重点及解决了教材的难点，使学生真正地理解和掌握了教材的基本知识。教师在教学中能否抓住重点、突破难点，是做好教学工作的基本条件，也是教师能力的表现。可以用这样一句话概括——落实教学重点是使学生掌握知识的前提，突破难点是教学成功的关键。这次优质课评选活动中的大多数课，备课时教师都准确把握重难点，教学中能优化教学策略，精心组织教学，耐心引导，灵活调控，突出重点，突破难点。古浪唐春梅的《字母表示数》紧紧围绕"如何让学生体会到学习用字母表示数的意义"来组织教学，首先从生活实际入手，唤起学生探究的兴趣和热情，初步体会字母在生活中的一些作用；然后引出老师与班级孩子的年龄关系，在富有情趣的"讨论年龄"和"摆三角形"两个具体活动中，让学生体会用字母表示数的作用，逐步掌握用字母表示数的方法；接着通过比赛数青蛙这一活动巩固新知；最后拓展应用，加深理解。重难点的解决显得妥帖自如。《一夜的工作》一课教师打破传统讲读、面面俱到的模式，采用抓住中心词，直奔重点段的变序阅读策略，引导学生在读中品析词句，读中感悟人物精神品质，特别是教师巧妙抓住"极其简单"和"极其不简单""一个夜晚"和"每个夜晚"来引导学生体会。

（四）从教材使用看，能灵活使用教材，注重联系社会变革和学生的生活实际有效地开发课程资源

课程资源是一个较为宽泛的概念，目前对它的定义也有各种不同的说法，但我认为：凡是有利于实现课程目标的一切因素都可以成为课程资源。所以说课程资源在我们身边无处不在、无时不有。课程资源又是实现课程目标的重要因素，课堂教学是实现课程目标的主阵地，把课程资源的挖掘开发、优化组合以及有效利用与课堂教学进行有机的整合，采取丰富多彩、形式多样的教学方式和教学手段，是提高课堂教学效益的重要途径。随着课程改革的不断推进，在课堂教学中，怎样灵活地使用教材，怎样挖掘和开发课程资源，怎样优化和整合课程资源，怎样有效利用课程资源，它的途径很多，这次优质课评选活动中许多老师在这方面做了一些有益的探索。

《灯光》一课，教师为了激发学生的情感，更好地体会文章表达的思想感情，在开课伊始播放事先准备好的上海世博会灯光晚会的片段，世博会那美轮美奂、绚丽多姿的灯光震撼了学生的心灵，也为学习课文注入了鲜活的生命；《一夜的工作》一课，教师课始朗诵诗人宋晓明在总理100周年诞辰时创作的深情感人的诗歌《你是这样的人》，课终又首尾呼应播放三宝作曲的歌曲《你是这样的人》，中间又插入1975年总理在身患癌症日子里为人民、为国家殚精竭虑、呕心沥血忘我工作的资料介绍，这些对于升华学生的情感、体会总理的精神与伟大人格都发挥了积极的作用；《大瀑布的葬礼》一课，教师在拓展环节播放家乡人民治沙压沙，在沙漠植树造林的电视片段，在作业环节让学生或为大瀑布配上一首小诗，或收集有关环保资料办一份小报等；《中位数与众数》中教师引入王叔叔去某家公司应聘受骗的事件，让学生用新学的知识为衬衫店老板出谋划策，锻炼学生在实际生活中运用所学的知识进行决策的能力，这些都是灵活使用教材，注重联系社会变革和学生的生活实际创设开放式学习模式，有效地开发课程资源的成功范例。

总之，课标和教材是课程资源的核心，教师要积极主动地去实现从"教教材"向"用教材教"的转变，使《标准》和教材成为支持教学的课程资源，而不是束缚教学的绳索。

（五）从教学手段看，部分教师能比较熟练地运用多媒体手段进行教学

进入新世纪以来，世界科技高速发展，课堂上再使用"一支粉笔一张嘴"的方式传授知识，显然不合时宜。新课改要求我们，要注重使用先进的教学方法和手段，合理利用现代信息技术，改革传统的教学手段。这一要求紧跟时代科技的思想，具有正确的导向作用。本次活动大多课上教师能根据教学内容制作精美实用课件，优化教学过程，创设情境，调动学生的眼、耳、脑各个感官，激发学生兴趣及情感，形象地传授学习内容。学生学得积极主动、轻松活泼。那种课改初期盲目地使用课件、电脑课件喧宾夺主的情况基本看不到了。民勤马军元的《抽屉原理——分配问题》把现代信息技术作为学生学习数学和解决问题的强有力工具，致力于改变学生的学习方式，使学生乐意并有更多的精力投入到现实的、探索性的数学活动中去。《灯光》《大瀑布的葬礼》等许多课的电脑课件制作都直观、形象，效果好，对于激发学生情趣，突破难点，提高课堂教学效率发挥了重要的作用。

（六）从学习方式看，进行了自主合作探究的学习方式的尝试

学习方式的转变，是当前正在进行的新课程改革的核心内容。改变原有的单一、被动的学习方式，建立和形成旨在充分调动、发挥学生主体性的多样化的学习方式，促进学生在教师的指导下主动地、富有个性地学习，自然成为改革的核心任务。语文课程标准的三大理念之一就是"积极倡导自主、合作、探究"的学习方式。《小学数学新课程标准》也强调：学生学习应当是一个生动活泼的、主动的和富有个性的过程，除接受学习外，动手实践、自主探索与合作交流也是数学学习的重要方式，学生应当有足够的时间和空间经历观察、实验、猜测、验证、推理、计算、证明等活动过程。这次的优质课从学习方式的转变上看，力度较大的是民勤马军元《抽屉原理——分配问题》一课。课堂上马老师先从一个有趣问题入手来铺情激趣，导入新课后，课堂教学过程重点部分，教师组织了4次自主、合作、探究式的教学活动。我们认为这4次自主、合作、探究式的教学活动组织是比较成功的。一是这四个问题具有合作探究的价值；二是教师不仅给学生充分地提供了自主学习的空间、时间，而且给学生提供了自主学习的支架——合作的方法和探究的步骤；三是从合作、探究的过程和结果看是扎实的、有效的；四是合作、探究的过程中学生参与面大，参与的积极性高；五是较好地发挥了教师作为学生学习引导者、合作者、激励者的作用。整节课学生是在教师的引导和启发下，在充满探索味、情趣味的氛围中学习。学生理解和掌握了基本的数学知识与技能、数学思想和方法，得到了必要的数学思维训练，获得了一定的数学活动经验。

但也有不少的课在自主、合作、探究式教学方面存在很多问题：自主、探究流于形式，课堂上看起来有自主、探究的环节，没有自主、探究的氛围，没有自主、探究的状态，没有自主、探究的指导策略，只是为了好看，为了应付听评课的老师，"自主、探究"成了花拳绣腿。

如《灯光》一课在教学3～7自然段时，教师给学生提供了自学提纲，提出了读、画、思的学法指导的具体要求，这是无可厚非的，但是教师在学生还没有自主读书思考的情况下就让学生围坐在一起，合作学习还没有怎样展开就不耐烦地叫停，学生刚开始汇报交流教师就急忙牵着学生又用传统的问答式来教学了。

在这里我还想强调几点：①自主、合作、探究基础是自主，关键也是自主，没有自主学习合作探究就无从谈起。②合作学习需要精心组织，要给足时间、空间，要教给学生合作学习的技巧，要想办法让组内成员个个都发挥作用。③要鼓励学生在合作学习过程中自己努力发现问题，提出问题，并通过自己努力解决，有困难和同学一起解决。④要关注合作学习的有效性。⑤自主合作探究式学习方式不是万能的，不是什么课上、什么时候都是最佳学习方式，我们要视具体情况而选择，不用则已，要用就要扎扎实实。⑥转变学生的学习方式，提高自主、合作、探究的实效性，培养学生自主、合作、探究的精神不是一蹴而就的，需要在平时的教学实践中一点一滴积累，需要持之以恒地坚持，没有这一点要想通过一两次公开课就想把它做得妥帖自如那是不可能的。

（七）从课堂评价的角度看，能够关注课堂随机评价

我们知道，教师对学生的评价，有正式评价和非正式评价之说，随机评

价属于非正式评价，评价的内容涉及学生的知识、能力、动机、兴趣、情感价值观等方方面面。随机评价有时是维持课堂纪律的需要，有时是激励学生的学习动机的需要，有时是纠正学生不当行为的需要，有时，也可能是激发学生创新思维的需要。这种融于教学过程中，与教学活动同时并进的评价方式就是非正式评价——随机评价。

这次优质课评选活动中，相当一部分教师注重多元评价，如：民勤赵建荣在《认识时间》一课中将适合儿童心理的课堂激励机制贯穿始终，课堂随机评价适时、适度，教师评价语言恰到好处；民勤马晓霞的《我为你骄傲》一课中，教师语言亲切，能时时鼓励学生；古浪唐春梅在《字母表示数》一课中教师善于引导，善于点拨，善于启发激励学生；天祝马晓霞在《几百几十减几百几十——笔算》一课中，注重运用激励机制，能够呵护学生的童心童趣，课堂气氛轻松活跃。

三、说说对这次活动的建议

（1）多采用临时抽课、现场备课、现场说课、现场评课的办法。

（2）评选出的优质课要进行统一的献课活动，让更多的老师有机会观摩研讨。

（3）多听一些推门课，少听一些准备好的课。

（4）参与面再大点，获奖面再大点，受众面再大点，针对性再强点。

第五辑

▼

小试牛刀——论文与课题

校本课程建设的实践与探索

王新民　石秀兰

　　校本课程的研发与建设，是打开素质教育之门的钥匙，是学校特色发展、内涵式发展的根基，是扩大自主办学的最新的空间。近年来，我校正是把学校课程建设作为素质教育的突破口，在开足开好国家、地方课程的基础上，秉承"立足校园，激发兴趣，培养特长，全面发展"的课程开发思路，全面整合学校已有的课程特色及丰富的课程资源，积极开发、建设、实施学校课程，努力构建科学完善的课程体系，扎实、有序地推进新课程改革，全面实施素质教育，取得了令人瞩目的成绩。

一、以精细的管理制度促进课程建设的顺利开展

　　我们在课程开发工作中，始终不忘探索精细化管理制度，研究制定了《武师附小学校课程管理办法》《武师附小学校课程教师评价细则》《武师附小课程建设与实施学生评价细则》《武师附小学校课程开发与实施中教师培训制度》等。对学校课程的管理工作，主要从三个方面着手制定，即学校课程的申报与审批、课程开发与实施管理待遇、工作量的确定。对学校课程的评价则力求摆脱单一追求量化评定的方法，采取多元化的评价方式，依据课标精神——三维目标统一，促进学生全面发展，突出了知识、技能的训练，更突出了情感、态度、价值观的培养，通过成长记录袋、实际技能操作、任课教师评价、家长评价、学生自评等多种形式进行。

二、以科学的课程体系保障课程教学的有效实施

　　建立科学合理、符合校园文化特点和学校教学特色的课程体系是我们在

课程建设中所做的重点工作。为了做好课程设置工作，我们向全校师生和家长发放了问卷调查表，召开了实验教师座谈会，并对现有的课程资源进行了充分整合与分析，将原有的和即将开发的课程和课程资源整合为"六加一"板块和系列。"六"指六个板块，即，一是以承袭中华文明、养炼道德品质为主题的"礼仪教育""每周一诗""国学经典诵读"课程；二是以培养学生健康情趣及习惯为主题的"小学生健康安全教育"课程；三是以培养学生思维、观察、动手与创造等能力为主题的"趣味数学""象棋""围棋"课程；四是以培养学生高雅情趣、艺术素养为主题的"书法""绘画""民族舞蹈""合唱""葫芦丝"等课程；五是以陶冶学生性情，培养良好读书、写字习惯为主题的"读书交流""写字课程"；六是以激发学生的运动兴趣，增强体能，培养合作精神等为主题的"乒乓球""跳绳""踢毽子""抖空竹""少儿轮滑"等课程。"一"指一个校本课程资源系列，即以培养学生爱祖国、爱生活、爱家乡、爱学校为主题的"国旗下的讲话""雨花石——武师附小学生优秀作文集"，以提升教师专业素养为目的系列教研活动——"教师智慧与创新论坛""骨干教师谈课论坛"等校本课程资源。这些校本课程及资源的开发弥补了我校课堂教学的缺陷与不足，为学生提供了更多自主选择、自主学习的内容和方式，为打造"品德优、思想活、兴趣广、后劲足、素质高"的具有附小培养特色的学生搭建了坚实的平台。

三、以特色课程引领校本课程的深入发展

1. 精心编写特色课程教材

学校组织课程组成员，抽调教学一线精英，对已有的课程资源进行了整合和筛选。在《每周一诗》读本中，我们按各年级学生的认知特点，选编了200首内容健康、情调高雅、内涵丰富的诗词，还特别在"精读篇"中选编了历代文人墨客以凉州或武威为题的诗词，力求所选古诗精粹凝练，音韵和美，阅，则赏心悦目；读，则琅琅上口；诵，则心领神会；吟，则意气飞扬，使学生真正能感受到传统文化的意存高远和博大精深。在《健康安全教育读本》中，我们针对目前小学生存在的生理和心理疾患对症下药，将一些常用的保健、生长发育、传染病预防、计划免疫、心理健康、外伤简单包扎、防火、防震、防溺水、预防毒品、艾滋病、安全上网等知识寄于儿童喜闻乐见的儿歌、顺口溜之中。尤其是能够针对学生的年龄、心理、生理特

点，将教材内容分为"水平一"（一二年级）"水平二"（三四年级）"水平三"（五六年级），由浅入深，逐渐渗透，螺旋式上升，体现了编排的科学性。

2. 认真组织特色课程教学

（1）在经典诵读活动中沐浴传统文化的熏陶。在"每周一诗"诵读中，我们认真落实"四个一"活动。一是每天保证读10分钟古诗诵读时间。遵循"晨诵、午读、暮省"的规律，号召学生课前、课间、课余纵声诵读，博闻强记，做到"常吟之""时习之"。二是每周星期三下午上一节古诗诵读课。具体吟诵的内容可以是老师提前布置好的，也可以按照各个班级制定的诵读计划来实施，同学们通过齐诵、轮诵、表演诵、比赛诵、师生接句诵等多种形式达到互相学习、共同交流的目的。三是利用每周一升旗仪式开展一次经典诵读展示会。会上鼓励学生充分发挥才艺，唱经典、讲经典、谈经典、背经典，以喜闻乐见、趣味横生的活动形式直面经典，感悟经典。这时的经典诵读成了一周中最吸引师生的活动，台上的学生，或齐背，或接句，朗朗声响彻整个校园，台下的同学受到感染也情不自禁地和诗吟诵，在朗朗诵读声中，孩子们体验国学，体验诗韵，颐养身心，陶冶情操，沐浴着传统文化的熏陶，接受着灵魂深处的洗礼。四是每学期进行一次古诗检测。每班抽取5名学生或一个小组，由测评小组教师抽签决定被测学生或被测小组成员的测评顺序，随意抽取篇目，由评委现场打分，按成绩高低给予学生和指导教师一定奖励，并将成绩记入教师和学生的成长记录袋，作为年终考核的依据，以此激发教师和学生参与课程活动的兴趣和积极性。目前，每周一诗诵读与检测活动已成为学校最亮丽的风景线。

（2）在健康安全教育中静听生命的拔节。健康与安全是我们倡导的生命主旋律，多年来我们坚持健康与安全教育不放松，着力培养学生的健康安全意识与公共卫生意识，促进学生养成健康的生活习惯和行为方式。"安全健康教育"课上，老师既重视基本知识的讲解，更注重基本技能的训练，通过创设情境、模拟表演、说快板、唱儿歌、编顺口溜等方式，将日常安全保健知识渗透到儿童喜闻乐见的活动中，大大增强了教育的效果。课后，在走廊里、操场上，孩子们边跳皮筋，边唱健康安全知识拍手歌，在轻松愉快的游戏中，安全健康的种子已根植于他们幼小的心田，生命之树正在拔节生长。

（3）在数学游戏中给学生插上创新的翅膀。趣味数学课上，老师将生活情境融入数学教学，设置"小小售货员""玩转魔术圈""变戏牌"等各种活动，让学生初步学会运用数学的思维方式去观察、分析现实生活，解决日常生活中的问题，积极主动地参与学习，把学数学当成乐趣而非负担。《未来导报》记者走进我校采访时，不少孩子说："自从我上了趣味数学课后，对数学再也不那么讨厌了，我喜欢老师给我们介绍数学的一些趣味性知识，喜欢数学小问号，喜欢边做游戏边学数学，喜欢数学课。"

小学作文"五步改评法"初探

王新民

作文批改始终是多年来困惑语文教师的一大难题。小学生作文究竟要不要批改，怎样批改；是精批细批，还是不批不改；是普遍批改，还是多批少改；是明批明改，还是重批略改等等，许多教师为此殚精竭虑，做了大量的实践探索，但效果都不甚理想，作文批改"耗时多、费力大、成效差"的现象依然严重存在。

近年来，我和同事们紧紧围绕"作文评改"这个专题，认真学习吸收外地先进经验，立足本校实际，开展了一些探索性的研究活动。我们认为，解决"作文评改"这一难题的核心问题是培养学生的自改能力。我国著名语文教育家吕叔湘先生早就指出："对学生的作文，只给些评论和指点，让他自己去考虑如何修改。"因此，教师指导学生自己修改，培养学生的自改能力，乃是交给学生一把提高写作水平的"金钥匙"。

一、"五步改评法"的基本程序

（一）第一步：**教师指导学生初改**

初改时老师要要求学生做好"六查"：书写是否工整；格式是否规范；有无错别字；标点是否正确；词语的运用是否准确；句子有无毛病。

（二）第二步：**教师提出修改意见，学生再改**

教师浏览学生作文时要做好批改记录。要把选材、中心、条理、单元训练重点及本次作文要求等方面的一些共性问题分项记载，并就这些问题提出修改意见。为减轻教师负担，完成这一步时教师可以任意抽查1~2个小组的作文，不作书面批改，只将修改意见反馈给学生，让学生按修改意见进一步修改。

（三）第三步：老师对学生作文作少而精的批阅

学生经过自改以后，作文就可以交给老师，老师在批改时，可下一些少而精的批语，还可打上成绩。评分时，为了避免传统的"分类划等评分法"的弊病，可采用"分项评分法"。即对命题作文按《课标》提出的有中心、有条理、内容具体、书写工整等为评判作文的尺度，注重基础分项划分，按文字表达高于思想内容的评分原则，把作文评分分作七项。

作文题目恰当（5%）	思想健康、中心明确（20%）	内容与题目相符且具体、生动（30%）	条理清楚，段落分明（15%）
语句通顺（20%）	会用标点、错别字少（7%）	书写工整，簿本整洁（3%）	满分（100分）

这种分项评分方法，不要求篇篇如此，每学期教师可重点示范指导几次，当学生掌握方法以后，完全可以让学生自己去评分。教师下批语时要肯定长处，以鼓励为主。指出不足时，措辞要婉转，以商量、提醒、指点、希望的口吻。要紧扣单元训练重点，做到一篇一得。下批语时还要做到简明扼要，通俗易懂。对于那些有特色的优秀习作，教师可以打一些极富鼓励性的醒目的符号，以备讲评时用。只有这样做，教师下的批语学生才爱看，才有助于提高批改效益。

（四）第四步：讲评作文，强化训练

讲评和批改一样都是作文教学的重要环节，如何进行评讲才能保证其效果呢？我是按以下四点要求去做的。

1. 专题要单一

作文讲评的目的是要让学生通过评讲扬长避短，进一步提高写作能力。然而由于评讲时间有限，要想一次评讲就要解决习作中所有的问题是不可能的，所以必须统筹安排，择其重点的具有共性的问题作为评讲专题。如在《爸爸眼中的我》的评讲中，我以"如何审题"为专题，解决学生不认真审题、不会审题的问题；评讲《我尊敬的一位老师》，我以"怎样才能抓住人物特点"为专题，解决学生写老师千人一面、模式化的问题；评讲《我做了一件有益的事》，我以"如何选材"为专题，解决学生不会围绕中心选材的

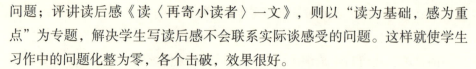

问题；评讲读后感《读〈再寄小读者〉一文》，则以"读为基础，感为重点"为专题，解决学生写读后感不会联系实际谈感受的问题。这样就使学生习作中的问题化整为零，各个击破，效果很好。

2. 形式要多样

研究评讲形式，做到常变换、多样化，这是激发学生兴趣，提高评讲效果的重要保证。为此我注意根据评讲专题，灵活选择和运用以下几种形式：①对比性讲评。选择优劣习作（或片断）各一篇，引导学生围绕专题，在分析对比中获取写作知识。②欣赏性讲评。选择优秀习作（或片断），引导学生围绕专题，阅读、欣赏、分析，以培养学生阅读赏析和作文的能力。③挖掘性讲评。选择中、下学生的习作（或片断），引导学生"沙里淘金"，挖掘闪光点，让他们也体尝到成功的快乐。在此基础上提出不足，以调动学生作文的积极性。④挑剔性讲评。选择优等生习作（或片断），引导学生围绕专题找"茬""挑剔"，以鞭策先进，鼓励后进。总之，作文评讲只要采用多种形式，而且有的放矢，才会不断克服学生作文中的各种弱点，使他们在实践中逐步掌握写作方法，积累写作知识，不断提高写作水平。⑤自主性互评。要求学生组成评议小组（以四人为宜），一人读文，然后围绕本次作文要求和老师讲评意见讨论。并将评议结果汇报老师，由老师进行总结。这样通过互评、互议、互驳、互学，不但激发了学生作文的积极性，而且提高了他们口头表达能力和自我评改的能力。

3. 练习要实在

要保证评讲效果，练习就要实在。要针对性地进行练习，否则，评而不练，或者无目的地练就会事倍功半。为此，我围绕评讲专题有的放矢地安排练习，让学生以评讲中获取的理性认识来指导实践。如《记我的一位亲人》一文的评讲专题是："围绕中心，突出重点"。评讲后我设计了这样的练习：①根据中心提供的提纲确定详略；②给一段跟文章中心关系密切但内容空洞的片断，让学生练习写具体、写细致。如《游海藏寺》一文的评讲专题是"按游览顺序写好景物"。评讲后，我设计的练习是将一篇《游古钟楼》的习作顺序打乱，让学生理出一条较合理的游览路线，然后按顺序重新组合材料。再如《校园的早晨》一文评讲专题是"写景时怎样写好联想"。我设计的练习是给一段只有对实在事物的描写，而没有联想的段落，让学生练习插入丰富而又合理的想象。这样练，有目的，而且起到了触类旁通、举一反三的作用，强化了评讲效果。

（五）第五步：学生按评讲专题三改作文并誊清

这一步是根据教师的评讲专题和各人作文本上老师下的评语，要求学生作第三次完善性地修改。然后工工整整地誊抄在教师规定好的学生《个人作文专集》中。学生的个人专集，允许他们在作文的前后左右的空白处作一些装饰、点缀或花边等。优秀的精品还可以随时贴在教室后面的《学习园地》中供全班同学学习，也可推荐发表，再次让学生体尝到成功的快乐，以励再写新作。

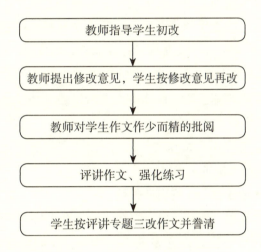

二、运用"五步改评法"需要注意的问题

1. 立足整体，同时起步，突出科学性

要注意做到三个转变，一个注重。三个转变即变"学生作文教师改"为教师指导学生自己改；变不分对象平均用力的一作一批改为因人而异，采用多种形式的辅导修改；变着眼于薄本的批改为致力于修改能力的培养。一个注重是：作文教学从整体着手，努力做到写作与修改同时起步。让小学生从练习写作那天起，即可按其接受能力，根据各年级作文的要求，指导他们自己动口、动手修改文章，使他们从小养成严谨的写作态度和认真修改文章的习惯。

2. 灵活多样，调动惰感，突出趣味性

学生是学习的主人，没有学生的积极性，也就根本谈不上提高作文改评

的效益。小学生做事爱从兴趣出发，愿意做的事情就可以做好。为此可采用以下方式：

① 巧设情境。如运用风趣的语言让同学来"当语病医生"，或做"攻堡垒"的游戏，或讲述古今中外名人名家改文章的故事，以此来培养学生自改的兴趣。

② 看物改稿。小学阶段要求学生描写一种实物（动物、植物、静物）的作文颇多，老师也喜欢布置这类作文让学生练习。可是有的学生观察不到这种实物，只好在课堂上凭空想象。如果我们把有些拿起来方便的实物（如杨梅、杏、桃、玩具、蜡烛、花、工艺品等）带到教室里，让学生用手摸，或用鼻闻，或亲眼看，或用嘴尝，在玩中进行再次观察，然后指导学生改文，这样学生的兴趣会倍增，认识会加深，改文就会得心应手。

③ 榜样激励。对于那些在改文中改得准、改得好的作文，要及时给予表扬或让学生传阅，或老师宣读，或让本人上台讲述。品尝自己改文之乐趣，激励更多的学生积极改文。

④ 互批同乐。让学生互批作文，他们感到好像在进行比赛，不仅体尝了互批的乐趣，批改能力也进一步提高了。

3. 以读助改，读改结合，突出有效性

教师在指导学生修改文章时，要努为做到读改结合。没有读作基础，改就无从谈起。读得扎实，改起来就得心应手。又因为读能帮助"写"，"改"是另一种"写"。只写不读，发现不了自己写作上的问题，进步慢；只会写不会改，作文就会有较大的随意性。

怎样读改结合，以读助改？我认为针对学生作文中加字、丢字、写错字的现象，一般采用指读法（用手指着逐字逐句读）较好；对于文中用词不当，语句不通等问题一般采用朗读法较好，因为读不通顺的地方，往往是句子有毛病，需要修改的地方要改到读起来流畅为止；对于那些段落的增删、详略的安排、材料的选择运用等，一般采用"默读方法"较好。因为默读便于思考，便于反复斟酌。其次，读的方式还应包括自己读自己听，自己读别人听，请别人读自己听，这都是行之有效的方法。

4. 统一要求，认真操作，突出责任性

教师在指导学生自改时，要规定些圈、点、增、删、换的符号，以便统一要求，加快批改速度。有些毛病修改符号无法表明，就要指导学生用简短的语言作提示，指出毛病在哪儿，这一点主要针对互改、小组改等过程。自改时，允许学生在作文本上直接修改。因为在草稿上修改有三个不利：不利于统一要求，不利于学生运用修改符号或者提示语，不利于培养学生高度的责任感和严谨的写作修改习惯。因此，放手让学生在作文本上直接修改，这样作文本上虽有些"乱"，但学生的责任感和修改习惯会得到培养，教师可以直接了解到学生修改能力发展的情况，此可谓以"小"失换来了"大"得。

教师指导学生按"五步法"自改时，一定要有高度的责任心，要努力做到"三勤"。即：①"腿勤"。要到学生中走走、看看、听听、问问，在小作者那里找到解决问题的办法。②"手勤"。即勤作批改记录。③"脑勤"。对学生改文中的各种问题要认真分析，区别对待，哪些该集体辅导修改，哪些该个别辅导以及怎样辅导都要深入思考、周密安排。

浅谈语文教学中的创新教育

王新民

著名教育家陶行知先生说得好："你的教鞭下有瓦特，你的冷眼里有牛顿，你的讥笑中有爱迪生。"这段话可谓语重心长，耐人深思。如果我们在课堂上把自己的观点、自己的理解强加给学生，总爱用"是不是""对不对""好不好""懂不懂"来逼学生机械地回答，学生连普通的"不懂""不会""不明白"也不敢说，如何谈得上调动启发学生思维的活力。因此，在教学中要鼓励学生敢说"不"字。说"不"是一种诚实的科学的求知态度，是一种可贵的思维品质。为了达到这一目的，就要求老师要善于为学生创设民主和谐的氛围。当然，仅仅有民主和谐的氛围是远远不够的。

一、精心设置情境，在想象中激发学生的创新思维

李吉林老师曾这样讲过，想象力比知识更重要。儿童的想象力发展了，他们就如同插上了双翅，飞过崇山峻岭，飞向浩渺的云霄，飞向人们的足迹不能达到的地方。她还说，创造需要想象，而想象是创造的前提。一名优秀的教师，必须重视通过激发学生的想象，培养学生的创造力。有一年秋天的一个上午，我正辅导学生做作业，无意之中被窗外苹果园周围的秋景吸引住了。我灵机一动，赶忙组织学生站在窗前观察，我说："同学们快看，窗外景色多么神奇呀！秋风中的杨树、柳树、老槐树正在举行秋天的盛会呢。谁能把他们精彩的表演描述出来？"学生们兴趣很浓，思维活跃。有的说："深秋的窗外真美啊！秋风阵阵，显得那样潇洒。杨树这个神圣的战士在秋风的催促下，一边慢慢脱去绿色的外套，一边抖着自己的身子在炫耀自己的英俊。"有的说："你听，杨树叶子沙沙地响着，像在鼓掌，像在窃窃私

语，又像在弹奏着秋天的赞歌。"有的说："婀娜多姿的柳树姐姐，她穿着那绿中带黄的舞衣，在轻风中跳着欢快的新潮迪斯科！"还有的说："远处的老槐树如今已是一位饱经风霜的老人了，他看着杨树、柳树的精彩表演不住地点着头……"一石激起千层浪，学生在童话般的境界中驰骋想象，尽情描述。我又趁热打铁，让全体学生动手写作，不到十分钟，一篇篇构思新颖、想象丰富、质量上乘的短文便一挥而就。更重要的是通过这次观察想象，他们用自己的智慧获得了创造的乐趣，激发了创造性思维。

二、挖掘教材特点，在阅读教学中训练学生的创造性思维

阅读教学是语文教学的主阵地，也是充分培养学生创新思维的主渠道。充分挖掘语文教材特点，精心设计，努力探索，在阅读教学中，训练学生的创造性思维，这是又一有效途径。

1. 归缪点拨

这是借用逻辑上的一个术语，是指教师在教学中对学生学习中的错误不作简单的纠正，甚至有时有意设置一些错误，引导学生将错就错，推论辨析，然后让学生恍然大悟，迷途知返。今年七月份，在甘肃省第二届优质课竞赛中，靖远县魏建胜老师在教授《守株待兔》一课时就成功地运用了这一方法。在讲读第一自然段时，魏老师为了让学生理解原文中动词的意思和作用，他是这样引导的："现在，同学们听老师背诵第一段。'古时候，有个种田人，一天，他在地里干活，忽然看见一只野兔，从树林里跑（窜）出来。不知怎的，它一头碰（撞）在了田边的树桩上，死了。'"老师的话音刚一落，有一学生举手了，"老师，您背错了。您把窜出来的'窜'背成跑了。"果然，学生上了老师有意设置的圈套。老师顺势引导学生："百米运动员向终点飞快地'窜'去，这样说行不行？"学生说："不行，必须用跑字，因为运动员是有目标的。""那么，'窜'怎么讲？"老师问。学生恍然大悟，原来窜是没有目标地乱跑。"那'撞'字能不能换成'碰'呢？"老师问完，又请一个学生分别做"碰"和"撞"的动作，学生终于明白，速度快、力量大的碰叫"撞"。这是一次生动活泼的创造性思维训练。

2. 变序跳跃

在语文教材中，有些课文较长，如果按传统的教学程序，逐段阅读分析，不仅浪费时间，抓不住重点，而且会淡化学生的阅读情趣，抑制学生的

创造性思维。如果采用"变序阅读"，即打破程式，改变顺序，抓住重点，直奔中心，便可使学生兴趣盎然。尽快地理解文章的中心内涵，活跃学生的思维。如《凡卡》一文，篇幅较长，有二十一个自然段，结构较复杂。文中采用顺叙和插叙交错的手法，在凡卡给爷爷的信中巧妙地插叙了两件事。教学时，我先让学生把信的内容串起来读一下，让学生搞清楚，信里主要写的是凡卡在老板家受的苦以及请求爷爷带他脱离苦海回家的事。再让学生找出文中插叙的两件事：第一件，回忆慈爱的爷爷和美好的乡村生活；第二件，回忆和爷爷一起砍圣诞树的情景。然后引导学生讨论顺叙和插叙交叉有何作用。有的学生说："这样写，爷爷的关爱、美好的乡村生活和凡卡苦难的学徒生活形成鲜明的对比，反衬了凡卡悲惨的命运。"有的说："这样写使故事曲折动人，更能打动读者，更能突出中心。"这样通过变序阅读，激发了学生快速探求知识来龙去脉的欲望，很轻松地把握了作者的思路，而且有效地训练了他们的跳跃思维能力。

3. 归类比较

比较是认识事物异同的一种思维方法。它能帮助我们找出事物之间的差异，澄清糊涂观点，总结一些规律，并有助于启迪思维、深化理解，不失为培养创造性思维的有效途径。如《穷人》一课，桑娜去探望生病的女邻居西蒙，三次敲门，第一次试探性敲了敲门，第二次一次又一次敲，第三次猛地推开门。如果抓住三次敲门，引导学生体会，桑娜那种关心、同情女邻居的纯朴善良的高尚品德便深深印在学生脑海里。《粜米》一课中巧设四个对比：①夏秋米价差异的对比；②旧毡帽朋友与米行先生对米价贵贱态度的差异对比；③旧毡帽朋友在粜米前后心理状态的矛盾对比；④粜米前后河埠头景物对比。通过对比，学生很容易体会到"三座大山"下旧中国农民的悲惨命运。只要我们注意挖掘教材的特点，从思路、中心、线索、语言、结构、写法等方面通过归类比较，就能总结出规律性的东西，就能找到训练学生创造性思维的契机。

三、抓住读写连接点，培养学生的创新思维

小学语文课本中有许多文质兼美的优秀篇章和许多精彩的语段，分析这些能使人如临其境、如见其形、如闻其声的精彩语段，抓住读写连接点，在仿写中鼓励学生创新，这也是培养学生创造性思维的有效途径。例如，在

教学《我爱故乡的杨梅》一课时，我引导学生探明作者的文路后，要求学生选一样家乡的特产仿写一篇作文。有一同学在《我爱故乡的软儿梨》的习作中这样写道："我的故乡在武威，我爱故乡的软儿梨。阳春三月，一棵棵梨树贪婪地吮吸着春天的甘露。它们生长着嫩绿的枝条，一片片圆圆叶子在温暖的春光中欢笑着，树叶之间挤满了雪白的梨花，一团团，一簇簇好看极了……把软儿梨从冰块中取了出来，待完全化了之后再吃，冰凉酥软，清香可口，吃一口真是凉在嘴里，甜在心上。"在教学《桂林山水》一文中，我又引导学生仿写创新，这是学生仿写的片段："豪华的宾馆中饭菜固然高档，家里的饭菜虽然可口，但我却更流连于暮色中的夜市。夜市的气氛真热闹啊，小贩的吃喝与碗盆的碰撞使整个街道一片热气腾腾；夜市的小吃真丰富啊，有羊肉香头子，有搓鱼子，有行面拉条子，有……夜市的饭菜真香啊，你从旁边走过，忍不住要坐下来吃上一碗。这就是武威的夜市，一个欣欣向荣的市场。"这样的创新，使故乡软儿梨的特点和武威夜市的繁华热闹给读者留下了深深的印象。

在教学中，我还根据小学语文教材，故事性强、体裁丰富等特点，通过改编、续编故事培养学生的创造性思维。如《乌鸦喝水》《狼和小羊》《穷人》《凡卡》等文章可以练习续编故事；《草地夜行》《我的战友邱少云》可以尝试第一人称改写为第三人称的练习；《游园不值》《暮江吟》《送孟浩然之广陵》等古诗我又让学生练习将古诗改写为短文；《只有一个地球》《蟋蟀的住宅》《太阳》等说明文，又可让学生尝试采用喜闻乐见的童话形式，将地球、蟋蟀、太阳人格化，让地球、太阳自己介绍自己的特点，让蟋蟀像导游一样自己介绍自己的住宅。这样学生很容易进入一种特定的创新氛围、忘我的境界，学生学得情趣盎然，说得有声有色。不仅培养了学生生机勃勃的创造力，还能让学生体尝到当作家的那种即兴即创作的乐趣。

小学低年级识字教学初探

甘肃省甘南藏族自治州舟曲县第二小学　谢雅倩

小学语文识字教学是阅读和写作的基础，是整个小学阶段语文教学关键。教师如何才能激发学生识字的兴趣，培养学生良好的识字习惯，教给学生识字的方法，提高学生识字的能力，笔者从以下几方面作了有益的探索。

一、教给学生自主识字的方法

教是为了不教，教给学生方法远比教给知识重要。低年级学生在短短两年时间内要认识2 000左右的字，显然要求教师尽快地"授之以渔"。教给学生识字的方法，则是识字训练的重点。教师要充分挖掘教材的因素，由浅入深地提高学生的识字的能力。学生掌握了方法，识字的兴趣会大增，能力就会有显著提高，从而收到事半功倍的效果。学生自主识字的方法有：

（1）找出汉字特殊规律，归类识字。由于儿童的认知水平不是很高，因此，应从偏旁部首开始，通过分析汉字结构以帮助学生识字。如："扫"字是提手旁。可根据生活用品、扫帚来帮助学生识字。"打"字由提手旁组成。而有些字，它们的偏旁部首不一样，则字意也不一样，如："作"是单人旁，意思是工作；而日字旁是"昨"，意思是昨天。归类学习的方法还有义旁归类法、声旁归类法等，教师应鼓励学生用自己最喜欢、最得力、最习惯的方法尽快地识字。

（2）引导学生联想字形识字。中国最古老的文明从汉字开始，从简单的图形到今天明朗的线条，经历了千年的演变，它的字体形象多变。识字教学中，我充分抓住汉字形象、直观的特点来诱发学生想象汉字的形体美，培养学生想象能力。比如："书籍"的"籍"，"书签"的"签"，"作业簿"

的"簿"，都与书有关，汉代的文字是写在竹简上的，所有都是"竹"，通过引发学生联想，难记的字也变得生动有趣，使学生乐学、好学。

（3）巧借拼音、组词、说话练习识字。初入学的儿童，识字不多，因此，可从教汉语拼音开始，有意识地进行专题训练，使学生初步建立句子的概念。例如，学习识字时，可以结合画面组词，让学生边说边识字，从而在练习中不断提高识字水平。

二、引导学生在生活实践中识字

生活是语文的内容，语文是生活的工具。联系生活进行识字教学包括两方面的意思：首先利用学生生活中的有利条件，引导学生识字。比如大街上的招牌、广告，家庭中的电视、电脑等，都是学生识字的教材；其次是让学生阅读一些适宜的报刊，让孩子走进一个无声而精彩的世界。这是尽快识字所追求的境界，只有当学生从阅读中尝到了乐趣，他们才会更加主动地识字，并使阅读成为自己精神生活中不可缺少的一部分。

（1）从观察事物中学会识字。这可以要求孩子从观察身边的事物做起，如孩子们的书包里有很多学习用品，让他们找出自己最喜欢的一件，说说学习用品的名称及特征，并边看边识字。由于他们有备而来，观察比较细致，介绍时就毫不费力，因此，识字速度也快了。

（2）从日常生活用品中练习识字。教师可以引导学生从了解生活中日用品的名称、标识和产品说明书内容的过程中，提高识字水平。当学生遇到不会写的字或不会读的字，教师应该鼓励学生通过多问、多查字典等渠道来不断提高识字水平，也可以引导学生留心观察生活，从生活的所见所闻中去识字。

三、激发学生识字的兴趣

许多小学生对识字不感兴趣，这直接影响他们学习效果的提高。针对低年级学生年龄小，注意力易分散，形象思维占优势的特点，通过激发兴趣，让学生主动识字，以提高识字技能。我们可以从以下几方面来激趣：

（1）故事启趣。喜欢听故事和讲故事是孩子的天性。听故事、讲故事既可以丰富儿童的知识，又可以发展他们的语言。汉字本身有表意的作用，有的汉字本身就是一个故事。比如，当我教"日"这一字时，给学生讲述"后羿射日"的故事，圆圆的恰似太阳的形象，中间一横好似是后羿射的箭。生动的故事激发学生的学习兴趣，使学生一下子掌握了这个字。

（2）表演引趣。好玩好动是孩子的天性，根据这个特点，把识字训练以玩玩演演的形式表现出来，让妙趣横生的课堂表演成为孩子们边说边识字的载体。如学《小蝌蚪找妈妈》一课，让孩子们戴上头饰，分别扮演小蝌蚪、鱼、乌龟等，让孩子们在诙谐的语言、夸张的动作及油稽的表演中感觉学习的乐趣，使课堂气氛大大提高，小朋友们在轻松愉快其乐融融的学习氛围中，既丰富了口语知识，又从中学到识字的技能。

（3）比赛激趣。开展练一练、说一说、动一动等丰富多彩的比赛活动，能激发起学生极大的参与热情。例如，语文课前三分钟可安排3～5人进行识字比赛，内容包括练字、讲故事、诵读等方面，让学生在边学边读、边练边写中提高了他们的识字技能。比赛为孩子们搭建了锻炼和展示自我的舞台，学生兴趣浓厚，参与积极性高，不仅锻炼了识字能力，而且增强了奋发向上的竞争意识。

四、启发学生体验成功的快乐

教师的最大快乐是培养出值得自己崇拜的学生。杨再隋这样说过："尊重学生，发展个性；关爱学生，理解宽容；相信学生，诱发潜能，激发创新。"我对这深信不疑。记得我在引导孩子们区别"睛、晴、情、清、请"时，一个孩子说："老师，你看，有目才是眼睛的'睛'，有太阳才会有天'晴'，心高兴了是真'情'，有水才会'清'澈，会讲话就能'请'人帮忙。"听完这个学生的精彩讲述，我的两个巴掌不由自主地和孩子们一起拍了起来，理解得多到位，这出乎了我的预料。后来在这个孩子的带动下，同学们的创造潜能被激发，有的同学现场编故事，在故事中将这几个形近字巧妙地穿插进去，既提高了识字的效率，又发展了语言与思维。在老师和同学的赞美声中，孩子们体验着成功的喜悦。

总之，在小学低年级识字教学中，要让学生掌握识字的要领，通过观察事物、结合生活经验和阅读实践等方式强化识字训练，让低年级学生学会识字，提高识字能力，开发他们的智力，提高学生的审美情趣，为他们终身学习打下坚实的基础。

语文教学因白板而熠熠生辉

甘肃省武威市凉州区发展街小学　张武杰

电子白板走进教室，引发了课堂教学新的革命，它实现了与计算机的交互控制，使信息技术与学科教学完美融合，带来了教学内容呈现方式的变化，也带来了课堂教学方式的变革。实践发现，语文教学中应用电子白板，教师可以更好地和学生进行面对面的交流，演绎精彩课堂。下面简要地谈谈交互式电子白板在小学语文教学中的作用。

一、借助"白板"优势，提高学生兴趣

兴趣是孩子们最好的老师，情感是语文教学的灵魂。只有激发学生的兴趣、激活学生的情感，这样的语文教学才会有生命，这样的语文教学才有效。因此在阅读教学中，激发学生的兴趣尤为重要。交互式电子白板以其独到的鲜艳的色彩、动听的声音以及多变的图像、色彩、标注、画面截取、隐藏、动画等功能，极大地迎合了小学生的兴趣，还能使学生较长时间地保持自己的注意力。交互式电子白板运用到阅读教学，白板课件让孩子仿佛亲临现场，可以让学生在生动有趣的画面、良好的视听效果状态下阅读。比如北师大版六年级上册《穷人》，这篇课文刻画了渔夫的妻子桑娜勤劳、善良、坚强、淳朴的形象。但由于现在孩子们所处的时代对穷人的穷没有深刻的认识，干巴巴的想象肯定影响对课文的理解。可以利用交互式电子白板提供的音乐、视频，再现渔夫家在贫穷中温暖舒适的家，让学生互动评议，逐步深入，读大海的波涛汹涌，读渔夫家的温暖舒适，从而体会桑娜善良淳朴的品格。

二、巧用"白板"特点，让学习更简单

交互式电子白板可以记录下白板上发生的教师教学和学生学习过程的所有细节，在外观和操作上接近黑板和触摸屏，易学易用。学生在课后可以根据需要使用回放功能，重新展现学习过程，重温思维的脉络，从根本上弥补不足。交互式电子白板中的资源库和存储功能，可以在学习中随时调用和积累现场资源，可以将教师上课使用的资源和学生智慧的创造以多种方式存储，便于学生再学习或复习。

如在每一课识字教学这一环节，电子白板将教师示范写字的过程录制下来，在教学时可随时回放。学生在自主练习时如有疑问可随时去调用白板中的资源，学生一边看一边练，进一步明确汉字书写的笔画和笔顺，有效地突破汉字的书写难点。

此外，电子白板还有页面漫游、智能绘图、定时器等非常实用的功能，这些我们可以在实际教学中根据需要灵活选用。

三、发挥"白板"交互功能，提高课堂教学效率

电子白板的应用为语文课堂互动提供了可行的技术和方便，促进了师生之间、生生之间在课堂的有效互动，对转变学习方式，保障"以学生为中心"的课堂教学起到积极作用。在白板教学设计中，利用白板的书写、移动、容器等对象属性功能，学生可以在白板上书写、演示、思考，其他学生在下面观看、讨论、交流、思考。此时，白板成为生生、师生之间对话的平台，正是充分运用了白板的交互功能，学生才能在交流发现的过程中，及时地圈画、播放课件，实现了生生互动，保证了教学的连贯性与紧凑性，提高了教学实效。我在上《詹天佑》的第四自然段时，教学的重点是通过语言文字体会詹天佑在修筑铁路过程中所体现出的诸多的优秀品质。在这堂课上，我运用了交互式电子白板的及时书写功能，先将文本内容在白板上显示出来，而后在学生自读的基础上进行交流。交流过程中，我还利用白板的勾画和批注功能，请学生走上讲台，拿起电子笔，在白板上直接勾画、批注，谈自己的感悟，把自己的感悟带进阅读。通过这种方式的学习，不仅有效地突破了教学的难点，而且学生们也从中学到在阅读中如何进行批注，这样的课堂教学更加富有实效。

四、运用"白板"功能，整合教学资源

交互式电子白板提供了丰富的库功能，其中有软件自带的公用库和教师自建的资源库，如注释库、图片库、活动库、链接库等，每一类库中含有丰富的教学资源。库中的所有资源都可由教师根据教学的需要随时调用、添加、改编、重组。教师可以将课堂教学中师生交互时生成的教学资源添加到库中。

资源库功能的个性化开发，为教师的备课、上课提供了广阔的发挥空间。教师可将自己在教学中积累的各类教学素材、各类题型输入资源库，建立个性化的教学资源库。在课堂教学中可按需随时提取出来，使课堂教学更有针对性、灵活性、高效性。

如在教学古诗时，对于诗人、朝代、创作古诗的背景和古诗内容的理解上，仅仅通过教师的讲解是不能被小学生理解的，我们先将反映古诗创作背景和古诗内容的图片在网上收集好后事先存放在资料库中，当进行板书时，直接用图片代替了文字，这样不仅激发了学生的学习兴趣，而且变欣赏图片和板书这两个环节为一个环节，节约了课堂上的宝贵时间，极大地提高了课堂的效率，更有效地调动了学生在课堂上主动学习的积极性和参与性，让学生成为课堂真正的主人。另外，由于交互式电子白板的易学易用，加上现在信息技术教育的日益普及，学生参与意识的增强，很多学生通过观察教师对白板的使用和课间的尝试，对白板功能的掌握甚至比教师还快。此时，便可因势利导，鼓励学生结合他们在信息技术课程（或计算机基础课程）中所学的知识，协助教师设计课堂教学中所需的资源，这些资源可以是交互式电子白板活动挂图中的背景、页面或图像，也可以是动画，还可以是歌曲、音乐等，相信参与这一过程的学生的学习兴趣一定更加强烈。

总之，利用交互式电子白板教学，学习资源和学习内容得到了丰富，不仅有效地激发了学生的兴趣，使学生产生了强烈的学习欲望，而且方便了教师的备课与上课，大大提高了课堂教学效率。只要我们在语文教学中巧用、善用电子白板，孩子生命中的语文潜能就会像长了翅膀一样尽情地释放出来，这样的语文课堂才会更灵动，课堂上将会出现更多未曾预约的精彩。

中学语文学习评价自持"五法"

李延海

在中学语文学习实践活动中，引导学生学会自我反思、正确评价自己和别人，形成民主的评价体系，对学生的健康成长意义重大。通过实验，我们总结出了五条切合实际、便于操作的自主评价方法，并将其命名为中学语文学习评价自持"五法"。

一、援物因事，动态估量

不以考试成绩论英雄，让学生在自然情景中，自主学习，自由发展，展露个性，涵养才情。与之相应，我们悉心查阅学生的各类作业和学生自己申报的，反映其学习经历、心智发展过程和努力程度的各种实证材料，从"实"做起；关注个体语文学习实践全程的态度变化、情感体验和心理要求，间以务"虚"。既肯定进步，更留意不足，尤关注特质，分析得失主因，提示应对策略，发掘和彰显特质的生命意义，增进理解，达成认可；以评价搭建人际合作平台、浚通思想交流渠道。灵活采用个别或小群体访谈，查阅观赏学生的读书笔记、手抄报刊、才艺表演等课内外语文生活展示成果，对评价实行动态把握、质性领略，做到"虚实相生"，得失并重。这些做法，较好地体现了评价伦理的唯人、观念的趋新、方式的多样、程序的动态特征，为将来把语文学习评价权较多地归还学生积累了经验，准备了条件。

二、撰联作诗，艺术鉴定

喜逢学风转变、学业进步，每到语文管理干部履职届满，或遇与家长沟通情况、评点学生，我们习惯于发动班上同学为受评对象撰赠对联、诗歌，或由老师、家长主笔唱和，诗意评说。例如，2008届实验八班首届口语表达活动组织员陈垦同学为人爽直、办事利落，且任前、任内在口语表达活动中表现突出，于是，大家根据他的不俗表现，结合课文特点为其赠联曰：爽快为人一场雷雨隔夜无痕，清朗诵文三块国币掷地有声。又如，2008届实验八班第二届语文课代表常明月同学担纲总揽语文管理，整日在师生之间和管理干部之间穿梭奔忙，有时举轻若重，有时抓大放小，最初心到腿到嘴到，终至心细腿勤嘴巧，工作的态度、艺术、成效均远超"小选民"和老师预期。任职期满时她和家长赢得的快意评价是：天无阴晴明月常照，事有巨细忠心可嘉。此类特殊评语根据受赠对象的思想个性、为人为文风格和平时在语文学习、语文管理活动中的表现高度概括而成，角度不同，寄语各别，立意都很积极。同时，此类评语揭示了语文修习实践和发生于学生、教师、家长等语文生活主体间的文化性交往活动固有的审美特质，对生活之美予以肯定，深得师生、生生（家校）人际交往的精髓和教学互动的本性，使多方评价主体真正进入对方内心，很好地激发了学生的求知热望，激活了学生的思维世界。

三、联袂比肩，换位评价

典型的做法，一是每轮实验从第二阶段起组织学生自主报名双向"择偶"，写作活动组织员和教者干预"配对"，班内以强济弱，班际强强联袂，稳健推行"写作促进工程"，促进学生切磋交流，合作学习，学会修改文章，以"我"树人度人，借人新己长己。课代表于每周周一收齐随笔本和于隔周作文课当日或次日收齐作文本后，直接将本班跻身"写作十二强"之列的同学的两类本子，通过联手合作班级课代表送达对方"写作十二强"之手；将本班因写作水平相对滞后而自愿申请接受帮扶的同学的本子直接转送班内"写作十二强"同学。"写作十二强"仿照老师的做法，对两类同学的本子分别予以评阅。评阅完成之后，与合作对象交流情况，互换信息，指出对方随笔、作文的优劣得失，共同讨论修改，以求提高完善。与此同时，受帮扶同学主动找小辅导老师咨询批阅情况或请求面批指点。教者密切指导这一评价交流过程，对"写作十二强"所参文稿、所评文稿原作及"写作十二强"评分、评语等集中进行多重查阅，并在必要时找相关对象交换意见，为这一活动终审把关。

同时，随笔（艺术作品）、作文的写作（创作）评阅，实行积分制和自我初评制，鼓励多写，强化自省，增加积淀，借数量促提质量，在基本篇数要求之上，概不封顶。期中、期末考查平时语文成绩时，在给完成基本篇数且达到质优的作品定等评分后，还可根据作品数量、质量超标的具体情况另行记等加分，直至加满项目应得成绩，甚或在项目成绩积满后酌情再行奖励。小辅导老师和老师参考受评随笔、作文作者个人自评意见，斟酌作评。如对方对小辅导老师和老师的评价意见（等级）有不同看法可提出回诉、越级上诉，进行评价的评价。评价主体间相互沟通、协商、理解、让步，作出必要修正、补充，形成平等、友好、民主、和谐的评价关系。

二是在每届语文管理干部任职中期和临近结束时，于班内发放《语文管理干部履职情况民主考评单》，各组织1次干部履职情况全员问卷测评，并提请家长填写"语文学习、管理家庭通讯活页"，大面获取信息，诊察教学、管理漏洞与薄弱环节，以图增强管理干部和老师思想作风建设，并对下届干部任职履职，对老师以后开展教学、组织管理评价产生预警效果，避免了教者在缺乏来自学生基层和社会层面的权力制衡和舆论监督情况下信马由缰慢立讲台、随意任情独断班务的无序失范状态，以及由教者单人评价管理干部的主观片面。

四、分项设奖，精神鼓励

设立"精思敏言奖""润心奖""文心奖""诗心奖"和"放心奖"，分别对每学期在课堂发言、课外阅读、作文训练、文艺创作及语文学习管理中表现突出、成绩优异的同学进行精神鼓励。

五、评分定等，量化考核

对前文述及的学习过程常态管理档案资料，即时归类入档，同步评等处理；另外还要定期分析，阶段总结，成绩突出的依程度轻重分别在班内、年级内、校内予以表彰，并通报家长。以平时语文学习的建档材料（质性评价为主）为依据，于期中期末仿用大学学分制评估平时语文成绩。另外，从校内各班级各学科改革程度不平衡、评价方式有差等的现状出发，为能与年级内其他班级、学科和班内其他学科的评价机制对接，达到年级、班级标准统一，便于年级与学校统计、比较成绩，期中期末总评成绩，有时还要适应时代特点，默认环境要求（接受行政指令），按平时成绩和卷面成绩在拟评总成绩中的分配比例，暂采用百分制换算平时成绩的学分，折算考试卷面分，最后评定语文总成绩。平时成绩和卷面成绩的定量考核按四六开予以分配。

教会学生自主学习

——以"'导学'为核心，教会学生自主 学习"教学模式研究实验报告

王新民　李延海

以"'导学'为核心，教会学生自主学习"教学模式研究，是我们在武威市教育局教研室的指导下，以新课程标准倡导的理念为标杆，以系统科学、心理科学、行为科学等为理论依据，带领课题组扎实开展的一项实验。实验从2001年元月起至2005年7月，历时四年半，共分四个阶段，520个课时，涵盖面1～6年级，涉及语文、数学2个学科，实验效果良好。

一、实验的缘起

转变学生的学习方式在推进新一轮课程改革的形势下具有特别重要的现实意义。单一、被动的学习方式，已经成为影响素质教育在课堂教学中推进的一大障碍。传统的学习方式把学习建立在人的客体性、受动性、依赖性的一面上，从而导致人的主体性、能动性、独立性的不断销蚀。转变学习方式就是要转变这种他主性、被动性的学习状态，把学习变成人的主体性、能动性、独立性不断生成、张扬、发展、提升的过程。因此，必须改变学习方式，重视学法指导，培养学生自主学习的能力，真正实现教育价值观、人才观和培养模式的变革。

我们把实验的突破口定位于课堂教学，确定了"以'导学'为核心，教会学生自主学习"教学模式研究的实验课题。

二、实验的目标

学习方式的转变是本次课程改革的显著特征。"以'导学'为核心，教会学生自主学习"的学法指导实验，旨在改变原有的单一、被动的学习方式，建立和形成能够充分调动、发挥学生主体性的多样化的学习方式，促进学生在教师的指导下主动地、富有个性地学习，使学生掌握科学的学习规律和方法，训练学生必要的学习技能和技巧，培养学生良好的学习品质和习惯，提高学习质量，发展学生的个性特长，从而大面积提高教学质量，全面推进素质教育，培养适应现代化建设需要的具有创造精神人才的一项实验。

三、实验的理论依据

1. 运用系统论把学习方法作为系统工程来研究

一般地说，学习方法系统的学习程序，包括预习、听课、阅读、复习、作业等方法；学习内容包括语文学习、数学学习、美术学习等方法；还可以从学习形式、心理过程、时间安排、内容选择等方面划分学习方法系统。我们既注意各个子系统的研究和指导，又把各个子系统有机地结合起来，作为一个完整的系统工程进行研究。

2. 以心理科学为基础进行学法指导研究

学习活动主要为认知活动，学法研究和学法指导就必须充分应用心理科学所揭示的认知活动规律，深入研究提高学习者的认知素质、认知能力，帮助学习者掌握正确的认知方法。认知、情感、意志三种心理过程是密切联系的统一过程，学习者的认知活动受情感、意志的影响。因此，我们在进行学法研究和学法指导，在重点研究、重点指导认知方法的同时，注重研究培养学生积极学习的情感和坚强学习意志的方法，加强这方面的指导。

3. 运用行为科学的成果注重学习行为指导和训练

学习行为多属有意识行为，有其产生、发展变化的规律性、可预测性和可控性。我们研究学法以及对学生学法指导，注重把心理学与行为学结合起来，既研究学生学习心理与学习行为的关系，又研究学习行为的规律性、预测性和可控性，以促使学生将认识到的先进的学习方法转化为正确的学习行为，把潜在的学习能力转化为现实的学习能力，最终养成自觉运用科学学习方法进行有效学习的行为习惯。

四、实验的过程

1. 对象

为便于实验操作和实验变量的控制，以及实验成效的检测，我们选定三—六年级1班为实验班，2班为对比班，把实验班和对比班作为实验的观察对象。

2. 教材

九年义务教育六年制小学课本和义务教育课程标准实验教材。

3. 阶段

（1）酝酿准备阶段（2001年1月～2001年7月）：以宣传、学习、讨论、提高认识为主。

（2）试验研究阶段（2001年8月～2002年8月）：主要任务是将初步总结概括出的研究体会投入教育教学，并进行实证性研究。

（3）第二轮实证研究阶段（2002年9月～2004年7月）：主要任务是将第一轮实验验证后的经验成果再次投入教学，实施以班级为单位的多学科综合性的实证性研究。

（4）总结评价阶段（2004年8月～2005年7月）：对各任课教师学法指导实验进行全面分析、评价和总结，完成实验总结报告，并做好推广优秀成果的工作。

五、实验中的有效措施和主要做法

在实验中我们依靠一个网络体系和"四个统一"的教学策略，开展研究。一个网络体系，即以武威市教育局教研室为总指导，学校课题组为核心，各教研组为依托，各实验班为主阵地，课堂教学为实验的主渠道，语数两科为实验的先导，学法指导实验系列公开课为主线的纵横贯通、动静结合、相互关联、辐射全校的学法实验网络体系。"四个统一"是指"学生主体与教师主导的统一，传授知识与发展能力的统一，智力因素与非智力因素的统一，面向全体与因材施教的统一"。

1. 激发学习动机，变"要我学"为"我要学"

（1）加强学习目的教育，激发学习动机。

加强学习目的教育。坚持利用升国旗、红领巾广播站、名人成才宣传栏、学习园地和主题班队会开展活动。引导学生制定恰当的近、中、远期学习目标。各科教师注重学期备课、单元备课，从而引发学生强烈的自主学习动机。

（2）培养求知兴趣，维持学习动机。

教师要提高自身素质，讲求教学艺术。做到导入新颖别致，有吸引力；中间高潮迭起，使学生心境不衰；结尾有余味，让学生回味思考。从而使学生"尊其师、信其道"，产生浓厚的学习兴趣。优化教学方法，充分保证学生的主体参与意识和旺盛的学习兴趣。开展课外活动。

（3）帮助树立自信心，激发学习动机。

在教学中，教师适时对学生进行激励。使学生以轻松愉快的最佳心态，活泼主动地参与学习。教师在教学中要多表扬，少批评。对后进生，尽力发掘其闪光点，帮助他们树立自信心，激发其奋发向上的动机。

2. 提高认知能力，使学生学会策略学习

小学生学习方法的形成，是一个从无到有，从少到多，由简单到复杂的循序渐进的过程。因此，我们在学法指导时紧紧把握小学生心理特点和认知规律，以义务教育课程标准为指导思想，遵循教材的系统性，注重分年级循环式指导学法。

（1）掌握常规，培养习惯。

我们在学法指导的实践中，注重学习常规的建立和学习习惯的培养。请有经验的教师针对预习、听课、作业、复习、考试、课外学习等六个环节，开设专题讲座，提供具体的方法和要求。如数学课指导预习所用"三步两法预习法"。"三步"：①通读教材初步了解内容梗概；②细读教材，圈、点、勾、划知识的难点重点；③试做习题，检验自己的预习情况。"两法"：①激疑预习法；②带着问题预习法。

（2）沟通信息，交流学法。

组织学生交流成功的学习方法，如开展"复习方法大家谈""夸夸我的解题小窍门"等活动，让学生互相交流，共同进步。学生通过自我收集的卡片，阅读报刊上谈学习方法的文章，不断吸收信息。

（3）诊断咨询，矫正学法。

要求各科教师都要成为学生学习的咨询医生，有针对性地开导、解释、训练，帮助学生矫正学法，提高自学能力。开办特级教师专家"门诊"和家长联系的制度，共同研究指导学法。

（4）课堂教学，渗透学法。

要求教师按以下几个环节有机渗透学法指导：①备课要明学情、备学法。②预习设计要指导学法。③教法应有利于指导学法。④教师导学过程要示范学法和点拨学法。⑤整个教学过程要重视指导自悟和总结学法。⑥练习设计要有助于学生运用学法，迁移学法。

（5）延伸课堂，拓展学法。

我们注意运用"迁移"规律，变封闭式为开放式，使小课堂与家庭、学校、社会大课堂相互结合、渗透、补充，扩大信息量。增加和社会的联系，从深度、广度和效率上巩固知识技能，弥补小课堂的不足。

3. 改革课堂教学，使学生成为学习的主人

从强化学生主体地位，培养学生自主学习能力的角度出发，大胆改革，初步探索出了几种比较成熟的课堂教学结构模式：

（1）"自主、合作、探究"导学模式。

《语文课程标准》"自主、合作、探究"的学习方式列为语文课程的基本理念。要让学生真正地自主学习，必须转变教学观念，转换教师的角色。从学生的角度我注重突出六个"自主"：一是自主选择学习内容；二是自主选择学习伙伴；三是自主质疑；四是自主探究；五是自主感悟；六是自主赏读。

这一模式的基本程序为：交流导入，引出课题→初读课文，整体感知→自读课文，启发质疑→指导学法，自学课文→汇报学情，导读导练→赏读课文，升华情感。

（2）"五步作文改评"模式。

小学生作文究竟要不要批改，怎样批改才能提高效率。我认为解决作文改评这一难题的核心问题是培养学生的自改能力。而我研究推出的小学作文"五步改评法"则是逐步培养学生的自改能力，提高学生写作水平的一把"金钥匙"。

"五步改评法"的基本程序：

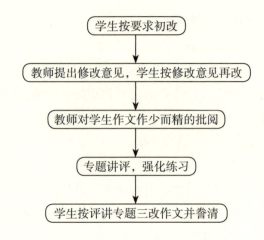

学生按要求初改

↓

教师提出修改意见，学生按修改意见再改

↓

教师对学生作文作少而精的批阅

↓

专题讲评，强化练习

↓

学生按评讲专题三改作文并誊清

（3）"朗读品赏"导学模式。

即反复读课文，在读中探究领悟；在读中发现、寻找疑问；在读中讨论理解，掌握知识。把读贯穿于教学的始终，把学、议、导、练等渗透于读的全过程之中。

其导学程序为"导入激趣→试读寻疑→议读释疑→练读品味→熟读成诵"。

（4）"目标驱动"导学模式。

这一模式的教学程序为"预习定标→检查议标→强化达标→总结反馈→作业巩固"。

预习定标，强调自主性；检查议标，突出导向性和激趣性；强化达标，倡导自主性和探究性；总结反馈，意在积累知识和学法；作业巩固，强调知识的积累和运用，突出创造性。

（5）"球心展示"导学模式。

如果把一篇课文比作一颗球，那么文中的关键词、重点句和贯穿全文的线索就可以比作"球心"。"球心"展示导学模式，就是从文章的球心入手设计导学过程，对学生进行学法指导和语文能力培养的一种教学模式。

这一模式的教学程序是"谈话导入，激发兴趣→通读全文，巧抓'球心'→辐射全文，细读探究→理清思路，朗读入情→作业训练，积累创新"。

（6）"三步六要"古诗词导学模式。

在小学语文教材中，有不少古诗，这些古诗都是历代名作，内涵丰富。通过这些古诗的教学，教给学生学习古诗的方法，学习和欣赏古诗。但由于古诗跨越的时代久远，小学生理解有一定的难度。"三步六要"古诗导学模式，以指导学生自学古诗，培养自学能力，陶冶情操为宗旨，通过运用导读教学法和情境教学法，力求体现循序渐进、由浅入深的求知规律。

其程序为"读古诗，知作者→抠字眼，明诗意→想意境，悟诗情"。在操作过程中，巧妙地把学古诗的"六字要诀"，即"释、串、调、添、诵、改"渗透其中，通过长期训练让学生掌握学古诗的技巧，最终形成能力。

4. 以思维训练为中心，引导学生学会思考

（1）激活学生思维。

我们在教学过程中注重激疑—鼓励学生质疑—师生共同解疑，在探索中发展思维。教师注意情境的创设，探索出情境创设的多种方法，如直问法、曲问法、设问法、反问法等。归纳出了实物展示、图片展示、表演模拟、音乐渲染等方法。

（2）思维及思维策略。

在实验中我们注重加强思维策略的训练。指导学生在探究过程中表达思维，做到"三个强化"：疑点矛盾处强化分析性思维，揭示规律处强化推理性思维，总结归纳处强化反思性思维。另外，数学学科中用"一题多解""逆向推导"等方法，训练学生的发散思维、纵向思维能力。语文学科中用直观形象、比较分析、悬念猜测等方法来训练学生的策略，培养学生良好的思维品质。

六、实验成效

这项实验起到了以点带面的辐射作用，老师们参与课改、参与教育科研的积极性被充分调动，我校的教学完全摆脱了老师问，学生答；老师讲，学生听；老师写，学生记的现状，走出了满堂灌、满堂问，片面追求升学率的"低谷"，老师教学水平逐渐提高，学生学得轻松活泼，教学质量稳步提高。

教师教学观念得以更新，学法意识强，学法研究的风气浓，教师备课中既备教法又备学法，并主动进行学法指导；说课、评课中能积极地探讨交流学法。学校还把能否科学有效地进行学法指导，纳入我校各学科评优课的评价标准中。三年来，我们在课程改革中锐意进取，积极探索，取得了一定的成绩。我校教师六十多篇课改论文在国家、省级、市级以上刊物上发表，有二十多篇论文在国家、省级、市级论文评奖中获奖，二十多篇教案获市级以上奖励。

2004年6月甘维祖老师的一节体育课获省级课堂评优二等奖；2004年8月，史雪云老师品德与生活课《我学会了刷牙》获省级一等奖；2004年12月，张廷林老师一节美术课获省级三等奖；2005年4月，李玉华老师的语文课《我们家的猫》获省级一等奖；2005年4月，何玉林老师的作文课《我的朋友》获省级一等奖，全国二等奖；2005年8月，王新民老师作为特级教师代表参加了甘肃省特级教师、骨干教师献课活动并获一等奖；2005年9月，张燕老师的美术课《做字母卡》获省级三等奖；2004年5月，黄小红等8位老师的公开课在武威市新课程骨干研修人员研讨会上获奖；2004年9月，王新民老师的作文教学讲座和史剑敏老师的一节语文课被选拔参加了武威市新课程送教下乡活动并获奖。

学生会学、善学的局面初步形成，通过实验我们就学生的学习兴趣、学习习惯等作了问卷调查。

表一　实验初各实验班与对比班学生现状自测统计表

数据 项目 班级		学习兴趣			学习习惯			学习方法		
		好	中	差	好	中	差	好	中	差
		%	%	%	%	%	%	%	%	%
一年级	实验班	42	46	12	13	56	31	8	14	78
	对比班	44	45	11	14	55	31	9	12	79
二年级	实验班	43	44	13	16	57	27	12	14	74
	对比班	40	43	17	14	58	28	10	15	75
三年级	实验班	37	54	9	17	53	30	14	23	63
	对比班	38	49	13	16	56	28	14	26	60
四年级	实验班	36	48	12	16	54	30	16	27	57
	对比班	34	48	18	15	58	27	14	30	56
五年级	实验班	38	51	11	19	57	24	18	33	49
	对比班	36	54	10	19	52	31	19	36	45
六年级	实验班	35	53	12	22	53	25	23	36	41
	对比班	37	50	13	20	56	24	21	38	41

表一数据说明，在实验初测中，实验班学生与对比班学生在学习兴趣、学习习惯、学习方法等方面的情况大致相同。

表二　实验后各实验班与对比班学生现状自测统计表

数据 班级	项目	学习兴趣			学习习惯			学习方法		
		好	中	差	好	中	差	好	中	差
		%	%	%	%	%	%	%	%	%
一年级	实验班	51	42	7	36	41	23	14	19	67
	对比班	44	46	10	14	56	30	9	11	80
二年级	实验班	54	38	8	38	44	18	18	24	58
	对比班	40	44	16	15	59	26	10	17	73
三年级	实验班	57	36	7	58	27	15	25	27	48
	对比班	39	49	12	16	55	29	14	26	60
四年级	实验班	61	31	8	61	26	13	29	33	38
	对比班	34	48	18	15	59	26	15	31	54
五年级	实验班	64	30	6	64	25	11	32	36	32
	对比班	36	54	10	18	54	28	19	35	46
六年级	实验班	69	26	5	66	24	10	41	32	27
	对比班	38	49	13	21	59	20	22	38	40

　　表二数据说明，实验班学生在学习兴趣、学习习惯、学习方法等方面的情况明显优于对比班。通过试验，学生的求知欲增强，学习兴趣浓厚，学习习惯良好，学习方法比较科学。

　　我校在学法指导实验的同时，还进行了课堂教学听课、评课、说课等一系列评优活动，发现实验教师与非实验教师在课堂教学中有明显的区别。

　　附：实验教师与非实验教师课堂教学评价表：

表三　实验教师与非实验教师课堂教学评价表

类别 内容	学生 主体地位	学习 习惯培养	学习 方法指导	课堂 气氛	教学 效果
实验教师	突出	重视	渗透	民主和谐学生活动多	好
非实验教师	不够突出	注意	忽视	紧张压抑学生活动少	一般

　　表三说明：实验班教师树立了以学习者为中心的新的教学理念，能够充分突出学生的主体地位，重视学生学习习惯的培养，能有机地渗透学法，指导学法，能够创设民主、平等和谐的教学气氛，教学效果良好。而非实验班

教师在课堂教学中，老师牵着学生，学生被动学习的情况比较严重，学生主体地位不够突出，对学生的学习习惯的培养重视不够，重教法而忽视学法指导，课堂气氛紧张压抑，教学效果一般。

通过实验我们发现，实验班学生基础知识扎实，基本技能明显高于非实验班，理解能力，创新能力都强于对比班。2001年元月，我们对已实验了三年的六年级学生进行了统考对比检测，其统计结果如下：

表四　六年级学生统考对比检测表

成绩 \\ 科目	语　文	数　学	音　乐	美　术	英　语
实验班平均	83.8	86.5	78.9	93.2	84.7
年级平均	79.5	80.4	82.5	73.3	87.6

注：年级平均指除实验班外，其他四个班的平均成绩。

统计表明：实验班成绩各科高出2.2～6.1分，实验班语文、数学、美术、英语平均成绩均为全年级第一名。

2004年10月我们对升入省级示范中学——武威二中初一年级前150名学生进行了追踪调查，在中期考试中，我校学生与其他十所小学学生统考名次对比如下：

表五　我校与其他十所小学学生统考名次对比表

人　数 \\ 科目	前三十名	前六十名	前一百名	前一百五十名
我校学生数	12	33	64	82
其他十所小学学生数	18	27	36	68

注：武威二中初一年级共有六个班，362名学生。

统计表明，我校进入前一百五十名的学生数，明显高于其他十所小学中的任何一所小学。同时，我校学生以思维活跃、创新能力强、特长突出、潜力大赢得了武威一中领导和教师的赞誉。

通过实验，学生的个性特长也得到了充分的发展，50多篇作文先后在地级以上刊物上发表或获奖，200多名学生在地区组织的"三独"（独奏、独唱、独舞）比赛和美术作品评展中获奖，100多名学生美术作品获省级以上奖励。学生的综合素质明显提高，升入各中学的优秀生、特长生幅度逐年增大，这些都得到了家长、社会的公认和高一级学校的好评。

七、试验发现的问题

本实验尽管取得了一定的成绩，但只是一个初步的探索，经过分析总结，我们认为目前我们的学法指导还存在以下几个问题：

（1）语数学科学法研究探索得多，其他学科学法研究还不够深入。

（2）各学科的学法指导序列离系统化、科学化还有一定的差距。

（3）实践探索得多，理论研究还不够深入。

（4）数据统计手段不够先进，影响评价效果。

浅议"群文阅读"

齐典洲

当前各种教育教学模式层出不穷，教育理念也是乱象丛生，孰优孰劣，莫衷一是，对于一线的教师多停留于围观的心态。这种围观的心态，一半来源于对传统教育形态的固守，一半也是对现今五花八门的教育思潮的无所适从。我阅读、了解有关群文阅读的相关信息，一直以来也是抱着这样的围观心态，直到3月有幸参加省教科所、甘肃小语会举办的首届群文阅读的赛课活动，开始走近群文阅读，尝试这样的课堂，反思"群文阅读"这种阅读教学模式。

群文阅读是围绕着一个或多个议题选择一组文章，而后教师和学生围绕议题展开阅读，最终达成共识的过程。简单地讲，就是把一组文章，以一定的方式组合在一起，指导学生阅读，并在阅读中发展自己的观点，进而提升阅读力和思考力。支持群文阅读者认为："群文阅读"是对传统课文教学痼疾的一种改变，改变教师单位时间内滔滔不绝的"讲"，将大部分的时间还给学生，让学生自己去读，让学生在阅读中学会阅读、学会学习，符合小学语文的奠基性原则。反对者则认为"群文阅读"不像传统教学那样，对一篇课文的讲解，能让孩子对朗读、字词句练习、文章思想的把握等掌握的那么精细，对情感、思维、能力的训练等做到有的放矢的重点培养。

在我而言，我更愿意把群文阅读看成多篇文章的比较阅读。在以前的课堂教学中，许多老师也可能尝试过。比较阅读是将两篇或两篇以上而且内容和形式上有一定联系的文章，加以比较分析、对照鉴别地阅读。比较阅读的基本方法是"异中求同，同中求异"。异中求同是指通过比较阅读，进行甄别、筛选和提炼，找出两文的共同的特点，揭示一般规律；同中求异则是从现象入手，分析、剖析材料，弄清各自表达的内容，找出各自的个性，揭示个性特征。这种教学模式老师们并不陌生，相反在平时教学中不自觉地频繁使用，尤其是同一单元的课文讲解中都会比较。由此来看，我们对群文阅读就不会陌生，群文阅读的教学也可以适当借用比较阅读教学的方法加以丰富，找准对比点，有侧重点、针对性地对朗读、字词句篇或情感、思维、能力进行教学，让孩子从中获得丰盈的精神食粮和海量信息的同时，通过对比获取理解和认识，掌握扎实的语文基本功，使语文教学"味"更浓，"意"更远。

基于这样的认识，我对语文阅读教学更加得心应手。在课堂教学中，我广泛运用比较阅读的方法进行群文阅读教学。群文阅读的关键在于选择组织一组适合阅读文字，这也是比较阅读的关键所在。群文阅读在文本的选择上要找中对比点：从文章的内容上去选取，即从文章的思想内容上去比较有什么异同；从语言的表达方式上去选取，记叙、描写、议论、说明和抒情有什么区分；从记叙文的种类来看，顺叙、倒叙和插叙有何效果；从语言的运用上去选择，表达效果有何异同；从写作的技法上去选择，根据不同的文体特点来选取。教师选准对比点选择阅读内容，适时引领，体现以教师为主导。教学过程中教师要放手让学生阅读，鼓励学生畅所欲言，交流个体对于文本的独特感悟，体现以学生为主体，培养学生的阅读习惯，为他们人生奠定终身学习的底色。

总之，教师只要在阅读教学的课堂上，组织适合的文本开展个性化的阅读，选准阅读的对比点，运用对比法进行阅读教学，让学生乐于思考，培养学生的良好学习习惯，掌握扎实的语文基本功，增强学习兴趣，就为所谓"群文阅读"还是"比较阅读"；只要遵循教育常识，顺应时节和天性，让学生陶冶浸润在文本的乐园，让孩子们自然而然地在阅读中成长，就无须执念于何种的教学模式，困惑、围观也便多余。

▼

特稿：工作室活动

甘肃省王新民示范性工作坊图标及核心理念

一、工作坊图标

【图标说明】

图标既像太阳花，又像跳动的火苗，象征我们的团队、我们的工作坊、我们所从事的事业永远阳光上进，永远绚丽多彩，充满生命的活力与爱的力量，努力追求光明，追求真理！

【工作坊核心理念】

求　　真

【工作坊口号】

活力课堂，求真语文

点燃梦想，成就未来

【核心理念解读】

"真"与客观事实相符，"真"与"假""伪"相对；"真"既是真诚而不虚伪，真实而不虚假，又包含着教人求真，学做真人；"真"还可拓展为真谛、真理、真挚、真心、去伪存真、真知灼见；"真"也指语文教学要返璞归真，追求本真。

二、工作室学员发展目标

工作室学员发展目标

（1）具有高尚的师魂——做一个有良好的师德修养，有责任感，有人格感召力的教师。

（2）具有丰厚的底蕴——做一个有较高的语文素养；有丰富的教育学、心理学知识储备；掌握小学语文教学先进理论的教师。

（3）具有灵动的智慧——做一个具备自己的教育教学风格和思想的个性化教师。不唯书，不唯上，不唯人，富有批判精神。

（4）具有不竭的创造力——做一个善于思辨、不断创新的教师。

（5）具有较强的研究力——做一个善于通过研究、反思、总结，进行自我觉悟和提升的教师。

（6）具有广阔的视野——做一个较强的课程意识和开发能力和教师。

三、陇原名师王新民小学语文工作室指导思想

工作室以《甘肃省陇原名师工作室建设与管理办法（试行）》为指导，以打造"活力课堂，求真语文"为核心理念，以"专业引领、同伴互助、交流研讨、共同发展"为宗旨，以教育科研为先导，以课堂教学为主阵地，以网络为交流载体，围绕陇原名师工作室总体目标，遵循优秀教师的成长规律，通过三年为一个周期的工作计划的实施，有效地推动名师工作室成员的专业成长，提炼出具有地域色彩和个性风格的教育教学品牌，力争形成一支学有专长、教有风格、研有建树、师有魅力，在省市县域内有较大影响的、具有引领和辐射作用的小学语文骨干教师群体，为全市、全省教师发展做出贡献。

陇原名师王新民工作坊建设及活动简报

王新民

2014～2015年，陇原名师王新民小学语文工作坊在省教育厅"陇原名师工作室工作领导小组"领导下，在上海师大、中国教师研修网、省教科所、武威市教育局指导下，以教育部《关于组织实施2015年"国培计划"——示范性教师工作坊高端研修项目的通知》《甘肃省陇原名师工作室建设与管理办法（试行）》及《甘肃省陇原名师助力贫困县优秀青年教师成长计划》为指导，以一二级工作坊建设为主线，努力进取，扎实工作，各项工作稳步推进。

一、创造条件，认真履职，为工作室发展提供强力支撑

王新民一级工作室在省教育厅、市教育局专项建设经费及武师附小资金及物力支持下，现配置了价值4万元电子白板、电脑、实物展台，价值6 000元的书柜，价值2.5万余元的办公桌椅、沙发、茶几，价值7 000余元的图书。王新民舟曲二级工作室在舟曲县教育局和县城关二小的关心支持下，硬件建设也初见成效。

省教科所、市教科所领导及专家为陇原名师王新民一级工作室挂牌

省教科所冯继主任和舟曲县教育局毕超书记为王新民二级工作室揭牌

陇原名师王新民小学语文一级工作室开班仪式

学员们在工作室观看首席导师电视访谈录

首席导师王新民在二级工作室开班仪式上宣讲工作室规划

首席导师王新民与省教科所冯继主任、张彬老师为二级工作室学员赠书

制定并上报了《2015年"国培计划"——甘肃省陇原名师王新民小学语文工作坊高端研修项目方案》《工作坊学员遴选办法》，并在王新民所在学校——武威师范学校附属小学和舟曲县城关二小分别举行了一、二级工作室挂牌仪式。

确定了王新民一、二级工作室导师及学员。一、二级工作室共有6名导师组成，其中首席导师1名，由陇原名师、特级教师王新民担任；本土导师4名，由省级骨干教师、省级学科带头人、特级教师组成；省级专家、省教科所教研员1名；上海师大中国教师研修网专家5名；另设助教3名，由省市级骨干教师、青年教学能手、省级课堂教学一等奖获得者担任；秘书1名，由武师附小教导主任担任。工作室共有待培学员340名，其中一级工作室待培学员300名，二级工作室待培学员40名。

初步建成了特色专业网站、工作室团队QQ群。两个工作室成员结成教师研修共同体，通过线上线下双向互动，共同开展研修活动。目前交流活动已经顺利展开。

工作坊研修网站建设　　　　工作坊研修网首页　　　　工作坊学员交流QQ群

二、主动探索，先学先行，着力培养青年教师

本年度，我们以一级工作室为抓手，以"现场专业指导、跟岗研修、网络研修、课题研究、专家引领"为主要研修形式，以"践行求真语文，打造生命课堂，培养青年名师"为核心理念，卓有成效地开展了一系列教学研讨及教师培训活动。

1. 参加研修培训，努力提升自我

2014年9月26～27日，甘肃省陇原名师教师工作坊研修培训会在兰州举行。陇原名师王新民全程参加了会议。会议分三阶段进行：先是热烈紧凑的开幕式；接着是由各位首席导师主持、相关市州及县区教育局局长及工作人员参加的小组对接会、讨论会、汇报会；最后半天在兰州市城关区教师进修学校召开工作坊网络研修平台运行模式探讨培训会。此次培训，通过聆听师范处张兆勤处长、省教科所王宗信副所长、漆志文主任人的讲话以及各位陇原名师的精彩发言，各位首席导师，进一步厘清了思路，明确了方向，明确了肩上所承担的重任，也增添了开展工作的信心和动力。

2. 创造条件，带领学员参加研修活动

2014年初冬时节，陇原名师王新民带领一级工作室部分学员来到美丽的温暖如春的南国，走进北大附中为明广州实验学校和中大附中三水实验学校，开始了"走进名校，走近名师"跟岗研修活动。一路走来，学员们兴奋、激动、快乐并收获着。北大附中"敢为先，常为新，贵在实"的附中精神，厚重、大气、开放、多元的特色教育，"做一个有中国灵魂和世界眼光

的人""为每个孩子一生负责""让每个孩子都成功"的核心理念及充满生命活力的课堂给参训教师留下了深刻印象；中大附中琅琅晨诵、每日暮省、艺术教育、百日字功、朗文英语、海量阅读、五高课堂这些活力四射、魅力尽显的特色教育让跟岗培训的老师赞叹不已。

"陇原名师"工作坊研讨会开幕式

王新民工作室作汇报

全国名校长成都草堂小学蓝继红（中）和陇原名师王新民、段天喜（右二）、张文（右一）、石红琴（左四）在武威培训学员

省教科所王毓新博士为工作室学员作专题讲座

一级工作室学员张开甲在上新课程探索课

参与式互动评课会上

首席导师王新民在"追寻名师成长足迹——主题沙龙"活动作总结发言

3. 组织开展了45岁以下青年教师教学大比武活动

2014年上半年，工作室与武师附小联合组织了"青年教师教学大比武"活动，参加大比武的老师及工作室学员在研读教材、设计方案、白板演练、上课展示、说课反思、互动评课、同伴互助、专家引领等校本培训中实实在在经历了"化蛹为蝶"的过程。

4. 精心策划组织了青蓝工程导师献课活动

2014年下半年，工作室与武师附小为部分学员及刚入职的大学生举行了拜师结对仪式，组织了青蓝工程青年教师过关课和导师献课活动。工作室助教石秀兰、史剑敏、黄小红老师为全体语文教师奉献了充分体现工作室求真语文核心理念的导师示范课，对青年教师发展起到了示范带头、专业引领作用。

工作室助教黄小红上示范课

工作室助教史剑敏上示范课

工作室助教石秀兰上示范课

首席导师王新民在听示范课

5. 坚持开展系列教研活动

2014年，学校和工作室协同组织了"微教研""同课异构""听名师讲课""读书交流——综合性实践观摩研讨课"、与天祝县丹马学区的教研双向联动等系列教研活动。这些教研活动立足课堂，老师们在互听、互评、互教、互学中教学理念不断更新，教学技能不断提高，课堂教学不断优化。

导师李延海在民勤研讨会上为学员公开课作精彩点评

一级工作室导师王泽才给学生辅导作文

6. 以"语文名师大讲堂"为平台，参加语文教师专业化发展培训

2014年，工作室部分成员参加了由教育部语言文字研究所、《语文报刊社》主办的"语文名师大讲堂"培训，参与授课的全国著名专家及学者从语文教师的生态环境、职业心理、职业规划、语文名师成长的理论框架和实践模式等方面对参训学员作了高规格的专业培训。

陇原名师张文工作室学员在武威研讨会上献课

学员齐典洲参加"名师大课堂"培训与专家合影

工作室学员王立婷在研讨会上为老师们作绘本阅读探索课

学员张洪玉等在无锡参加语文教师专业培训

7. 工作室开展的研讨会、评课会常态化

2014年，名师工作室坚持开展教研活动，定期举行备课、磨课、上课及评课会，学员自觉参与其中，凝心聚力打造高效精品课堂，课堂充满生命的活力。

助教及学员一起磨课

首席导师及本土专家召开参与式评课会

8. 革新培训方式，提升教师专业素养见成效

2014年，通过培养、培训，学员专业素养明显提升，语文教师专业化程度得到显著发展。学员王立婷创作并指导的经典诵读《道德凉州》先后获市级一等奖，省级二等奖。学员张洪玉在青年教师大比武活动中获一等奖，陇原名师王新民主持的课题通过省级鉴定，学员王立婷在甘肃省"青苹果"杯交互式电子白板应用大赛中获二等奖，王丽萍在甘肃省第二届中小学教师技能大赛荣获二等奖。

学员陈淼桃参加甘肃语文教师素养大赛

二级工作室导师程远瑛献课

三、坚定信念，树立信心，助力全省教师专业发展

回望过去走过的路，正是因为甘肃教育这方天地阳光雨露的滋润，武师附小这块热土的滋养；正是因为各级领导的真诚关怀，专家、同事、同仁们的真诚帮助，使工作室走上成长之路，也让我们在攀登的过程中真正体验到了一名小学教师为师从教的尊严感。同时，我们深感我们的工作才刚刚起步，有的工作还在路上，需要我们坚定信心，开拓进取，赶超进位，做实做好。

2015年，我们将成立发展共同体，联合工作室所有成员以及区域中的优秀青年教师，以"专业引领、同伴互助、交流研讨、共同发展"为宗旨，遵循优秀教师的成长规律，有效推动名师工作室成员的专业成长，努力提炼出具有地域色彩和个性风格的教育教学品牌。

心许教坛　情系教育

——王新民同志事迹材料

　　他的名字，在甘肃省小学语文教育这片天地小有名气，在武威市市直教育系统，在天祝、古浪、民勤、凉州区大大小小学校的老师们当中叫得最响；他的课堂，在所有聆听过的学生及同行的心里留得最久；他的事迹，在当地的教育行业影响最深。他，是讲坛上一朵艳丽的奇葩！他是一个既善于思考，又充满着激情、敢于弄潮的教育改革者、实践者，一个有底蕴、有内涵的教育管理者，一个业务精湛，能导课，善评课，又能在新课堂纵横驰骋的领军人物，更是一个集才情与爱心、执着与智慧于一身的专家型的教师。他就是武师附小副校长王新民同志。35年的辛勤耕耘成就了他不平凡的教育历程。

　　1995年，被原武威地委、武威行署表彰为"武威地区优秀教师"；

　　2000年，被甘肃省教育厅评为"甘肃省骨干教师""甘肃省学科带头人"；

　　2001年，被教育部确定为"跨世纪园丁工程"中小学骨干教师国家级培训对象之一；

　　2001～2002年，参加了教育部组织的第三期中小学骨干教师国家级培训，并被评为"优秀学员"；

　　2003年，被甘肃省人民政府授予"甘肃省特级教师"荣誉；

　　2003、2004年，先后被武威市人民政府和市教育局聘为武威市政府第一届兼职督学、武威市兼职教研员；

　　2003～2007年，3次被省教科所聘为甘肃省小学语文优质课活动评委；

　　2006年，被武威市教育局评为"武威市基础教育课程改革实验工作先进个人；

　　2008年，2次被省教育厅中英项目领导小组办公室聘为甘肃省中英项目教学支持省级咨询专家；

2015年，被中央电教馆聘为"一师一优课，一课一名师"部级优课评委，2015年，所主持的工作室升格为教育部"2015年'国培计划'——小学语文高端研修项目示范性教师工作坊"。

……

从18岁初入教坛，初为人师，到现在已31个春秋。31年来，王新民同志忠诚党的教育，热爱学生，心许教坛，情系小学教育这片热土而痴心不改。王新民同志做人品行端正，坦诚热情，淡泊名利，光明磊落；为师勤勤恳恳，兢兢业业，勇于探索，乐于奉献；管理教学忘我投入，以身作则，善于创新，勇于开拓，成绩卓著。35年来，王新民同志用他的心血与汗水，谱写着一个人民教师辉煌壮丽的篇章。

一、执着的追求铸就讲坛高超的技艺

王新民潜心钻研小学教育教学，教学经验丰富，教学风格突出，具有较高的教育理论水平、教育科研能力及开拓创新的教育实践能力。对"愉快教育""创新教育""情境教育"有较深入的研究，尤其深谙新一轮课程改革，在打造具有生命力的新课堂、探索"自主、合作"式教学、评价改革、阅读教学、作文教学、小学活动课、高效课堂及有效教学研究等方面取得了卓越成绩。

阅读教学中，他设计严谨，善于诱导，善于创新，特别是在新课改、新理念、新课堂的探索过程中，他始终秉承自己在实践中感悟出的理念，他认为："新的课堂应该是充满生命力的课堂，新的课堂应该是充分鼓励学生自主、合作、探究式学习的课堂，新的课堂应该是教师引领学生自读、自悟的课堂，新的课堂应该是促进学生主动发展的课堂。"围绕这一理念，他在不断地实践，不断地探索。从代表甘肃省参加全国比赛《一夜的工作》课堂，到甘肃首届骨干教师特级教师献课《梅花魂》课堂，从中英项目教学支持小分队深入平凉的静宁、庄浪，临夏的广河示范课《孩子我为什么打你》，到民勤县阅读教学研讨活动样板课《火烧云》，从古浪送教下乡展示课《伟大的友谊》，到天祝作文讲座现场，从给每届武威师范毕业生献课《将相和》课堂，到武威职业学院市级骨干教师讲座"现身说法"课堂……王新民老师一路精彩，一路掌声。他总是努力创造自主学习的课堂空间，带学生走进自主探究的境界；紧扣一个"情"字，展开个性化的阅读，创设情境，引领学生感悟至真至深的文本情，尊重学生独特的体验，奏响情感教学的最强音。课堂上，他总是鼓励学生大胆地质疑——给学生一个聪慧的脑袋。在学生质疑的过程中，他不仅注意激发学生提问的兴趣，鼓励学生提问的勇气，而且关注学生提问的质量，培养学生善问的能力。课堂上他总能引导学生充分地探究——给学生一双自由的翅膀。他时常采用平时所用的五步法引导学生开展探究性学习。课堂上，他一贯注重抓住"读"这条主线展开教学，让学生尽情地读——给学生一张精彩的嘴巴。

时而让学生边读边思，时而让学生默读静思，时而让学生读中悟，悟中读，评读，练读，教师充满激情的范读，想方设法引导学生读出课文特有的韵味、情味。课堂上，他总是敏锐地抓住读与写的联结点，创设情境引领学生快乐地写——给学生一双灵性的手。在这里，孩子们快乐地写，写出了个性，写出了风采，写出了自己的感悟；在这里，学生的创造力得以充分展示，美的情感得以陶冶，学做小诗人、小作家的心愿得以最大的满足。

阅读课上，王新民老师的法宝是：做好"三个一"，用好"两种权利"，实现三情共振。三个一：①把握好一个角色，即做好学生学习的组织者、引导者、合作者、激励者。②创设一种氛围。即创设一种民主、和谐、宽松、愉悦的教学氛围。③把握一个关键。即把语文课上出语文味来。用好两种权利：做到该放权时绝不越俎代庖，该用权时用得挥洒自如，即教师要把引导、点拨、帮助、激励的权利留给教师，把质疑、探究、朗读、品味的权利交给学生。"三情共振"：就要抓住"趣"字，紧扣"情"字。引领学生感悟文本情，激发学生情，让学生情、教师情、文本情三情共振。

王老师就是这样，按照新课标的要求，带领学生在听、说、读、写的语言实践活动中摸爬滚打，切实提高学生的语文能力，增强他们的语文素养。

作文教学中，他针对目前作文教学童真、童心、童趣缺失，学生生活单调、乏味、枯燥，学生讨厌、害怕作文，作文教学无计划，训练无序，操作随意，作文指导要求过多、过高、过细的现状，他提出："作文教学要树立以学生为本，以生活为本的理念，作文教学要放开手脚，让学生无拘无束地练笔，作文教学要真正回归到它本质上来的。"在这一先进的理念指导下，王新民老师在作文教学中他指导学生自由地写过去，写现在，写未来；写虚的，写实的；写真、善、美，写假、恶、丑，学生想写什么就写什么，想怎么写就怎么写，我手写我心，完全没有框子的约束。目前，他已形成了自己的模式，并且逐渐向系统化、科学化迈进。他主要做法是：一是给学生松绑，让学生做出一道道自己喜欢的菜。二是相信孩子有巨大的潜力，创造条件让孩子展示个性。三是改进命题作文，范围要宽泛，要求要灵活。四是培养观察兴趣，积累作文素材。五是鼓励学生想象，让学生的创造力得到训练和培养。六是读写结合，学习表达方法。七是大胆改革作文的评改方法，着意培养学生自评自改的能力。他潜心研究探索出的小学作文"五步改评法"和"改造我们的作文教学"的专题讲座在武威市小学作文研讨会和新课改骨干研修人员研讨会引起轰动，相关论文荣获省级一等奖，并发表于《甘肃教育》《西部教育参考》等刊物。他倡导的极具生命力的作文教学法有力地推动了本校乃至本地区的作文教学改革。

　　是的，他的课堂对于更多的人来说是一个经典，更像一个神话，没有刻意，没有模仿，看似简约，实则是知识、能力的厚积薄发。他新颖的设计，超前的理念，标准流畅的语言，巧妙精准的点拨，举手领首之间透露出的从容大气，无不让听者折服。在每次的公开课中，鲜花和掌声已经不足为奇，学生精妙的思考，忘情的诵读也在意料之中，但忘了下课，不愿离开，泪花闪闪的场面却常常感动着与会的每一个人。在民勤送教下乡的师范课上，全场一千多名教师屏息凝视，没有一丝的喧哗，全场所有的听课教师无不为他高超的教学技艺叹服，掌声雷动。下课的铃声响了，没有一个人离开座位，有幸听讲的学生眼巴巴地望着老师，眼里满是眷恋和不舍。当地的教育专家也发出了这样的感慨："当老师当成这样是一种境界。"不错，听他的课是一种享受，一种视觉与听觉的享受；听他的课是一种洗涤，一种灵魂与身心的洗涤。那是一种感染，一种于无声处的感染。太多太多的学生因为他的教学永远爱上了语文，在他任教的班上，没有不喜欢语文的学生，没有不爱朗诵的学生，没有不爱思考的学生，没有怕写作文的学生。很多上了大学，甚至参加工作的学生在演讲、主持、写作等方面依然非常突出。每年元旦和教师节，他总会收到学生祝福。一位早已升入高一级学校的学生在给他的贺卡中写道："敬爱的王老师，虽然您现在不教我们了，但我们永远忘不了您讲的每一课，忘不了您的笑脸，忘不了您的声音……新年就要来临，我们长大了，也更敬重您了，您是我的生命中最出色的老师，最优秀的校长，最重要的导师。"

天道酬勤。执着的热爱，忘我的付出，终使王老师在三尺讲台结出了硕果。2001年7月，所授课《一夜的工作》在甘肃省教育科学研究所、甘肃省小学语文教学研究会组织的甘肃省小学语文教学观摩研讨活动中荣获一等奖第一名；10月他又代表甘肃参加全国比赛荣获一等奖；2005年7月，所授课《梅花魂》获甘肃省特级教师、骨干教师献课活动一等奖；2008年4月、11月两次作为甘肃省中英项目教学支持咨询专家参加了在平凉市静宁县、庄浪县和临夏州广河县送教下乡活动；2010年7月，所授课《一夜的工作》在第二届全国中小学公开课电视展示活动中荣获一等奖。1996～2010年，他多次参加武威市对古浪、天祝、民勤的送教下乡活动，多次为武威师范毕业生上示范课，多次为在武威市、凉州区骨干教师、校长培训班作专题讲座，上展示课，多次担任武威市、甘肃省小学语文课堂评优活动评委。

二、无私的奉献引领素质优良的专业化队伍

王新民同志业务素质过硬，管理水平高，创新能力强，才华出众，工作有魄力。在规范办学行为，推行求真教育，继承发扬武师附小百年光荣传统，培养骨干教师、青年教学能手，推进新一轮课程改革，狠抓教育教学质量，创新学校内部人事制度改革机制，开创语言文字工作、阳光体育、健康教育新局面，提升武师附小"窗口性、示范性、实验性"一流学校的影响力，打造"思想活、品德优、兴趣广、素质高、后劲足"的附小学生等方面做出了突出的贡献，深得学生、家长、老师、上级主管部门的一致好评。在他创造性工作下，学校被评为武威市新课程改革、健康教育、教科研工作、语言文字工作先进集体，武威市市级示范性学校、甘肃省教科所实验学校、甘肃省语言文字示范学校、全国规范汉字书写实验学校、甘肃省快乐校园示范校、甘肃省金色教苑乡村教师影子研训基地校、全国语文教师专业发展基地校、全国优秀少先队大队。他本人因成绩突出，先后受到市教育局、市委市政府、省教科所、省教育厅、省政府表彰。

作为主管教学的副校长、特级教师、省级学科带头人，王新民对本校教师的专业成长倾注了一腔热情和心血。他极力倡导并践行的武师附小"骨干教师谈课改论坛""走近名校，走近名师""同课异构探索课""教师的智慧与创新论坛""十个一读书工程""每周一诗诵读活动"已成为学校对内对外叫得响的品牌校本教研活动。尤其是青年教师的成长是他最关心的事。

"教师培养青蓝工程""五课结合""三字两话（画）一机""师徒结对教研活动""青年教师练兵比武系列活动"已经成为学校培养青年教师的有力抓手和坚实的平台。特别是在培养、推选省市级骨干教师、青年教学能手等人才方面做出突出贡献。他经常深入课堂调查、诊断、指导教学。每学年保证听推门课40多节，其他公开课60多节，无论是推门课还是公开课，听完每一节课他都能及时地和上课老师切磋、交流。校内开展的每一次中青年教师的探索课，课后他都能尽可能地面对面地给予青年教师热情的鼓励、公正的评价、真诚的帮助和高水平的指导。学校选派老师参加市上、省上的观摩、评优活动，他都能从设计、备课、说课、上课、教学手段等各个环节和细节给予帮助和有力地指导。2000～2010年内，由于他在教师培训、培养方面的扎实、辛勤、突出的工作，学校先后有15名教师被评为省、市级骨干教师，8名教师被评为省级青年教学能手。在他指导下，1名教师获全国课堂教学一等奖，2名教师获全国二等奖，11名教师获省级课堂教学竞赛一等奖，5名教师获省级课堂教学竞赛二等奖，18名教师在武威市送教下乡、教师培训、新课改研讨会等活动中做示范课并获奖。目前，一大批青年教师已脱颖而出，成为校级、市级、省级骨干和武威市响当当的名师。

三、真诚地关爱培养一批感恩的学子

在多年的班主任工作中，王老师以高度的工作责任感，强烈的事业心，培养了一批又一批的优秀的学子。他坚持育人为先，工作细致、扎实、有开拓性，擅长以爱动其心，以严导其行，赢得了学生、家长及同行的赞扬。所带班级班风活泼、学风优良，多次被评为先进班集体。

在班主任工作中，王老师总是让爱与责任先行，对学生倾注自己全部的心血和无私的爱。他把高尔基的名言"谁爱孩子，孩子就爱他！只有用爱才能教育好孩子。"作为自己工作的座右铭，并以实际行动对这一点做了最好的诠释。课堂中他以自己敏锐的眼光发现孩子的闪光点，及时给予他们鼓励和表扬，使他们爱学习。课后他和孩子们打成一片，和他们一起做游戏，谈心，交流，了解他们的喜好，倾听他们的心声。为了培养孩子们的动手能力，他和学生一起打扫卫生，设计版报，针对学生中出现的各种问题，他组织开展各种中队活动。

王老师在班务工作中特别注意育人的技巧。一次期中考试后的一天下午，班上的一位叫张勇的同学来到王老师的办公室，他拿着试卷指着一处打叉的地方说："老师，我的这种答法是正确的，不应该扣一分。"王老师耐心地给他解释原因，张勇点了点头。问题虽然弄清楚了，但张勇的脸上仍未"阴转晴"。这时王老师拿出笔给他加上了一分，原来59分的试卷变成了60分，并对他说："张勇同学，这次老师借给你1分，下次考试可一定要给我还回来。"张勇连声说"谢谢老师。"然后满意地拿着试卷走了。期末考试后的一天中午，张勇同学又来到王老师的办公室，他拿着试卷郑重其事地说："老师，这次我考了70分，期中考试我借了1分，现在还回来，请老师扣除1分"。王老师激动地说："看到你的进步老师很高兴，1分就不扣了。"就这样，一个学习上的后进生就这样被王老师巧妙地教育了过来，师生之间的这一借一还包含了多少教育的道理，"借"寄托了老师多少的期待，王老师将理解、鼓励、信任和希望"借给了学生"，学生从老师的借中体验到了王老师的良苦用心，又以学习的进步，成绩的提高"还"给了老师，一借一还，巧妙地运用了期待效应和情感激励。

王老师说："爱是师德内涵的核心。"王老师是这样说的，更是这样做的。他的班上有一位叫李志强的学生，性格倔强，动辄就跟老师顶嘴，还经常惹事，不完成作业。王老师多次找李志强谈心，动之以情，晓之以理，并从生活上主动地关心照顾，学习上多次给他"开小灶"，只要有一点儿小进步，王老师就真诚地给予他鼓动，短短两个月时间，李志强就端正了学习态度，开始认真学习，并在初中升学考试或取得了平均分94分的好成绩。多年以后，在部队工作的他在给王老师的信中这样说："尊敬的王老师，再过两天就是教师节了，我的脑海中时常用浮现出您的身影，您是我12年的中小学生活中遇到的最好的老师，在我成长的过程中总是不忘您的教诲！"谁能想到，20多年前教过的学生，现在无论是当了处长、院长、科长、博士、编辑、经理的学生，还是那些"普通一兵"的弟子们每逢节假日，或发短信，或发贺卡，或打电话，或登门拜访，还时常来看望自己的启蒙老师，在他们心目中王老师是他们引路人，是他们引以为荣的师长，更是他们的挚友。是的，没有悉心的付出，没有真诚的关爱，哪有这般动人的回报？不错，老师只有把更多的情和爱注入教育的过程，才能收获学生对老师、对同学、对亲人、对社会、对人类爱的回报。这，才是教育最好的成就。

四、忘我的付出无愧全市科研的先锋

王新民同志不仅是教育教学，育人管理方面的实干家，更是全市科研方面的能人和专家。他有着深厚的专业功底，娴熟的教学技艺，扎实的钻研品质。他以自身高超的科研素质，引领学校的科研水平，使学校的教育科研站到全市的最前沿。为了提高自身以及全校的科研水平，他始终不忘将理论学习和实践研究相结合。工作之余，他的案头总是堆满各种业务杂志和报刊、摘抄、剪辑、张贴，35年时间，他做的学习笔记，他的教育采撷剪贴本，他写的听课笔记、教案一摞又一摞，他的教育博客篇篇掷地有声，他的论文朴实中透着睿智，犀利中透着灵动。最先进的教育理念，最优秀的教育专家，最新颖的教学方法，最巧妙的育人方法，他都能悉数道来。最让老师们叫绝的是王新民老师的听评课。他扎实、细致的听课作风感染着每一个老师，他中肯而热情的鼓励常常让失去自信的老师找回了自我，他那犀利的目光也时常让那些偶尔想应付一下的老师改掉了浮躁的毛病，他那细致入微、深入浅出的评课每每让老师们从心底里折服。用年轻老师们的话说："每次上完公开课，不听一下王校长的评课，心里总是没谱。王校长的评课听一次让我们长进一次，听一次心里明亮一次，听一次享受一次，提高一次。我们就是在王校长的评课中成长起来的。"为了提高老师们的科研积极性，培养一支具有现代观念，思想活，业务精，素质强的教师队伍，王新民同志带领老师们积极投身科研，和老师们一起深入教学第一线，搜集素材，整理要点，撰写论文，搞课题研究。这一举措极大地促进了老师们的科研积极性，极大地推动了学校的新课程改革。在他任教导主任和教学副校长以来，全校共有30多名教师在省市级课堂教学评优中获得一等奖，共有200多篇论文在省市级刊物发表或获奖，共有10多项课题通过省市级鉴定并获奖。对于他个人来说在教育科研方面，更是硕果累累。

二十多年来，王新民老师撰写的《"同课异构"带给我的感受与思考》等30多篇论文在《中小学骨干教师国家级培训教育研究文集》等国家、省、市级刊物发表或获奖。他的《一夜的工作》等经典教学案例先后被中/英甘肃基础教育项目校长培训系列教材《教学支持》、全国小学语文省市教坛新秀经典教案与述评《课堂教学艺术精品集》《小学语文教学》《教育革新》等收编获发表。他主编了《小学生健康安全教育读本》及义务教育语文课程标

准北师大版、人教版《同步阅读作文》三年级上下册。他所作的《改造我们的语文教学》《理想课堂教学关键词解读》等专题讲座在武威市范围反响强烈，在一定程度上提升了本地区教师的新课改理念，为武威的新一轮课改做出了一定的贡献。

他主持和参与的《教会学生自主学习》等6项课题获市级一等奖，《校本课程实践与探索研究》等5项课题通过省级鉴定，《以导学为核心，教会学生自主学习》等2项课题获甘肃省基础教育科研优秀成果三等奖，《教会学生自主学习》模式获省级一等奖。

在奉献的天平上，王新民把爱的砝码倾斜于讲坛与学生，他用他一腔热血浇灌着他所钟爱的教育事业，他用他满腔豪情抒写着自己平凡而壮丽的人生。这是他对党、对人民、对祖国最为真诚的情愫。

甘肃省陇原名师王新民小学语文工作坊

研 修 方 案

（教育部2015年"国培计划"——示范性教师工作坊高端研修项目）

依照《"国培计划"小学语文教师培训课程标准》，结合甘肃省武威市小学语文教学实际，发挥"陇原名师"王新民工作室的专业优势，特制定甘肃省陇原名师王新民小学语文工作室2015示范性教师工作坊研修方案。

一、研修人员

根据项目办要求，在武威市三县一区、市直武威师范学校附属小学和甘南藏族自治州舟曲县共选定340名学员，其中武威市市直武师附小17人，天祝县63人，古浪县62人，凉州区103人，民勤县62人，舟曲县33人。

二、研修主题与主题内涵

1. 研修主题
基于课例问题导向的阅读教学改进策略研修。

2. 主题内涵
凭借具体课例，指导帮助受训者发掘优秀课例和自己阅读教学的优势和不足，汲取实践经验和理论营养，改进自己的阅读教学。同时，培养一线教师从事基本的课堂阅读教学研究的意识和能力。

这里的阅读教学，不是传统意义上的狭义的讲解式、讲读式的阅读教学，而是以课堂阅读教学为抓手，同时带动识字、写作、口语交际的大阅读教学。

具体课例包括三方面内容：一是教师研修网提供的著名小学语文教学专

家的优秀课例；二是王新民小学语文工作室生成的优秀课例；三是工作坊研修学员推荐展评的优秀课例。

三、研修内容

（1）文本解读，包括文章体式及其阅读方法，教学内容的选择与组织，教学目标的具体化策略。

（2）学情分析的要点和方法，浅显的课堂观察的方法，尤其是要关注课堂教学中的学情，根据学情调整教学预设。

（3）小学语文课例研究及其方法，包括课例研究的方法、从课例中获取学科教学知识的方法、案例分析与研讨的具体策略等。

四、研修目标

（1）通过"三备两磨"（三次备课，两次磨课），尝试和运用优秀课例的成功经验，改进自己的阅读教学，上出一节较为成熟的阅读教学课。

（2）在观看、磨课的过程中，引导受训教师树立课例研究的意识，提升工作室优秀学员的课例研究能力。

（3）总结推广研修成果，提高阅读教学实效，促进武威市小学语文教学优质、均衡发展，带动少数民族地区舟曲县小学汉语文课堂教学的健康发展。

五、研修活动

1. 组建研修团队

一是组建领导小组；二是学员分班，确定班长和小组长（340名学员按区域分为17个组，每组设组长1名）。

2. 基线调研与需求分析

召集坊主助理和骨干学员讨论确定培训的基本内容，模拟演练线上活动，细化组织管理与考核办法，制定研修任务明细表。

3. 观看优秀课例，汲取成功经验

利用研修网提供的名师课例、工作室优秀教师的阅读教学课例，引导受训者反复观摩研讨，探究成功课例的妙秘，拟定明确的学习借鉴主题，寻找改进自己阅读教学的具体切入点。

4. 模仿研修课例，寻找自己短板

以研修小组为单位，选定一个优秀课例，模仿教学，反思研讨，寻找自己的不足，确定进一步学习研修的内容。最终每个学员要上出一节成功的课例。可以选研修网提供的优秀课例，也可以选工作室提供的优秀课例。

5. 线下主题活动

在项目县区开展一次主题沙龙活动，坊主运用李海林先生的听评课方式，现场指导学员分析教学内容、教学策略和教学目标的一致性，发现自己阅读教学的长处和不足。

6. 线上集中学习

针对自己的短板，在网上学习相应的课程。针对学员时间和精力不足的现状，减轻负担，激发兴趣，提高集中学习的效益，网上集中学习的课程分为必修和选修两个模块。学员首先必须按研修网的要求，认真学习王荣生、吴中豪、李海林、郑桂华等国家级专家的专题报告、辅导讲座、在线答疑等，在此基础上，让学员根据前期研修发现的阅读教学的不足，选修相应的课程，改进自己的阅读教学实践。建议研修网尽可能提供我们所需的课程资源，让学员根据自己的阅读教学改进需求自选相应课程，至少1门。这一活动主要是在线学习，也提倡学员采用其他形式学习，如经典文献阅读等。

7. 推荐县级优秀课例

以研修小组为单位，运用线上线下集中学习的知识和经验，重新选定与第一阶段所模仿的类型相同的课例，精心设计，三备两磨，汇报展示，每班推荐10节优质课参加市级优秀课例展评。

8. 评选市级优秀课例

将各班推荐的优秀课例进行展示，组织全体学员围绕文本解读、学情分析、教学设计、教学实施、课堂教学评价等研修主题，开展交流和讨论，评选市级优秀课例。

9. 组织现场研讨活动

组织由中国教师研修网和上海师大专家支持的高端现场教学课例研讨活动，以武威市教育局和教师研修网的名义为优秀学员颁奖。

10. 推广研修成果

在武威教育网、陇原名师工作室等网站展示优秀课例，开展学习交流活动；组织送教下乡活动，在全省、全市范围内推广工作坊研修成果。

六、专业团队

1. 工作坊坊主

王新民：全面负责工作坊工作，协调人员，提供场地，进行网上指导和专业支持。

李延海：负责省、市、县区联络，进行网上指导和专业支持。

王毓新：负责国家层面和省、市联络，进行网上指导和专业支持。

2. 坊主助理

齐剑波 齐典洲 张凯寅 石秀兰 史剑敏 黄小红 冯玉超 赵 晖 常 瑾 郭婷婷

七、保障措施

积极争取上海师大、教师研修网、甘肃省教育厅、武威市教育局等有关部门的专业支持、政策支持和经费支持，为研修学员提供便利，保障和激励学员进行线上和线下研修活动。

工作坊三位坊主要严格依照国家级专家的指导要求，组织开展研修活动。各组组长应根据工作坊坊主制定的研修方案，按时组织学员开展研修活动，督促学员完成线上、线下的各项研修任务。

2015年9月